교장이 바뀌면
학교가 바뀐다

교장이 바뀌면
학교가 바뀐다

초판 1쇄 인쇄 2024년 9월 9일
초판 1쇄 발행 2024년 9월 19일

지은이 홍제남
펴낸이 김승희
펴낸곳 도서출판 살림터

기획 정광일
편집 조현주, 송승호, 이희연
북디자인 꼬리별
표지디자인 조엘음

인쇄·제본 (주)신화프린팅
종이 (주)명동지류

주소 서울시 양천구 목동동로 293, 2215-1호
전화 02-3141-6553
팩스 02-3141-6555
출판등록 2008년 3월 18일 제313-1990-12호
이메일 gwang80@hanmail.net
블로그 http://blog.naver.com/dkffk1020
한국교육연구네트워크 www.kednetwork.or.kr

ISBN 979-11-5930-289-3 03370

교장이 바뀌면

실무역량과 민주적 리더십으로 만드는 행복한 학교공동체

학교가 바뀐다

홍제남 지음

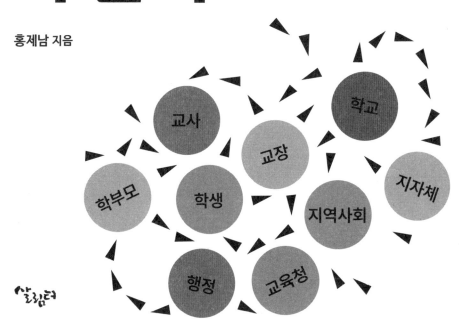

살림터

교장 선생님과 리더 교사들의
새로운 역할을 기대하며

책 제목인 '교장이 바뀌면 학교가 바뀐다'는 책 속의 이야기와 잘 맞습니다.

학교 운영의 모든 것을 총괄하는 학교장에 따라 학교는 크게 달라질 수 있습니다. 홍제남 선생님은 오류중학교 교장 4년의 경험을 담은 이 책에서, 교장이 학교 운영 전반을 통해 공동체성이 살아 있는 공존의 학교문화를 어떻게 만들어 갔는지 구체적이고 생생한 사례를 통해 보여 주고 있습니다.

먼저, 교사들이 교육활동에 전념할 수 있도록 본인부터 교육계획서 작성 등의 실무를 담당하였고 학교 업무 효율화를 통해 교육활동 중심의 학교문화와 시스템을 구축하였습니다. 그 속에서 학교를 운영하며 구성원의 다양한 의견과 갈등이 발생하는 여러 상황을 올바른 신뢰의 관점에서 민주적 리더십을 발휘하는 장면은 매우 인상 깊었습니다. 선생님은 학부모-교사 간의 깊은 불신을 극복하고 앞장서서 민원을 해결하여 교사들이 안심하고 교육활동에 전념할 수 있도록 하여 학교공동체를 단단하게 만들었습니다.

교육과정 운영도 매우 창의적입니다. 교과통합·융합교육과정, 유연한 학사 일정, 학생 주도의 정규 동아리 운영 등을 보며 학교가 학교교육 과정을 어떻게 새롭게 운영할 수 있는지를 잘 볼 수 있었습니다.

학교 시설과 예산 운영, 지역사회와의 관계 또한 학생의 성장을 지원 하는 교육과정 운영 차원에서 바라보는 넓은 시각과 구체적인 운영 사 례를 보여 줍니다. 학교 화단에 지자체와 협력하여 만든 안전한 통학길, 지자체 부지에 만든 학교 밖 야외학습장, 학교 공간을 공유하는 청소년 자치배움터인 '다가치학교'는 학교와 지역이 상생하는 길을 잘 나타내 고 있습니다.

우리는 지난 10여 년간의 교육혁신 과정을 통해 권위주의적 학교문 화를 민주적 학교문화로 바꾸어 왔습니다. 이제 민주적 학교문화를 강 화하면서 그 기초 위에서 '공동체형 학교'(문화)를 만들어야 한다고 생 각합니다. 이런 교육혁신의 새로운 과제 실현에는 교장 선생님과 리더 교사들의 새로운 역할이 필요합니다. 이런 점에서, 저자가 희망하는 바 대로 이 책이 '행정실무형 민주적 리더십'을 발휘하는 교장 선생님과 리 더 교사들과 학교 구성원이 학교를 혁신하는 과정에 많은 영감을 주기 를 기대합니다.

2024. 8. 26.
서울특별시교육청 교육감 조희연

학교장의 리더십에 관한 외국의 전문 서적을 읽다 보면 교장에게 필요한 리더십 유형 혹은 덕목으로 '교육 리더십'을 강조하는 경우가 종종 있다. 학교장이 하는 행위가 모두 교육 리더십일 텐데 굳이 이것을 재차 강조할 필요가 있을까? 미국을 비롯한 여러 나라의 교장제는 우리나라처럼 승진제가 아니라 공모제인 경우가 많다. 교장이 되기 위한 과정에서 학교 경영자로 전문성을 키우다 보면 오히려 학생, 교수학습, 교육과정, 교직문화 등에 관한 이해가 부족할 수 있다. 진정한 교육 리더십은 학교현장의 이해에서 비롯된다. 물론 20~30년 교직생활을 경험한 교장이라고 해도 교육철학이 없다면 올바른 교육 리더십은 요원한 이야기다.

이 책은 홍제남 선생님이 공모교장으로서 혁신학교를 이끌었던 경험의 기록물이다. 교육자로서 그리고 교육 리더로서 학교현장에 대한 진솔한 이해와 학생을 중심에 두는 교육철학이 배어 있는 학교 운영 지침서이다.

이 책에서 홍제남 선생님이 학교를 바꾸기 위해 강조하는 단어 두 개를 고르자면 '소통과 문화'이다. '학교의 진짜 주인은 학생이며, 학교 운영은 교직원과 함께 하고, 학부모를 교육의 동반자로 삼는 것'은 누구나 할 수 있는 이야기지만, 이는 권위를 내려놓고 소통하는 민주적 리더십 없이는 불가능한 일이다. 또한 행정가들이 흔히 하듯 '제도와 규정'을 이야기할 법도 한데, 홍제남 선생님은 이것을 탓하지 않고, 오히려 문화를 바꾸자고 한다. 학교를 조직이 아니라 공동체로 보려는 저자의 철학을 느낄 수 있다. 문화의 힘은 제도보다 강하다. 과도한 교원 업무, 학부모의 민원, 아이들의 무기력 혹은 부적응 등 경계와 날 섬이 만연하는 한, 학교는 지속가능한 공동체가 될 수 없다. 글을 통해 저자가 강조했듯이, 집단지성으로 바꾸어야 할 것은 제도 이전에 신뢰 회복을 위한 학교문화이다.

'교장이 바뀌면 학교가 바뀐다'는 제목은 비단 현직 교장이나 앞으로 교장이 되고자 하는 분들에게 하는 이야기만은 아니다. 이 책은 우리나라 교육이 좀 더 나아지고 우리의 아이들이 행복하고 온전하게 성장하기를 바라는 교육공동체의 모든 구성원이 함께 고민하고 실천해야 할 방향을 제안한다.

_김용련(한국외국어대학교 교육학과 교수)

나는 이 책을 '길을 만드는 논픽션 드라마'로 읽었다. 실제로 저자는 학교 통학로를 만들어 동네를 바꾼, '길'을 만든 교장이다. 그 '길'은 다시 학교 안의 또 다른 길을 내었다. 변화는 항상 두렵고 어렵다.

세상의 많은 학교 운영자가 두려움을 극복하는 데 도움이 될 청심환 같은 책이고, 학교 운영자들에게 용기를 내어 보라는 따뜻하고 친절한 '학교 경영학 안내서'이다.

_김추령(성공회대 연구교수, (사)변화를꿈꾸는과학기술인네트워크 지구에너지위원회 부위원장)

"누가 어떤 자리에 앉았는지가 중요한 게 아니라 그 사람이 무엇을 하는지가 더 중요하다."

교장의 역할이 주어지는 순간, 그간의 익숙한 방식에서 벗어나 주위를 다각도로 살피고 더 넓은 생태계를 인지하는 눈이 필요하다. 그렇다고 더 넓은 시야로 보이는 것들을 구성원에게 다 요구해서는 안 된다. 권한과 신뢰를 바탕으로 교육공동체의 자발적 참여와 협력을 이끌어

내는 것이 교장 리더십이고, 그것이 교육적 비전으로 구현되는 곳이 교실의 수업이다. 이 책은 교사의 자리에서, 그리고 교장의 자리에서 위기에 맞서 현장을 바꾸어 내는 실천과 변화를 이끌어 가기 위해 상황에 맞게 자신을 변화시키는 용기를 보여 준 홍제남 교장의 리더십을 통해, 학교를 민주적으로 변화시키는 전략을 제안하고 있다. 이를 통해 행복한 학교를 꿈꾸는 이들에게 희망을 전해 준다.

_김현주(의정부여자중학교 교장)

학교는 참 변하지 않는 곳이다. 교육활동의 활동 반경을 제한하는 수많은 규칙과 학교가 존재해 온 수십 년 동안 쌓인 관성의 손들이 학교를 단단히 붙잡고 있다. 하지만 이 손들도 학교공동체의 일부이기 때문에 함부로 쳐내다가는 학교가 무너진다. 학교가 변하는 일은 이 손들을 붙잡고 나아가는 아슬아슬한 줄타기와 같다. 때로 이 손들을 뿌리친 채 앞으로만 나아가는 리더가 있고, 반면 '좋은 게 좋은 거지'라는 생각으로 그 손들만 붙든 채 가만히 있는 리더도 있다.

이 책은 그 손을 붙들고 나아가는 줄타기의 역사다. 그리고 이 줄타기의 균형추는 소통이었다. 즉, 이 책은 오류중학교가 수많은 관성과 형식을 끊임없는 대화로 이겨 낸 역사다. 오류중학교에서 홍제남 교장 선생님과 함께 근무하며 의견이 달라 대립한 적이 있을지언정 대화라는 균형추가 빠진 적은 없었다. 의견이 달라도 몇 시간이고 이야기를 했다. 학교의 장이 이 수많은 변화 속 단순한 원리인 소통을 발견하고 공감할 수 있다면 더 많은 학교가 교육을 위해, 공동체 구성원들을 위한 변화의 계기를 마련할 수 있을지도 모른다. 그런데 원래 단순한 것을 지키기가 참 어렵다. 교장이라는 자리는 참 고독해 보이는 자리다. 관성의 손을 붙들면 꽉 막혔다는 말을 듣고, 붙잡지 않으면 독불장군이라고 말을 듣는다. 이 글을 보시는 분들이 이 고독을 이겨 내며 나아가길 응원한다.

_문재영(오류중학교 교사)

나는 『학교 내부자들』과 『학교 외부자들』에서 소위 교감과 교장으로 대변되는 관리자라고 하는 이들의 보이지 않는 이면과 내면을 파헤쳤다. 두 권의 책을 통해 잘못된 학교 운영과 관행을 바꾸자고 주장했지만 직접 교장이 되면 무슨 역할을 하며 살아야 하는지, 학교를 어떻게 운영해야 하는지를 제대로 알리지 못했다.

드디어 그런 책이 나왔는데 저자의 경험사례를 바탕으로 상세하게 기술했다. 이 책이 놀라운 것은 이러한 학교 운영 사례들이 지금 당장 학교현장에 적용하고 실천할 수 있는 혁신적인 내용을 구체적인 실행과정으로 담고 있다는 것이다. 저자는 교장이 무슨 일을 하는 사람인지 그리고 무엇을 해야 하는 사람인지 알리고 싶었던 것 같다. 교장이 되고자 하는 이들에게 필독서다. 더불어 교장이 제대로 된 역할을 수행할 수 있도록 바꾸어 내고 싶은 모든 이들에게도 필독을 권한다.

_박순걸(『학교 내부자들』, 『학교 외부자들』의 저자)

혁신학교 공모제 교장 체험을 바탕으로 한 저자의 『교장이 바뀌면 학교가 바뀐다』는 학교의 변화를 만들어 내는 민주적 리더십을 갖춘 교장의 존재 의의를 잘 보여 준다. 학교의 변화를 만들어 내는 힘은 특히 교장의 리더십에 달려 있다. 저자가 무엇보다 강조하는 점은 학교 업무(학교문화와 교육공동체 형성, 교육과정 재구성, 시설과 예산 편성 등)를 지원하고 촉진하는 교장의 역할이다. 그동안 교사들이 자기 일이라고 여겼던 각종 학교 일과 행정실무들을 교장이 가져와 교장의 일로 수행하는 '민주적 교장론'을 제안한다. 교장이 교육활동과 행정실무를 스스로 챙기는 것은 교사가 교육활동에만 전념하도록 하는 조치이기도 하다. 이렇게 하는 것이 정상이라는 것이다. 민주적 리더십을 지닌 교장을 꿈꾸는 사람에게 일독을 권한다.

_심성보(부산교육대학교 명예교수/한국교육연구네트워크 이사장)

교장 직무를 수행하면서 가장 아쉬웠던 점은 교육과정 생산이나 민주적 리더십에 대한 교장 사례가 극히 드물다는 점이었다. 각 영역에 걸쳐 교장의 역할이 방대함에도 이를 다룬 사례가 빈약한 것은 현 교장제도가 지닌 허점과 관련 있을 것이다. 그런 점에서 이 책이 지닌 의미는 각별하다. '교장은 어떤 존재여야 하는가'를 끊임없이 되물으며, 구성원들과 한 발씩 학교혁신을 일궈 가는 과정은 실천 사례의 중요성을 한눈에 보여 준다. 영역별 사례가 풍성해서 학교혁신 가이드북으로도 손색이 없다. 특히 내부형 공모교장으로 '행정실무형 민주적 리더십'이라는 교장상을 실천적으로 구현했다는 점은 주목할 만하다. 교감, 교장, 장학사는 물론 역량 있는 혁신 리더를 양성할 책임이 있는 교육기관에도 새로운 영감을 줄 것으로 기대한다.

_이상대(전 서울 삼정중학교 교장)

제가 2004년 오류중학교 교사로 재직할 때 만난 홍제남 선생님은 그동안 교육개혁에 대한 확고한 신념과 강력한 리더십을 바탕으로 우리 교육의 비민주성과 비효율성을 개선하기 위해 적극적으로 실천해 오셨습니다. 소신이 뚜렷하면 자칫 자기주장이 강하다고 여겨질 수 있지만 선생님은 합리적인 의견을 수용하는 유연한 사고를 하시는 분입니다.

이 책은 오류중학교 공모교장으로서의 경험과 교육철학을 바탕으로 민주적인 학교문화와 교장 리더십을 혁신교육의 관점에서 조명한 훌륭한 자료입니다. 학교장이 학교교육에서 어떤 역할을 해야 하는지, 또 학생, 학부모, 교직원의 다양한 문제를 어떻게 해결할 수 있는지를 제시하는 좋은 지침서가 될 것입니다.

_조재현(서울특별시교육청 교육연수원장)

프롤로그
학교에 교장은 필요한가?

우리나라 교장은 학교교육의 혁신과 발전에 얼마나 도움이 되고 있을까? 학교에 교장이 필요한 이유는 무엇인가? 이 책을 써야겠다고 생각한 이유이다. 필자는 서울형 혁신학교를 일궜던 오류중학교에서 평교사 출신으로 내부형 공모교장에 선출되어 4년 임기를 마쳤다. 이어 서울의 교육지원청 교육지원국장으로 1년간 근무했다. 이런 과정에서 많은 교장 선생님을 만날 수 있었다. 2023년에는 한국교원대학교에서 주관하는 교장 자격연수에서 '학교교육 비전 수립 및 목표 관리'라는 주제로 여러 차례 강의하면서 전국의 많은 공립학교 교감, 공모교장, 사립학교 교장 선생님을 만나기도 했다. 이런 만남의 자리가 주어질 때마다 먼저 질문 하나를 던지고 이야기를 시작한다.

"학교에서 가장 중요한 사람은 누구일까요?"

바라보는 측면에 따라 여러 답이 가능할 것이다. 학교의 존재 이유로 보면 당연히 학생이다. 교육 대상이 없다면 학교의 존재 이유가 사라지기 때문이다. 교육 목적을 실행하는 측면에서 보면 교사가 가장 중요하다. '교육의 질은 교사의 질을 넘지 못하며, 그래서 교육혁신의 주체는 교사다'라는 말은 이런 교사 역할의 중요성을 대변한다. 하지만 학교의 여러 교육활동에 포괄적으로 미치는 영향력을 보면 교장이 가장 중요하다.

학교는 존재 이유인 학생과 교육과정의 실행 주체인 교사만 있어도 '잘 굴러갈' 수 있다. 실제 교장이 학교를 상당 기간 비운다 해도 학교는 큰 탈 없이 운영되는 사례를 종종 접한다. 2011년 인근 학교에서 내부형 공모교장을 추진했으나, 교육부가 진행 과정과 자격을 문제 삼아 교장 임용을 거부하는 일이 있었다. 서울시교육청은 쟁점이 해결될 때까지 교장 없이 교감 대행 체제로 운영한다고 결정했다. 교장 없는 학교 운영에 대해 안팎으로 우려가 컸으나, 1년 동안 교장이 없어도 별다른 문제가 없었으며, 교사들은 오히려 학교가 더 편안하고 좋았다고 평가했다. 교장 역할에 대한 이런 평가는 지금과 같은 교장은 필요 없거나 해야 할 역할을 제대로 수행하지 못하고 있는, 실패한 상황이라는 것을 상징적으로 보여 준다.

과연 학교에서 교장은 어떤 존재이며 어떤 존재여야 할까? 평교사로 공모교장에 도전한 큰 이유 중 하나도 이 질문에 대한 답을 찾고 싶어서였다.

공모교장으로 근무한 오류중학교는 2007년부터 2012년까지 필자가 과학 교사로 근무한 학교이기도 하다. 오류중학교는 2011년부터 혁신학교를 운영했는데, 계기는 교장의 의지와 설득이었다. 당시 서울시교육청에서 장학관으로 혁신교육 관련 업무를 담당했던 교장은 2010년 9월 부임하자마자 혁신학교 도입을 제안하며, 적극적으로 교사 설득에 나섰다. 오류중학교는 사회경제적 기반이 열악한 학생들의 비중이 높았다. 당연히 학습에 대한 의욕도 낮고 생활교육에도 어려움이 많았다. 툭하면 주먹으로 유리창을 깨는가 하면, 화장실 앞을 지나가기 힘들 정도로 담배 냄새가 심해서 교사들이 번갈아 가며 화장실 앞을 지켜야 했다. 이런 상황에서 학교혁신의 필요성을 절감하던 교사들은 교장의 제안을 진지하게 받아들였고, 결국 2010년 하반기에 혁신학교 준비TF팀을 꾸려 본격적으로 움직이기 시작했다.

문제는 그다음부터였다. 혁신학교 준비와 추진에 따른 온갖 일이 고스란히 교사 몫으로 넘어왔다. 준비TF팀장을 맡았던 필자는 주당 20시간 수업을 하면서 경기도 혁신학교 탐방, 혁신학교 연수, 토론회 조직을 비롯하여 혁신학교 운영계획서 작성 등으로 몸이 두 개라도 모자랄 지경이었다. 이어 2011년 혁신학교로 지정된 뒤에는 혁신부장 업무를 맡았다. 혁신학교 운영 초기는 학교교육의 모든 판을 새롭게 구성하는 전복적 사고가 필요했다. 당시 60여 명이 넘는 교직원들과 소통하며 구체적으로 혁신학교의 기반을 짜는 과정은 많은 고민과 에너지가 필요했다. 과학 교사로 2개 학년 19시간 수업을 소화하면서 혁신학교 업무를 수행하는 과정은 그야말로 '몸과 영혼을 갈아 넣는' 고된 강행군이었다.

교장은 혁신학교 지정이 확정되자 뒤로 물러나 관망으로 일관했다. 혁신부장으로 교사, 행정직원은 물론이고 교장, 교감 사이를 오가며 소통하고 설득하는 숨 가쁜 과정에서 수시로 정체성의 혼란이 왔다. 수업하기도 벅찬 교사들이 왜 이런 업무의 전면에 서 있지? 이 일은 교장의 일 아닐까? 혁신학교 도입을 설득한 학교장이 실무적 리더가 되어야 하는 게 아닌가? 아무리 생각해도 이것은 학교장의 역할이어야 했다. 당시 거의 원 팀으로 움직이던 동료 교사들도 '이럴 바엔 차라리 우리가 교장을 하는 게 낫겠다'라는 말을 농담 삼아 하곤 했다.

말이 씨가 된다고 그로부터 6년 후 내부형 공모교장으로 오류중학교에 다시 근무하게 되었다. 교장 공모 시 학교경영계획서를 작성하는 과정은 그간 머릿속에 깊게 새겨져 있던 '교장은 어떤 존재여야 할까'라는 의문에 스스로 답을 찾아가는 과정이기도 했다. 원래 오류중학교 공모교장 임기는 2018년 9월 개시 예정이었으나 2차 심사 결과에 대한 문제가 제기되어, 2학기는 교감 대행 체제로 운영되었고, 필자는 2019년 3월에 교장으로 부임했다. 부임 당시 한 교사가 했던 말이 아직도 기억에 남아 있다. "오해는 하지 않으셨으면 합니다. 한 학기 동안 교장이 없어도 학교는 별문제 없이 오히려 편안하게 잘 굴러갔습니다." 그 말에 필자는 이렇게 답했다. "선생님들이 판도라의 상자를 열어서 경험하셨네요. 저는 교장이 있어서 더 좋았다는 평가를 받을 수 있도록 최선을 다하겠습니다"

그 말은 진심이었고, 그럴 마음의 준비가 돼 있었다.

공모교장으로 부임하며 스스로 다짐한 교장상은 '행정실무형 민주적 리더십'을 발휘하는 교장이었다. '행정실무형'은 학교 업무 총괄을 넘어, 교장이 직접 맡아야 할 일과 교장이 수행할 때 더 효율적이라 생각되는 업무를 학교 업무 편제에서 교장 업무로 편성하는 것이다. 실제로 교장이 되어 학교교육계획서 작성, 학교 공모사업계획서 작성, 학부모회 운영을 교장의 고유 업무로 편제하고 직접 일을 주도했다. 그뿐 아니라 코로나19 대응, 위기 학생 및 학부모 민원 대응 업무를 선제적이고 적극적으로 맡아 수행했다.

교장협의회나 교장 연수에서 이런 이야기를 하면, 많은 분이 '구체적인 업무에 매진하다가 혹여 학교교육을 총괄해야 하는 대의를 놓치는 것은 아닌가'라는 우려를 표하곤 했다. 그렇지만 모든 교사가 교육활동에 집중할 수 있는 환경을 구축하는 것이 교장의 기본 책무이다. 교사들이 관리자의 지적을 받아 가며 교육계획서를 작성하고, 학부모회 업무를 맡아 교장-학부모회 사이에서 중간 심부름을 하느라 동분서주하면서 어떻게 수업이나 학생 생활 지도에 전념할 수 있겠는가. 게다가 이런 업무는 학교 안팎을 전반적으로 관장하는 교장이 가장 효율적으로 해낼 수 있는 일이며, 업무 추진 과정에서 더 넓은 통찰을 얻기도 한다. 결국 이것은 업무 배분의 문제가 아니라 교장의 관점과 철학의 문제이다.

이 책은 이러한 '행정실무형 민주적 리더십'을 상상하고 실천한 한 교장의 학교 운영 기록이다. 교장 역할에 대한 이론을 제시하는 것이 목적이 아니다. 교장의 역할에 문제의식을 느꼈던 교사가 교장이 되어, 우리나라 현실에서 어떻게 '행정실무형 민주적 리더십'을 발휘하려 노력했는지를 보여 주는, 질적 연구의 차원에서 사례를 소개하고자 엮은 책이다.

이미 밝혔듯 필자는 오류중학교에서 혁신학교 준비TF팀장과 1기 혁신부장을 맡았다. 또한 교사 연구자의 필요성을 느껴 진학한 대학원에서 오류중학교를 '교사학습공동체 연구'의 연구 참여 학교로 하여 석사학위 논문을 작성하였다. 이런 맥락에서 이 기록은 단지 교장 4년간의 기록을 넘어 혁신학교 준비부터 현재까지의 혁신학교 운영 과정과 연결된다.

많은 관리자가 성토의 대상이 되는 상황에서 우리나라 상황에 맞는 새로운 교장 리더십을 구체적으로 다룬 책은 찾기 어렵다. 해외 사례를 소개한 몇몇 번역서는 우리 현실과 거리가 있다. 평소 우리나라 학교 현실에서 실천한 경험을 나누고 토론할 필요성이 있다고 생각하면서도 실행을 못 했는데, 이제야 용기를 내 보았다. 책의 내용은 「학교경영계획서」의 내용을 전체적으로 포괄하여 학교 운영에 대한 입체적인 실천적 가이드북이 될 수 있도록 구성했다.

뒤에서 자세히 기술하겠지만, 오류중학교는 혁신학교 운영 이후 크게 달라졌다. 여전히 열악한 사회경제적 배경은 어찌할 수 없지만 교육의 3주체인 학생, 학부모, 교사의 학교만족도가 크게 높아졌다. 학생들은 학교를 좋아하고 학부모는 학교교육을 신뢰한다. 교장 4년 차였던 2022학년도 학교만족도는 5점 만점 척도에서 학생 4.08, 학부모 4.28, 교원 4.44로 모두 4.0 이상으로 높게 나타났다. 교육을 바꿔야겠다는 열정과 동료애에 바탕한 전 교직원의 협력이 있기에 가능한 일이었다. 어찌 보면 교사로 일했던 학교에 다시 교장으로 근무한 것은 큰 행운이었다. 평소 교장 임기 4년은 한 학교의 문화를 바꾸기에 너무 짧다고 생각했다. 다행히 오류중학교는 2007년부터 교사로 근무하며 학교혁신을 주도적으로 실천했던 곳이어서 학교 파악 시간이 길게 필요치 않았다. 그래서 교장 임기 4년을 오롯이 학교 발전과 혁신에 쏟을 수 있었다. 이런 소중한 기회를 열어 준 학교 구성원들에게 고마운 마음이 크다.

모쪼록 이 책이 학교의 발전적 변화를 적극적으로 실제 주도할 수 있는 역량을 갖춰야 할 관리자는 물론, 행복하고 민주적인 학교문화를 꿈꾸는 동료 교사에게도 도움이 되길 바란다. 더불어 역량 있는 리더를 양성할 정책적 책임이 있는 교육부와 교육청에 새로운 영감을 줄 수 있기를 기대한다.

차례

5장 학교 시설과 예산

1부

행정실무형 민주적 리더십으로
교육활동 중심의 학교 운영

1장
학교교육 발전과 학교장의 역할

미래를 예측하는 최선의 방법은
미래를 창조하는 것이다.
_앨런 케이(Alan Curts Kayk, 1940~)

교장의 역할

우리나라 교육 목적은 「교육기본법」 제2조 교육이념에 아래와 같이 제시되어 있다

> "제2조(교육이념) 교육은 홍익인간弘益人間의 이념 아래 모든 국민으로 하여금 인격을 도야陶冶하고 자주적 생활 능력과 민주시민으로서 필요한 자질을 갖추게 함으로써 인간다운 삶을 영위하게 하고 민주국가의 발전과 인류공영人類共榮의 이상을 실현하는 데에 이바지하게 함을 목적으로 한다."

학교는 홍익인간弘益人間의 교육이념이 실현될 수 있도록 교육활동을 실행하여 학생들이 인격을 도야하고 자주적이고 민주적인 시민으로 성장할 수 있도록 지원해야 한다. 나아가 인간적인 삶을 영위하고 인류공영에 이바지할 수 있는 세계시민을 길러 내야 할 책임이 있다.

이런 책임을 부여받은 학교의 최고 리더인 학교장의 지위와 역할 또한 법령으로 규정되어 있다. 「초·중등교육법」 제20조에 "교장은 교무를 통할統轄하고, 소속 교직원을 지도·감독하며, 학생을 교육한다"라고 제시되어 있다. 법령에 제시된 학교장의 지위와 역할이 매우 포괄적이고 방대하다. 요약하면 학교장은 학교 운영[1]의 모든 것을 관리하는 관리자이자, 동시에 학생을 교육하는 교육 전문가여야 한다는 의미이다.

'교장이 학생을 교육한다'는 말은 교장이 학생에 대한 직접적인 교육 활동을 수행한다는 의미 이상이다. 교장은 학교교육의 리더로서 실질적인 교육을 수행하는 교사들이 좋은 교육을 실행할 수 있도록 지원하고 촉진하면서 이끌어야 한다는 더 넓은 차원의 의미로 이해해야 한다. 교장의 역할 중 가장 어려운 도전 과제이기도 하다.

학교는 공공재로 법령에 근거해 운영되어야 한다. 「교육기본법」의 교육이념은 "자주적 생활 능력과 민주시민으로서 필요한 자질을 갖추어 민주국가의 발전과 인류공영人類共榮의 이상을 실현하는 데에 이바지하게 함을 목적으로 한다"라고 되어 있다. 법령에 따라 학교교육의 목적은 자주적 생활 능력을 갖춘 민주시민을 길러 내는 것이고, 학교를 통할하는 교장의 주요 임무는 이러한 교육 목표를 실현하는 것이 된다.

학교의 관리자이자 리더인 교장에게는 법령에 제시된 교육이념에 맞게 학교의 비전을 수립하고 교육으로 구현될 수 있도록, 학교 운영의 모

---

1. 필자는 '학교 경영'이라는 용어 대신 '학교 운영'이라는 말을 사용하고자 한다. 운영에 비해 경영이라는 말이 이윤을 추구하는 조직에서 많이 사용되는 용어로 일반적으로 인식되기 때문이다.
   *경영: 기업이나 사업 따위를 관리하고 운영함.
   *운영: 1. 조직이나 기구, 사업체 따위를 운용하고 경영함. 2. 어떤 대상을 관리하고 운용하여 나감.
   (국립국어원, 『표준국어대사전』)

든 과정에서 리더십을 발휘하여 학생을 교육할 책임이 부여되어 있다.

　교장은 학교 운영을 총괄하는 리더인 교장으로서 갖추어야 할 철학과 비전을 먼저 정립해야 한다. 아래 표의 내용은 징검다리 교육공동체가 주최한 '학교장 리더십 정책토론회'에서 제안된 '학교장 직무 가이드' 중 '학교장의 철학과 비전'이다.[2] 학교장은 각 학교의 '교육의 방향'을 세우고, 학교교육 방향을 교육과정에 담아 '학교 운영'을 하면서, '비전의 확산'을 위해 실천적인 노력을 해야 한다고 제안하고 있다.

> 학교장의 철학과 비전
>
> 교장은 「교육기본법」의 교육이념인 '홍익인간'을 바탕으로 학생들이 인간다운 삶을 영위하게 하고 더불어 인류공영의 이상을 실현하는 데 이바지할 수 있도록 다음과 같은 철학과 비전을 갖고 이를 실천한다.
>
> [교육의 방향]
> ■ 개인과 사회의 행복을 목표로 교육하기
> 　21세기 시대적 특성인 변화와 불확실성, 그리고 복잡성을 반영하여 노력과 성취의 시대를 넘어 학습과 행복, 정체성의 시대에서 학생들의 삶을 반영하고 '개인과 사회의 행복'을 목표로 교육 활동을 전개한다.
> ■ 학생이 살아갈 미래를 품은 교육하기
> 　우리 학생들이 살아갈 시대의 지식과 기술, 가치와 태도가 무엇인지 파악하고, 학교에서는 이러한 지식과 기술, 가치와 태도를 어떻게 형성하게 할 수 있을지 계속 질의하고 답을 찾아간다.

---

2. 징검다리 교육공동체, 2021. 8. 19.

- '모두를 위한 학습'을 실현하기

  학교는 학교의 책임인 '모든 학생을 위한 학습'을 위해 보편적 학습 설계를 통해 학습 격차를 줄이고 모든 학생의 학습력을 높일 수 있도록 한다. 기초학습의 개념을 미래 역량에 맞게 조정하고,[3] 개개인의 특성을 반영한 개별화 수업이 가능하도록 한다.

- 학습과 혁신의 역량을 증진하기

  학습과 혁신의 역량은 4Cs(비판적 사고력, 창조성, 의사소통, 협력)를 의미하며 학교 교직원과 학생 모두에게 필요하다. 교직원들이 교육혁신을 지향하고 조직을 혁신으로 나아가게 할 수 있도록 한다. 학생들이 협력적 주체로서 소통하며 다양한 관점으로 문제 해결을 시도하며 새로운 가치를 창조할 수 있도록 교육한다.

- 차이를 극복하기 위한 사회적 정서적 학습의 기회를 확대하기

  지식과 기술이 급격하게 발달하고 소멸하며, 지구촌이 초연결 사회로 변하면서 학생들은 기술의 격차, 문화적 다양성, 가치관의 차이, 관점의 차이 등을 많이 접하게 된다. 학교는 이러한 차이가 차별과 혐오 등으로 확대되지 않도록 서로에 대한 배려와 존중의 정신으로 타인을 이해하고 관계를 증진시키며 협력적 의사결정을 할 수 있도록 사회적 정서적 학습의 기회를 확대한다.[3]

[학교 운영]

- 학습하는 학교로 운영하기

  급격한 변화에 적응하고 반응하여 변화를 새로운 에너지로 전환하기 위해 학교를 '학습하는 조직'으로 만든다. 교원학습공동체, 학부모학습공동체, 학생학습공동체를 통해 진정한 학습을 수행

---

3. [참고] OECD 교육 2030의 Core Foundation은 3Rs(읽기, 쓰기, 수 문해력)을 포함하여, 데이터 문해력, 디지털 문해력, 건강, 사회적 정서적 학습 등을 추가하였다. 서울시교육청은 3Rs에 관계(Relation) 등 4Rs를 제시하였다.

하며, 학습에서 발현된 인식과 정서의 변화가 학교 운영의 재구
조화와 교육과정의 재구성에 유기적으로 반영되도록 한다.

- 일상적인 민주주의를 실현하기
  학교 구성원이 창의적 민주시민으로 성장할 수 있도록 학교 일
  상에서 민주주의 정신을 실천한다. 이를 위해 학교는 자주적인
  의사결정을 통해 운영할 기회를 늘리며, 교사다모임, 학년자율운
  영체제, 학생자치, 학부모자치를 통해 자율적이고 민주적인 학교
  문화를 실현한다.
- 학교 구성원들과 함께 만들고 실천하기
  이 모든 것은 학교의 내외적 조건을 고려하고 학교 구성원들의
  의견을 담아 공유 비전으로 확립하고 교육과정에 담아 모두가
  함께 실천하고 성찰하며 발전시킨다. 다만 교육과정의 양을 증대
  시키지 않도록 재구성하거나 조정한다.

[비전의 확산]

- 네트워크를 통해 교육의 비전과 실천을 확산하기
  교장은 학교혁신의 비전과 내용을 지역과 교육청으로 확산하기
  위해, 학교-마을-교육청 등 중층적인 네트워크에 참여한다.
- 지구와 인류의 지속가능을 위한 행위자 역할을 수행하기
  학교는 유엔의 지속가능발전목표를 교육활동 속에서 이행해야
  할 책임을 갖고 있기 때문에 지속가능발전을 위한 국제적 방향
  성을 이해하고 학교에서 할 수 있는 일을 교육과정에 담아 지속
  가능을 위한 행위자로서 실천한다.

학교장은 「교육기본법」의 교육이념과 자신의 철학과 교육이념을 바탕
으로 학교교육 비전을 수립하여 학교의 구체적인 교육과정에 담아 교
육활동으로 구현할 수 있도록 지원해야 한다.

변화를 주도하는 역량

질문을 좀 더 구체화하자. 학교교육의 '변화'에서 가장 중요한 '사람'은 누구인가? 필자는 교장이라고 생각한다.

그렇게 생각하는 이유는 먼저 학교 변화의 시작점에서 교장의 역할이 큰 영향을 미칠 수 있기 때문이다. 만약 교장이 교육 변화의 필요성을 느끼지 못한다면 변화를 시작하는 것 자체가 어렵다. 학교장이 '이대로도 학교는 잘 굴러가는데 굳이 건드려서 부스럼을 만들 필요가 뭐 있느냐' 생각한다면 학교혁신의 길이 열리기는 더 어려워진다.

두 번째 이유는, 변화는 저절로 일어나지 않기 때문이다. 교육혁신 관련 강의를 할 기회가 있으면 '변화에 대한 관점'을 퀴즈로 내며 시작한다.

변화에 대한 관점

고대 중국 사람들은 변화를 위한 시작의 신호를,
하나의 (　　　)로 여겼다.

'변화를 좋아하는 유일한 사람은, (　　　　　　　)
아이뿐이다'라는 말이 공감을 걷고 있다.Hall & Hord, 2006

[질문] 발전은 변화 없이 가능할까?

[질문] 사람들은 왜 변화를 좋아하지 않을까?

홍제남, 한국교원대 교장자격연수 자료, 2023. 11.

고대 중국 사람들은 변화의 신호를 하나의 '저주'로 여겼다. 교육학자

인 홀Hall과 호드Hord는 『학교 변화와 혁신Implementing Change: Patterns, Principles, and Patholes』2006에서 변화를 좋아하는 유일한 사람은 "젖은 기저귀를 차고 있는 아이뿐이다"라고 했다. 이처럼 변화는 매우 어려운 일이다. 막상 변화를 시작하더라도 예기치 못한 난관들이 연속되기 일쑤이다.

학교혁신을 위한 변화 과정에서 교장이 변화에 대한 제대로 된 관점을 지니고 세심히 살피며 촉진할 때 학교 변화는 더 잘 일어날 수 있다. 교장은 교육 발전을 위한 변화를 주도하고 해결하는 역량을 갖춰야 한다. 학교교육의 총괄자로서 문제를 파악하고 갈등을 조정·해결하며 대안을 제시할 때 변화의 문턱을 넘어 학교혁신으로 나아갈 수 있다.

교장이 촉진한 오류중학교 변화의 시작

교장의 변화에 대한 역할을 오류중학교 사례로 살펴보자. 오류중학교에서 학교혁신을 위한 시작은 2010년 9월 1일 자에 부임한 신규 교장의 제안과 설득이었다. 당시 곽노현 진보 교육감은 혁신학교 정책 관련 업무를 맡았던 장학관에게 어려운 학교현장에서 학교혁신을 실현하라는 임무를 부여해 발령을 냈다. 교장은 부임하자마자 혁신학교를 신청하자고 적극적으로 교사들을 설득하기 시작했다. 오류중학교는 서울의 외곽 지역에 소재하고 사회경제적으로 어려운 환경에 있는 학생의 구성 비율이 높다. 상대적으로 자녀의 학습에 대한 가정의 지원이 적고 학생들의 학습 의욕도 낮은 편이었다.

교사들도 교과수업과 학생 생활교육 모두 쉽지 않은 상황이어서 학교혁신에 대한 공감도는 높았다. 하지만 교사들은 수업과 담임 업무, 행정 업무 등으로 하루하루 너무 바쁘게 생활하고 있어서 새로운 시도는 엄두조차 내기 어려웠다. 이때 신임 교장의 설득은 교사들에게 학교 변화를 고민하도록 촉진하는 계기가 되었다. 교장이 변화에 대한 적극적인 의지로 변화를 시작하게 만든 촉진자 역할을 한 것이다. 그 결과 교직원은 학교 변화를 고민하고 준비하게 되었다.

그러나 변화의 과정이 리더의 말만으로 이루어지진 않는다. 교사들은 학교 변화의 필요성에 동의했지만 지금까지 만났던 여러 관리자가 보였던 행위를 기억하고 있었다. 기존 교장이 연구학교를 운영하자고 설득해서 연구학교를 시작하면, 계획 수립부터 운영까지 모든 과정이 교사들의 일이 된다. 교사들은 수업과 담임 업무, 그리고 담당하고 있는 교무행정 업무만으로도 이미 '화장실 갈 틈도 없이' 바쁘게 지낸다. 이런 교사들에게 학교가 새로운 사업을 벌인다는 것은 자신에게 더 많은 업무가 주어질 것을 의미한다. 게다가 지금까지 겪었던 관리자들은 교직원의 의견을 민주적으로 경청하고 반영하기보다는 교장의 뜻을 일방적으로 밀어붙였던 경험이 더 많아서 관리자에 대한 신뢰가 낮은 상태였다.

오류중학교 교사들은 혁신학교 신청 준비를 위해 학교혁신 연수를 진행하고, 먼저 시작한 경기도의 혁신학교를 탐방했다. 그리고 혁신학교 신청 찬반 투표에 앞서 교사들은 교장에게 한 가지 사항을 공식적으로 약속할 것을 요구했다. 그것은 혁신학교를 운영하게 되면 '학교를 민주적으로 운영할 것, 구체적으로 전교직원회의에서 결정된 사항은 법적인 문제가 없으면 원칙적으로 수용할 것'을 공개적으로 약속해 달라는 것이었다. 교장은 혁신학교 신청 여부를 묻는 전교직원회의에서 이를 공식적으로 약속했다. 그리고 투표에 참여한 교원 45명 중 39명이 찬성하

여 87%의 높은 찬성률로 혁신학교 운영을 신청하게 되었다.^{오류중학교 전}

교직원 워크숍 자료집, 2011

이렇게 시작한 혁신학교 운영 과정은 예상대로 쉽지 않았다. 기존의 행정 업무 중심의 학교문화가 아닌, 교사들이 교육활동에 집중할 수 있는 학교문화를 만들기 위한 혁신학교 운영계획을 작성했다. 혁신학교를 준비하며 실시한 설문조사에서, 대부분의 교사가 가장 필요하다고 꼽은 주요 혁신 과제는 수업혁신이었다. 가장 우려되는 점은 혁신학교 운영으로 업무가 늘어나는 것이었다.

이를 반영하여 1년 차 혁신학교 운영에서 가장 집중하여 만들고자 한 것은 교사학습공동체 운영과 공동수업연구로 수업혁신에 집중하는 학교문화와 시스템, 그리고 이에 맞게 학교 업무 구조를 교육활동 중심으로 편제하는 것이었다. 사토 나마부의 '배움의 공동체'를 수업혁신의 방향으로 삼고 손우정 교수를 컨설턴트로 하여 월 1회 제안수업 공개와 협의회를 진행했다. 더불어 학년별 수업연구회, 교과별 수업연구회를 매주 수요일에 진행했다.

교육활동 중심의 업무 편제를 논의하는 과정도 쉽지 않았다. 긴 토론을 거쳐 지금은 많은 학교가 시행하고 있는 학년부제-업무부서로 업무구조를 바꿨다. 그리고 교사의 행정 업무를 덜어 내기 위해 혁신학교 예산을 활용해 행정전담인력인 교무행정사와 전산업무 지원 인력을 채용하기로 전교직원회의에서 합의했다.

이 모든 과정에서 교장은 한발 물러서 관망하는 위치에 있었다. 혁신학교 운영계획서 작성부터 수업 중심의 학교문화 조성, 업무구조 혁신의 모든 과정을 주도한 것은 혁신부장을 중심으로 한 교사들이었다. 게다가 혁신학교 신청 시에 전 교직원 앞에서 공개적으로 약속했던 '전교직원회의 논의 결과를 법적인 문제가 없는 한 수용한다'는 약속은 잘 지켜지지 않았다. 이 때문에 혁신부장이었던 필자는 교장을 설득하거나 교장과 교사들 사이에서 의견을 조정하느라 너무나 힘들었다.

교장이 혁신적인 마인드가 없으면 학교혁신은 훨씬 더 힘들어질 수밖에 없다. 처음부터 이런 점이 우려되어 혁신학교 운영계획서 마지막 〈IV. 교육청에 바라는 점〉에 '교장, 교감 등의 관리자 교육 → 혁신적 마인드'를 요구했다. 하지만 50대 초반에 부임해 온 신임 교장이, 이른 나이에 전문직으로 전직하여 긴 시간 교육청에서 장학사, 장학관으로 근무하면서 몸에 밴 권위적인 태도를 쉽게 바꾸긴 어려웠으리라 생각된다. 혁신부장으로서 전체 회의에서 논의된 혁신의 방향을 관철하려 노력하는 과정에서 교장과 자주 부딪치곤 했다.[4]

종합하면, 학교교육 발전은 변화가 없이는 불가능하다. 이 변화는 학교 운영을 총괄하는 최고 리더인 교장이 주도했을 때 가장 효율적일 수 있다. 그래서 학교교육을 총괄하는 교장은 변화에 시동을 거는 촉진자의 역할은 물론이고, 변화의 과정을 주도적으로 총괄하고 실무적으로 진행할 수 있는 역량이 필요하다.

---

4. 혁신학교 초기 변화 과정에서 이견이 자주 부딪쳤던 교장 선생님과는 어려운 시기를 함께 넘어온 인연 때문인지 지금도 여전히 연락하며 지낸다.

학교 변화 원리와 교장의 역할

대부분의 사람들은 변화를 좋아하지 않는다. 핵심 이유는 변화 과정에 동반되는 '불편함, 혼란, 불확실성' 등이다.

변화는 낯선 상황에 놓이게 되는 과정이라 이에 따르는 '불편함'이 생긴다. 사람의 습관이나 관성은 오랜 시간을 거쳐 익숙해진 것이다. 낯설고 새로운 것을 접하면 본능적으로 불편함을 느끼며 경계하게 된다. 인간이 오랜 진화 과정을 거치며 낯선 환경 속에서 살아남기 위해 발달한 방어기제이기도 하다. 방어기제가 낯선 환경에서 오는 스트레스를 낮출 수 있기 때문이다.

변화는 기존에 없던 새로운 일을 도모하는 것으로, 변화 방향에 대한 구성원의 의견이 달라 이로 인한 '혼란'을 피하기 어렵다. 사람들은 이미 살아오는 과정에서 직간접적으로 혼란스러운 상황을 만나 힘들었던 경험이 있다. 이런 혼란스럽고 힘든 상황은 피할 수 있다면 피하고 싶어진다.

변화에는 미래 예측의 '불확실성'에서[5] 오는 불안감이 동반된다. 변화를 시도할 때 결과가 보장된다면 어려움이 예상되어도 도전하기가 쉬울 것이다. 하지만 변화에 따른 어려움이 예상되고 결과가 불확실하다면 변화에 참여할 동기는 크게 약해진다.

그런데 학교 발전에서 변화는 필수적인 과정으로 피할 수 없다. 리더는 변화에 대한 사람들의 심리적 어려움을 잘 이해할 필요가 있다. 이

---

5. 20세기의 유명 경제학자인 존 케네스 갤브레이스는 1977년 출판한 저서 『불확실성의 시대』에서 불확실성을 현대 사회의 특성으로 꼽았다. 그는 불확실성의 시대는 '불규칙적인 변화 때문에 미래에 전개될 상황을 예측할 수 없는 상태'를 말하며, 현대를 '사회를 주도하는 지도 원리가 사라진 불확실한 시대'라고 규정했다.

때 변화 과정에서 발생하는 구성원 간의 이견과 갈등을 풀어 가는 기반은 '학교 변화의 원리'에 기초한 '도덕적 신뢰'이다.

학교 변화의 원리와 도덕적 신뢰

미국의 교육학자 홀과 호드Gene E. Hall & Shirley M. Hord는 학교 변화와 변화 리더십을 연구한 저서 『학교 변화와 혁신』에서 학교 변화의 원리 12가지를 제시했다.

원리 1. 변화는 일시적인 사건이 아니라 과정이다.

원리 2. 개발과 실행 중 어디에 비중을 두었는가에 따라 다른 변화가 나타난다.

원리 3. 조직 내에 개인이 변해야 조직도 변한다.

원리 4. 변화 혁신의 규모는 다양하다.

원리 5. 촉진 활동은 변화 혁신 성공에 필수적이다.

원리 6. 새로운 변화가 실천되어야만 결과적으로 변화가 일어난다.

원리 7. 학교장의 리더십은 장기적인 개혁의 핵심 요인이다.

원리 8. 업무지침은 변화 혁신을 효과적으로 일어나게 한다.

원리 9. 학교와 교실이 변화의 가장 기본 단위이다.

원리 10. 변화를 촉진하는 활동은 팀의 노력으로 이루어진다.

원리 11. 적절한 촉진 활동은 변화 혁신의 곤란함을 줄일 수 있다.

원리 12. 학교의 풍토는 변화 혁신 과정에 영향을 준다.

위의 원리 모두 학교 변화를 이끌 책임자인 교장과 학교 변화의 리더 그룹이 같이 고민하고 실천해야 할 사항이다. 특히 학교의 모든 운영을 총괄하는 최고 리더인 교장은 그 역할에 맞게 변화를 이끌 실제적인 역량이 있어야 한다. 특히 원리 7과 8은 학교의 변화에서 교장 역할의 중요성을 강조하고 있다.

혁신학교 초기에 혁신부장으로서 학교혁신을 주도하고, 이후 교장으로 근무하면서 학교혁신을 추진한 경험에 비추어 볼 때 12가지의 변화원리는 매우 타당하다고 생각한다. 이것에 더해 개인적으로 '개똥철학'이라고 이야기하는 학교 운영 철학을 소개한다. 1. 구더기 무서워 장 못 담그랴. 2. 어떤 일이든 100% 좋거나 100% 나쁘지는 않다. 3. 한꺼번에 100% 이루려고 하지 말자. 4. 핵심key 구성원과 미리 의논/설득한다. 5. 운영 과정을 세심하게 살피며 촉진한다. 6. 솔선수범한다.

무언가 새로운 변화를 추구할 때 이로 인해 발생할 수 있는 문제들이 걱정되어 미리 포기한다면 맛있는 '장'을 만들 수 없다. 또 어떤 일이든 추구하는 목표를 한꺼번에 이룰 수는 없다. 새로운 일을 시도할 때 한 걸음이라도 앞으로 나아갈 수 있다면 안 좋은 측면보다는 발전적인 측면을 보고 뚜벅뚜벅 추진해야 한다. 이런 모든 과정에서 핵심 리더 구성원과 먼저 논의하고 공감하고 설득하면 변화를 실현할 가능성이 커진다.

이렇게 새로운 변화를 시작해도 관성의 힘이 아주 크기 때문에 여러 난관을 만나면 원래의 자리로 되돌아가려고 한다. 원래의 자리로 돌아간다면 실제로는 원래보다 더 뒤로 후퇴하는 격이다. 되돌아가는 과정에서 사람들은 '이럴 줄 알았어. 쓸데없이 괜히 힘만 들었네. 다시는 안 하고 싶다'는 것을 학습하게 되기 때문이다. 한 걸음이라도 앞으로 나아갈 수 있도록 변화의 과정을 세심히 살펴야 한다.

변화를 추진하는 과정에서 가장 해결하기 어려운 일은 구성원 간의 갈등이다. 이 때문에 필자 또한 학교혁신을 실천하는 과정에서 고심이 매우 컸다. 갈등은 대부분 변화 과정에서 생기는 생각의 차이에서 시작된다. 이때 생각의 차이를 어떤 관점에서 바라보고 수용하는가에 따라 결과는 정반대로 귀결된다. 개인 비전이 공유 비전으로 수렴되어 집단 지성이 발휘될 수도 있고, 갈등의 골이 깊어지면서 서로 배척하는 사이가 되어 학교공동체가 무너지는 결과로 나타날 수도 있다.

이러한 결과의 차이를 가져오는 핵심은 상대방을 어떤 관점에서 신뢰하고 있는가다. 우슬러너는 저서 『신뢰의 힘: 신뢰의 도덕적 토대』에서 신뢰에 대한 연구 결과를 제시한다.[6] 이 연구는 신뢰의 종류를 '도덕적 신뢰'와 '전략적 신뢰'로 구분한다. 우슬러너는 구성원 사이의 갈등을 전략적 신뢰가 아닌 '도덕적 신뢰의 관점'에서 보아야, 학교공동체의 분열이 아닌 집단지성의 발휘와 공동체의 강화·발전으로 귀결될 수 있다고 한다.

학교에서 교육에 관여하는 구성원들 사이에는 학교 운영에 관한 생

---

6. 도덕적 신뢰와 전략적 신뢰: 전략적 신뢰는 사람들이 어떻게 해야 할지에 대한 기대가 반영되어 있다. 반면에 도덕적 신뢰는 사람들이 어떻게 행동해야 되는지에 대한 진술로 사람들은 서로 신뢰해야 한다. 이것은 남이 대접하는 것처럼 당신도 그렇게 하라는 요구가 아니라 남에게 대접받고자 하는 대로 당신도 남을 대접하라는 말이다. 전략적 신뢰는 남의 행동양식에 관한 정보를 습득함에 따라 서서히 형성되기 때문에, 새로운 경험으로 인해 타인을 신뢰하는 견해가 바뀔 수 있어서 신뢰가 무너지기 쉽다. 반면 도덕적 신뢰는 설령 보답이 없더라도 다른 사람을 잘 대우하라는 도덕적 명령이므로 일상생활의 기복과 부침에 대한 저항력이 있다. 따라서 도덕적 신뢰는 쉽게 무너지지 않고 시간이 지나도 매우 안정적이다. 혁신학교에서 변화를 추진하는 과정에서 매우 많은 갈등이 발생했는데 핵심 리더나 학교문화에서 어떤 신뢰가 주로 작동하고 있느냐에 따라 결과는 매우 다르게 나타날 수 있다(박수철 옮김, 2012).

각의 차이가 늘 있다. 그런데 방법적 차이는 있으나 좋은 교육을 만들고 싶다는 마음은 모두 같을 것이다. 이와 같은 대전제와 믿음을 바탕으로 서로를 대하는 것이 도덕적 신뢰의 관점이다. 겉으로 드러나는 생각의 차이를 기준으로 상대방은 틀렸고 나와 생각이 같은 그룹만 신뢰하는 전략적 신뢰의 관점으로 대한다면, 갈등의 골이 깊어지면서 학교 공동체는 해체된다.

돌이켜 보면 도덕적 신뢰라는 용어를 접하기 전에도 이런 관점에서 문제를 파악하고 해결 방안을 찾아왔고, 실제 많은 문제가 발전적으로 해결된 경험이 있다. 이후 소개하는 사례에는 전략적 신뢰가 아닌 도덕적 신뢰의 관점이 녹아들어 있다. 도덕적 신뢰에 대한 관점은 리더들이 발전적 변화를 추구할 때 놓치지 말고 성찰해야 할 중요한 자세이다.

교장은 변혁적이고 민주적인 리더십으로 도덕적 신뢰에 기반하여 학교 구성원의 집단지성을 촉진하며, 실질적으로 교육혁신을 이끄는 역량을 갖추도록 노력해야 한다.

2장
교육활동 중심의 학교문화 만들기

혁신은 새로운 시도가 아닌
과거와의 작별에서 시작된다.
_크루트 레빈(Krut Levin. 1980~1947)

함께 만드는 학교교육 비전

학교교육 비전의 수립은 학교교육과정의 운영 방향을 정하는 중요한 일이다. 학교장은 교육활동 중심의 학교가 될 수 있도록 학교교육 비전의 기본 방향을 제시하고, 이를 토대로 학교 구성원들이 학교 운영의 주체로 참여하여 학교교육 비전을 함께 수립하도록 이끌 책임이 있다. 교장은 민주적 의견수렴을 통한 집단지성으로 학교 비전을 수립하는 리더십을 발휘해야 한다.

회의 방식을 바꿔야 집단지성이 살아난다

집단지성이 필요한 이유는 혼자서는 교육현장의 많은 난제를 해결하기 어렵기 때문이다. 지혜와 힘을 모아야 문제를 해결할 수 있다.

집단지성이 발휘되는 조건은 무엇보다 각 개인의 자율성과 다양성이 보장되는 것이다. 인간은 누구나 자신의 '자아실현'을 위한 삶을 지향한다. 자아실현이란 인간이 타고난 '하나의 가능성으로 잠재되어 있던 자아의 본질을 완전히 실현하는 것'이다. 자아실현은 개별 구성원의 특성인 다양성과 자유의지인 자율성이 있는 그대로 수용되고 보장되는 조건이라야 추구할 수 있다. 더불어 집단지성은 학교가 '학습하는 조직'일 때 가능하다. 급격한 사회 변화에 제대로 대응하는 교육 비전을 수립하려면 학교 구성원이 함께 학습하고 연구하며 교육혁신의 방향을 찾고 실천하는 학습공동체를 구성해야 한다. 이때 교육청은 학교의 자율성을 존중하고 교장은 학교를 민주적으로 운영할 필요가 있다. 권위적이고 하향식으로 지시받는 문화에서는 구성원들이 자율성과 창의성을 발휘할 수 없기 때문이다. 그저 수동적인 태도로 주어진 임무를 '형식적, 기계적으로' 처리할 뿐이다.

집단지성이 발휘되려면 함께 만나 논의하는 과정이 필요한데, 기존의 권위적이고 형식적인 회의라면 교사들이 바쁜 시간을 쪼개 회의에 참석하고 싶은 의욕과 동기가 매우 줄어든다. 그간의 경험으로 볼 때 참석해 봤자 의견을 자유롭게 말할 기회도 없고, 말을 하더라도 반영되는 경우가 거의 없기 때문이다. 예전 전교직원회의는 일반적으로 큰 교무실에서 진행했다. 보조 의자까지 펴고 모여서 회의를 했는데, 컴퓨터나 서류 더미에 가려 서로 얼굴이 잘 보이지 않았고, 관리자에게 얼굴이 잘 보이지 않게 일부러 피해 앉기도 했다. 교사들은 회의 중에도 대체로 하던 업무를 계속 처리했다.

교무부장이 사회를 보고, 부장교사들이 차례대로 전달사항을 이야기하고 행정실장, 교감, 교장 순으로 할 말을 전달하고 마치는 것이 회의의 전체적인 모습이었다. 이런 회의라면 문서나 메시지로 전해도 될 텐데 굳이 모두 모이게 해서 일방적으로 전달하는 자리를 만드는 이유는 뭘까? '나는 여러분이 할 일을 다 전달했으니 이제 책임은 당신들에게 있다'는 일종의 의례라 여겨진다. 그런데 짧은 시간에 일방적으로 많은 정보를 전달하면 집중하지 않는 교직원들은 제대로 인식하지 못한다. 그래서 이후 내부 메신저에 끊임없이 업무 알림 메시지가 넘쳐난다. 이러한 학교문화에서는 구성원의 다양한 창의성이 열리는 토론다운 토론을 찾아보기 어렵고 집단지성이 생길 리 없다. 회의문화의 변화가 필요한 이유이다.

2011년 혁신학교를 시작하면서 이런 문화에서 벗어나 민주적이고 실효성 있는 회의문화를 만들자고 의견을 모았다. 회의 장소부터 모든 교직원이 집중할 수 있는 곳으로 옮겼다. 회의를 할 때 지침상 필요한 경우 이외에는 일방적인 전달은 지양하고 주제 중심으로 토론하는 회의로 바꿨다. 회의 주기도 기존의 주 1회 월요일 아침에서 월 1회 방과 후 시간으로 바꾸고 필요에 따라 가감을 해서 실효적인 회의가 될 수 있도록 했다.

회의 장소와 회의 방식을 바꾼 후 교사들의 참여가 활발해졌다. 관리자들도 회의 시간 내내 함께 참여하여, 마지막에 한마디 하던 기존 방식에서 벗어나 회의 중간에 동등하게 의견을 나눴다. 최종 결정은 충분한 토의 후에 상황이나 안건에 따라 합의나 거수 또는 무기명 투표로 진행하는 것을 원칙으로 했다. 교장이 되어서도 이 원칙은 계속 유지했다.

종합하면, 학교 구성원이 학교의 주체로 실제적으로 참여할 수 있어야 집단지성은 발휘된다. 교장은 구성원들이 자율적 사고능력과 생산적 창의성을 발휘할 수 있도록 민주적인 학교문화, 학습하는 조직으로서 학습공동체가 활발하게 운영되는 학교문화를 만들어 가야 한다.

학교교육 비전 수립은 전교직원 워크숍에서

학교장은 학교교육 비전을 수립할 때 학교 구성원들이 개인 비전을 토대로 집단지성을 발휘하여 공유 비전을 수립할 수 있도록 관심을 기울여 함께해야 한다.

학교 비전을 잘 수립하기 위해서는 먼저 그간 진행한 학교교육 활동을 평가해야 한다. 학교교육 활동 평가는 학기 말이나 학년 말에 실시한다. 평가 결과를 토대로 함께 교육 비전을 검토하고 수정·보완한다.

2011년 2월에 혁신학교를 준비하며 1박 2일 전교직원 워크숍을 진행했다. 이때는 혁신학교 운영을 시작하는 시점이라 혁신학교 운영계획의 검토·수립이 주된 목적이었다. 겨울방학인 2월 중순에 새로 전보 발령을 받은 교사들까지 포함하여 진행했다.

워크숍 장소에 도착하여 점심을 먹고 나서 시작한 논의와 토론은 저녁 식사 후 밤늦게까지 이어졌다. 행사가 끝나고 교사들이 '투정 섞인' 항의를 했다. 방학 중에 워크숍까지 와서 '너무 혹사시키는 거 아니냐'는 '이유 있는' 항변이었는데, 교사들의 얼굴에서는 자부심과 뿌듯함이 배어 나왔다. 그 이면에는 두 가지 의미가 내포되어 있다고 해석된다. 하나는 새로운 워크숍이 힘든 것은 사실이지만 취지에 맞게 운영되는 것에 대한 만족감이다. 또 하나는 학교 운영에 주체로 참여하며 학교운영계획을 심도 있게 논의하고 결정하는 것에 대한 자부심이다.

2011년 여름방학을 앞두고 1학기 운영 결과를 바탕으로 다시 1박 2일 전교직원 워크숍을 진행했다. 당시 워크숍 자료집인 『나는 교사다!』오류중학교, 2011. 7에는 부서별, 교과별 평가 및 학생, 학부모, 교직원이 1학기 혁신학교 운영을 평가한 만족도 조사 결과가 실려 있다. 두 차례 워크숍 모두 모둠별 토론 이후 전체 토론이 이루어졌으며 평가 결과를 반영하여 다음 학기 교육활동을 진행했다.

혁신학교를 운영하며 시작한 교육계획 수립-학교 운영-교육활동 평가-평가회-학교계획 수립·운영으로 이어지는 큰 흐름은 학교문화로 정착되었다. 현재는 학기 말마다 교육 3주체 만족도 조사를 한다. 2학기 말에는 해당 학년도의 교육활동 계획에 대해 모든 교직원이 부서별로 협의한 평가서를 작성하여 제출한다. 모든 평가서 양식은 담당 사업에 대한 사업별 평가, 총평, 새 학년도 학교 운영 방향에 대한 제안으로 구성되어 있다. 이때 교장과 교감도 자신들이 맡은 업무 평가서를 별도로 작성·제출하여 평가자료집에 함께 싣는다.

이 평가자료집을 토대로 12월에 2~3회에 걸쳐 방과 후 교내에서 전교직원 워크숍을 진행한다. 이는 교육활동 평가와 제안을 먼저 검토하고, 새 학년도 학교 교육활동 계획을 논의하는 시간이다. 학년 말 워크숍 결과를 바탕으로 새 학년도 학교 교육활동 계획안을 수립한다. 새 학년도 준비 워크숍을 시작할 때 교장으로서 먼저 학교 운영의 비전을 발제했다. 학교 운영을 총괄하는 리더로서 학교장은 학교가 나아가야 할 교육 방향과 실천에 대한 원칙을 제시하고, 교장이 할 역할과 교직원을 어떻게 지원할 것인지를 밝힌다.

2022학년도 준비 워크숍에서 교장의 발제와 교사들의 모둠별 토의 장면

이렇게 수립한 새 학년도 교육활동 계획안은 2월 새 학년 준비 워크숍에서 전보 발령을 받은 교사들과 함께 재차 논의하여 최종적으로 확정한다. 이 모든 과정에 교장과 교감은 함께 참여한다.

2000년 교직에 처음 임용되었을 때 이상하게 생각되었던 학교문화 중 하나가 전교직원 워크숍이었다. 학기 말이면 많은 학교들이 당일 또는 1박 2일로 전체 워크숍을 진행했다. 워크숍 계획서에는 학교 평가 및 교육계획 수립도 있었다. 하지만 실제 진행되는 프로그램은 대체로 관광지 관람과 술자리를 겸한 저녁 식사뿐이었다. 국민 세금인 학교 예산으로 진행하는데 '이게 정상적인 행사인가?' 싶었다. 이런 거부감 때문에 참석하기가 망설여지기도 했다. 물론 교직원 간의 친교와 힐링의 시간도 필요하다고 생각한다. 오류중학교도 워크숍을 오가는 길에 인근 문화유적지나 자연경관을 둘러보는 시간이 있었다. 하지만 이런 일 정도 전교직원 워크숍의 진행 목적에 맞게 적절하게 계획해야 한다. 학교 예산으로 먹고 마시는 것이 주가 되는 전교직원 워크숍을 하는 것은 지양해야 할 관행이다.

서울시교육청은 몇 해 전부터 겨울방학 중 새 학년도 학교교육계획 수립을 위한 전교직원 워크숍을 직무연수로 진행하라는 지침을 시행하고 있다. 혁신학교들이 자발적으로 진행하던 새 학기 준비 워크숍을 전체 학교가 의무적으로 시행하도록 한 것인데, 일부 학교에서는 여전히 형식적으로 이루어지고 있어서 개선이 필요하다.

종합하면, 학교장은 학교교육 주체가 주체적이고 민주적으로 논의에 참여, 집단지성을 발휘하여 학교교육 비전을 수립할 수 있도록 세심한 관심과 노력을 기울여야 한다. 중간 리더 역할을 하는 부장교사들과 열린 회의를 통해 사전에 워크숍에서 다루어야 할 주제와 진행 방식 등을 협의하고 조정해야 한다. 워크숍에서 논의하여 결정된 사항은 교육 비전과 교육계획에 적극 반영함으로써, 학교 구성원이 주체적이고 적극적으로 교육활동에 참여할 수 있도록 촉진해야 한다.

학교 업무 구조, 교사를 학생들 곁으로

학교 구성원이 함께 세운 교육 비전은 교육활동으로 잘 구현해야 한다. 그런데 수행 주체인 교사는 학교에서 직접적인 교육활동 이외에도 교무행정 업무나 공문 처리 등으로 화장실 갈 짬도 내기 힘들 정도로 바쁘다. 학생들도 교사들이 여러 업무를 하느라 바쁘다고 느낀다. 그래서 선생님을 만나러 갔다가 컴퓨터 앞에서 일하는 교사에게 말을 붙이지도 못하고 돌아오기도 한다.[1]

> 희선　선생님들이 하시는 일도 되게 많으신데 … 이렇게 학교
> 　　　학생들까지 이렇게 편하게 하기는 좀 … 힘들 것 같다,
> 　　　그런 생각도 들고. (중1, 여)
> 재희　교무실에 가면 선생님들이 모두 컴퓨터에 눈이 … 컴퓨
> 　　　터를 바라보면서 열심히 일을 하고 계셔서 차마 말을
> 　　　붙일 수가 없어요. 그래서 그냥 서 있다가 다시 돌아오

---

1. 홍제남의 박사학위 논문(2019. 2) 「지역사회협력 청소년 자치배움터의 학습과 실천에 대한 의미 분석: 학습자 배움중심교육과 학습권 실현 조건 탐색을 중심으로」에서 인용함.

기도 했어요. (20세, 여)

이렇게 학생들 눈에도 교사가 바빠 보이는 상황이라면 아무리 좋은 교육 비전이라도 제대로 구현하기가 쉽지 않다.

교장은 교사가 교육활동에 집중하고 학생들과 언제든 편안하게 대화할 수 있도록 학교 업무 시스템을 새롭게 구축해야 한다.

교장, 시키지만 말고 일하는 사람이 되자
-"학교교육계획서, 제가 작성합니다"

오류중학교에 교장으로 근무하게 되면서 두 가지 차원에서 교사들의 업무를 줄이기 위해 노력했다. 먼저, 교장도 학교 교육활동을 총괄하는 역할을 넘어 행정 전문인력이라는 정체성을 가지고 그간 교사들이 하던 업무 중 필요한 업무를 맡아 수행해야 한다고 생각했다.

부임한 다음 해부터 교장의 업무로 가져온 일 중 대표적인 것이 학교교육계획서 작성이다. 학교의 모든 교육활동을 총괄하는 책무를 부여받은 대표로서 1년의 학교 교육활동을 전체적으로 계획하는 과정은 매우 중요한 일이다.

그간 학교교육계획서는 연구부장교사가 전년도 계획서를 토대로 교장의 의견을 들어가며 작성했다. 먼저, 교사가 교과수업 준비로 바쁜 학년 초 3월에 초과근무까지 하며 교육계획서를 작성하는 것은 적절치 않다고 판단했다. 교장은 학교교육계획서의 최종 결정자라 내용부터 디자인까지 일일이 지적하고 관여하게 된다. 이런 과정은 서로에게 힘들고 비효율적이다. 그래서 기존에 교육계획서를 작성했던 과정을 뒤집어, 교장이 교사들의 의견을 반영하여 전체적인 기획과 작성을 한 후 교사들의 검토 의견을 수렴하여 수정·보완했다.

학교교육계획서 작성을 비롯하여 학교장으로서 부장회의 주관[2], 학부모회 총괄, 학교장 제안 사업에 대한 공모계획서 작성, 학교 프로젝트 업무 담당 등 학교장도 행정 업무 전문가라는 관점에서 총괄하고 지시하는 차원을 넘어 최대한 실제적인 행정 업무를 수행했다. 교감 또한 공문 총괄, 강사 채용, 교장 업무 지원 등의 실무를 담당하여 적극적으로 수행했다. 물론 현재와 같이 절대적으로 많은 학교의 교무행정 업무를 교장, 교감, 행정전담인력이 모두 수행하는 것은 불가능하다. 교육부와 교육청의 하부 기관인 학교는 상부의 지침에 따라 업무를 수행할 수밖에 없기 때문이다. 하지만 학교 차원에서 최대한 학교 업무를 경감하고 효율화하면 교사들이 교육활동에 더욱 전념할 수 있는 환경을 상당 부분 제공할 수 있다.

교장이 학교 실무를 직접 담당하는 것과 더불어 그간의 성과를 좀더 세심하게 살펴 학교 업무 정상화를 지속·발전시키기 위해 노력했다. 혁신학교 운영을 시작하며 10년이 지난 시점이라 업무 환경이 달라진 부분이 많았다. 대표적인 예로 물품을 구입할 때 직접 구매하지 않고 대부분 인터넷 플랫폼에서 신청했다. 여러 교사가 물품을 인터넷 장바구니에 각자 담아 놓으면, 에듀파인을 담당하는 행정사와 행정실은 여러 교사가 신청한 물품들이 장바구니에 한꺼번에 뒤섞인 상태로 보게 된다. 하지만 기안과 결재는 물품 구입을 요청한 교사별로 다시 골라서 해야 하므로 업무 효율성이 떨어졌다. 이 과정을 개선하여 교사가 물품

---

2. 국무회의를 주관하는 것은 대통령인 것처럼, 학교의 부서 대표들로 구성된 부장회의는 학교장이 주관하는 것이 합당하다고 판단하여 제안했다. 주 1회 열리는 부장회의 안건 수합, 회의 진행, 회의 결과 정리 및 공유 등의 일을 교장 업무로 맡아 진행했다.

을 직접 바구니에 담지 않아도 되는 경우(예: 특정 음료수 등)는 행정지원사가 바로 사이트에서 교사 건별로 신청하고 결제하도록 하여 절차를 간소화했다. 같은 맥락에서 여러 업무 절차를 세심히 살피고 피드백하며 업무 개선을 위해 노력했다.

공모교장으로 부임하며 수행하고자 다짐한 교장상은 '행정실무형 민주적 리더십'을 지닌 교장이었다. 교장도 행정인력이라는 관점에서 지시만 하지 않고 교사들이 하던 실무를 직접 담당하여 교사가 본연의 업무인 수업과 학생 생활교육에 집중할 수 있도록 지원했다. 교사 업무 경감은 오류중학교가 혁신학교를 시작할 때부터 매우 중요하게 생각한 점이었다. 현재 오류중학교의 학교 업무 시스템은 그 연장선에서 운영되고 있다.

학교혁신, 교사 업무 경감이 출발점이어야

'교육의 질은 교사의 질을 넘지 못한다'고 한다. 함께 세운 교육 비전을 실행하는 일은 교사의 몫이다. 학교의 모든 업무를 총괄하는 교장은 교사가 교육 비전을 교육활동으로 잘 실현할 수 있는 학교 환경을 만들어야 한다.

오류중학교는 혁신학교를 시작하던 2011년 첫해부터 교사의 행정 업무 경감에 노력을 기울였다. 이는 혁신학교를 신청하며 진행한 설문에서 교사들이 가장 많이 우려했던, 업무 폭증의 해결책을 제시하는 것이기도 했다. 혁신학교를 시작하는 첫해에 이것을 해결하지 못한다면 학교혁신은 실패할 수밖에 없다고 생각했다. 이런 중요성을 생각하여 「오류중학교 혁신학교 운영계획서」의 추진 과제 순서[3]와 달리, 1차 연도인 2011학년도 「혁신학교 세부 계획서」에서는 1. 학교 운영 혁신, 2. 수업 혁신, 3. 교육과정 운영 혁신, 4. 인성복지 혁신 순으로 하여 '학교운영 혁신'을 최우선 주요 과제로 삼았다. 혁신학교를 준비할 때 교사들이 가장 필요하다고 답한 과제는 수업 혁신이었지만, 교사들이 가장 우려한 업무 부담을 줄이지 못한다면 수업 혁신을 비롯한 혁신 과제 추진은 어렵다고 판단했다. 혁신학교 초기 가장 기본적이고 우선적인 추진 과제는 학교 업무 경감 시스템을 구축하여 학교문화로 정착시키는 것이었다.

이후 오류중학교를 떠난 지 6년이 지나 다시 교장으로 돌아와 근무하게 되었다. 혁신학교 운영 초기에 지향했던, 구성원이 바뀌어도 교육혁신이 학교 시스템과 문화로 정착될 수 있도록 하자는 목표대로 운영되고 있을지 궁금했다. 놀랍게도 교원들이 모두 바뀐 상황인데도 핵심적인 학교 시스템과 문화는 그대로 유지되고 있었다. 교육활동 중심의 학교를 만들기 위해 혁신학교 초기에 많은 논의를 거치고 우여곡절 끝에 학년부제, 공문 처리 과정 효율화, 행정전담 직원의 전면적 행정 업무 담당 등을 시스템으로 구축해 놓았는데, 그대로 유지되고 있었다.

현재 오류중학교는 서울형혁신학교(2011년 3월부터), 서울미래학교(2019년 9월부터) 운영으로 다른 학교에 비해서 예산이 많다. 이에 따른 사업도 활발해서 처리해야 할 업무량이 상대적으로 많은 편이다. 혁신학교 시작 시기와 비교해 현재는 학급 수가 반으로 줄어들어 교사 개인의 업무 부담이 큼에도 시스템의 근간이 유지되는 것은 업무구조의 방향을 제대로 설정했던 결과라 판단된다. 14학급으로 서울에서 작은 학교에 속하는 오류중학교 교사들이 혁신학교와 미래학교를 운영하며 수업은 물론 자발적으로 많은 교육활동을 수행해 내는 것은 이러한

3. 1. 수업 혁신, 2. 학생인권·복지 혁신, 3. 교육과정 운영 혁신, 4. 학교 운영 혁신.

업무 효율화가 뒷받침되고 있기 때문이다.

오류중학교에서 근무하다 다른 학교로 옮긴 교사들은 예전 방식의 학교 운영에 답답해하며 자칭 '오류병'에 걸렸다고 하소연한다. 지구별 회의를 다녀온 교감은 다른 학교 교감들이 항의성 하소연을 하더라고 전한다. 오류중에서 온 교사들이 '오류중은 이렇게 하는데 여기는 왜 안되느냐?'라는 말을 자주 해서 괴롭다는 것이다. 이 말을 듣고 필자는 그 학교도 '그럼 오류중학교처럼 하세요'라고 대답하면 되지 않냐고 했다.

최근 학년 말이 되면 교사 정원 감축에 따라 학급 수를 줄이는 문제로 진통을 겪는다. 심각한 출산율 저하 때문에 앞으로 학생 수-학급 수-교사 정원이 줄어드는 과정은 피할 수 없다. 그런데 교사가 수업과 학생 생활교육 등의 교육활동에만 전념할 수 있는 환경이라면 교사 수 감축이 개별 교사가 담당할 업무 부담이 커지는 문제로 연결되지는 않는다. 하지만 우리나라 학교는 학교의 학생 수와 무관하게 동일한 양의 업무를 감당하고 있다. 그러니 학급 수 감축으로 인해 교사 수가 적어지면 곧바로 개별 교사에게 부과되는 업무는 그만큼 더 증가한다.

이런 상황에서 교사는 정체성 혼란과 회의감 속에서 지쳐 가고, 업무 스트레스를 호소하며 스스로 목숨을 끊는 너무나 비극적인 일까지 발생하고 있다. 과중하게 부과되는 학교 업무 환경이 교사의 생명권마저 위협하는 상황에 이르렀다. 교사들이 이렇게 과중한 교무행정 업무로 피로감을 느끼고 스트레스를 겪는 상황이라면 학교혁신은 꿈도 꾸기 어렵다.

교육을 혁신하려면 무엇보다 먼저 학교 운영 혁신을 통해 교사의 행정 업무를 대폭 경감해야 한다.

공문 처리, 교사 임무 맞나?

오류중학교는 혁신학교를 시작한 2011년부터 교사들이 공문 처리를 하지 않아도 되는 시스템을 구축했다. 교무행정사가 전담하여 내·외부 모든 공문 기안을 처리하고 있다. 교사들은 자신이 맡은 업무에 해당하는 내용만 행정사에게 보내면 된다. 그간 교사들은 담당 공문 확인을 위해 수업하는 짬짬이 나이스에 접속해야 했는데, 전혀 그럴 필요가 없게 공문 처리 시스템을 개선했다. [그림 1]에서 오류중학교 공문 처리 업무의 흐름을 살펴볼 수 있다.

교무행정사가 매일 일정한 시간에 새로 온 공문을 하나의 파일로 정리하여 모든 교사에게 공유한다. 공문 안내 파일에 해당 공문을 담당한 부서와 담당자, 제출 기한 등을 같이 안내해서 나이스에 접속하지 않고도 어떤 공문이 왔는지 파악할 수 있다. 공문은 행정전담사가 모두 편철하여 전체 공람으로 처리하면 끝이다. 교사들은 공유된 공문 파일을 보고 필요한 경우만 나이스에 접속해서 공문을 확인할 수 있도록 시스템을 구축했다. 에듀파인 과정 또한 마찬가지로 구매할 목록만 행정전담사에게 보내면 행정전담사가 에듀파인에서 기안하도록 했다.

흔히 '악마는 디테일에 있다'고 한다. 이는 '문제점이나 불가사의한 요소가 세부 사항 속에 숨어 있다'는 의미의 속담으로, 어떤 것이 대충 보면 쉬워 보이지만 제대로 해내려면 예상했던 것보다 더 많은 시간과 노력을 쏟아부어야 한다는 의미이다. 교사들이 잡무라고 생각하는 일들은 하나하나로 보면 '별일이 아닌' 것 같다. '공문 기안하는 데 시간이 뭐 얼마나 걸린다고…?', '공문 편철하는 게 무슨 큰일이라고?' 이렇게 생각할 수도 있다. 그런데 행정 업무의 크고 작음, 시간이 얼마나 걸리나를 떠나 근본적으로 이런 생각 자체가 교사의 정체성을 흔드는 위험

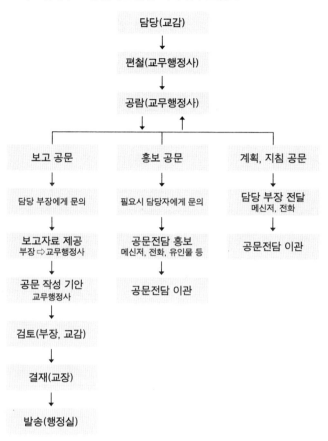

[그림 1] 오류중학교 공문 처리 업무 흐름도 오류중학교, 2011

담당(교감)

편철(교무행정사)

공람(교무행정사)

보고 공문

담당 부장에게 문의

보고자료 제공
부장 ⇨ 교무행정사

공문 작성 기안
교무행정사

검토(부장, 교감)

결재(교장)

발송(행정실)

홍보 공문

필요시 담당자에게 문의

공문전담 홍보
메신저, 전화, 유인물 등

공문전담 이관

계획, 지침 공문

담당 부장 전달
메신저, 전화

공문전담 이관

한 생각이다.

2019년부터 3년간 교육대학원에서 교직 실무 교과 강의를 하게 되어 시중에 나온 교직 실무 관련 교재 두 권을 사서 살펴보았다. 그중 한 책은 예전에 대학에 다닐 때와 다르게 한 장을 할애해서 공문서 작성 및 관리라는 내용을 26쪽 분량으로 소개해 놓았다. 평소 '행정 업무는 교사 업무가 아니다'라고 주장한 사람이고, 그 근거로 대학 다닐 때 '우리가 교사가 되기 위해 배운 내용 중에 교무행정 업무는 없었다'라고 주장했던 터라 다소 당혹스러웠다. 다른 한 책이 공문서 관련 내용을 다루지 않은 점에 안도해야 했다. 교직 실무이기에 현재 학교에서 다루는 행정 업무를 소개하는 것은 가능하겠지만 교육활동 이외의 교무행정 업무는 교사 본연의 임무가 아니다.

「초·중등교육법」제20조(교직원의 임무)에는 "④ 교사는 법령에서 정하는 바에 따라 학생을 교육한다. ⑤ 행정직원 등 직원은 법령에서 정하는 바에 따라 학교의 행정사무와 그 밖의 사무를 담당한다"라고 교사와 행정직원의 업무를 구분하여 제시되어 있다. 교사의 임무는 법령에 따라 학생을 교육하는 것이지 학교의 여러 사무를 담당하는 것이 아니다. 대학교에서 교수는 교육활동만을, 행정직원은 교육활동 지원과 교무학사 업무를 비롯한 사무를 담당하고 있다. 이와 달리 초·중등학교는 현재 학교의 여러 사무를 행정직원이 모두 담당할 수 없는 상황이라 교사가 고유 업무 이외의 학교행정 업무를 '덤'으로 더 수행하고 있다는 점을 정확히 인식할 필요가 있다.

공문과제카드? 편철? 몰라도 되니 좋아요[4]

오류중학교에서 있었던 업무 처리와 관련한 몇 가지 에피소드를 소개한다.

2019년 오류중학교에 신규 발령을 받아 근무하게 된 교사 A 이야기다. 신규 교사 A는 비담임으로 수업 외 담당 업무는 학생자치부 소속으로 방송, 방과후학교, 급식지도였다. 보통 신규 교사들은 다른 학교 신

---

4. 학교행정 업무 경감, 삶과 연계된 교육과정, 학부모 관계에서 일부 소재와 내용은 '교육공동체 벗'에서 발간한 공저에 실은 오류중학교 운영 사례를 수정·보완한 것이다.

규 교사들과 소통하며 소속 학교 이야기를 주고받는다. 2019년 2학기 어느 날 교무실에서 A 교사가 근심스러운 얼굴로 교장인 필자에게 말했다.

> **교사 A** 교장 선생님, 저 이렇게 공문 보내는 거, 에듀파인 이런 거 하나도 안 하다가 다른 학교에 전근 갔을 때 이것도 모르냐고 혼나면 어떡하죠?
>
> **교장** 그쪽 학교도 우리 학교처럼 하자고 건의해 보세요. 공문 처리, 에듀파인 하는 건 교사의 본연의 업무가 아니니까 전혀 기죽을 필요 없어요. 그리고 배우려고 하면 이거 5분이면 금방 배우니까 아무 걱정하지 마세요. 하하.
>
> **교사 A** 그런가요? 우리 학교 이렇게 하는 거 진짜 너무 좋아요. 다른 학교 이야기 들어보면 정말 장난이 아닌 거 같아요. 벌써 걱정돼요. 하하.

다음은 오류중학교에 신규 교사로 발령받아 7년간 근무한 교사 B 이야기다. 오류중학교는 서울의 외곽이고 생활환경도 어려워 경력 교사들이 선호하지 않아서 신규 교사와 기간제 교사 비율이 높다. 경력 교사가 많지 않아 신규 교사도 첫해를 제외하고는 어쩔 수 없이 부장교사 역할을 맡기도 한다. 오류중학교는 2019년 2학기에 서울미래학교[5]에 선정되었다. 교사 B는 미래학교로 선정되기 이전에도 평소 아이패드를 활

---

5. 공모 당시는 혁신미래학교 정책이었으나, 2022년 2학기에 서울미래학교로 정책사업 명이 변경되었다.

용하여 수업을 진행하는 등 디지털기기를 활용하는 수업 능력이 탁월하고 학생들이 잘 따르는 좋은 교사이다.

미래학교를 시작하면서 미래학교의 운영 정착을 위해 2년간 더 유임하며 비담임으로 혁신미래부장을 맡았다. 혁신미래부는 혁신학교와 서울미래학교 두 영역의 업무총괄을 맡은 부서라서 교원학습공동체, 공개수업, 교원연수와 워크숍, 대외적인 홍보와 설명회 등으로 업무가 매우 많다. 주어진 업무 이외에도 필요하다고 생각하면 의욕적으로 일을 추진하는 교사라 업무가 더 늘어난다. 오류중학교 신규 교사들을 보며 어떤 학교에서 교사 생활을 시작하는가에 따라 성장의 속도가 크게 달라질 수 있다는 생각을 많이 한다. B 교사가 신규 3년 차 때까지 같이 근무하다가 다른 학교로 전근한 당시 혁신부장이었던 교사는, B 교사가 2021년 겨울 서울교사 대상의 공개 행사인 미래학교 발표회를 주관하는 모습을 보고 "크게 성장한 모습이 정말 놀랍다"며 감탄을 연발했다.

B 교사가 혁신미래부장이던 2022학년도 2월에 있었던 일이다. 방학기간이라 교무행정사 둘이 모두 근무일이 아니었다. B 교사는 이날 학생들과 교육활동 자료집을 만드는 일로 학교에 출근했고, 관련하여 에듀파인을 기안해야 하는 일이 생겼다. 그제야 지금까지 만 7년간 에듀파인을 한 번도 직접 해 본 일이 없었다는 사실을 깨닫고 놀라며 당황해했다.

나의 경험이다. 교사 시절 오류중학교의 혁신학교 초기 준비 과정에서 시작해 2년간 혁신부장 업무를 맡았다. 처음이라 예산도 2억 2천만 원 정도로 많았고 학교의 모든 것을 말 그대로 '새롭게 세팅해야 하는 일이라서' 업무가 너무나 많았다. 하지만 2년간 에듀파인 기안은 전혀 하지 않았고 수많은 공문 기안도 거의 하지 않았다. '교육활동 관련 연구와 기획'은 당연히 수행했지만, 이에 따른 '공문 및 에듀파인 처리'는 교감 선생님이 총괄하여 교무행정사가 처리했다. 혁신부장을 하는 동안 행정 업무 처리에 따른 번거로움은 거의 없었다.

여러 곳에서 오류중학교 운영 사례를 발표할 기회가 종종 있었다. 학교 운영 사례를 발표하고 나면 뒤따르는 비슷한 질문이 있다. '교사들이 어떻게 그 많은 교육활동을 자발적으로 할 수 있나? 교장으로서 어떤 리더십이 필요한가?'이다. 그러면 늘 이렇게 대답한다. 교장이 '교사들에게 일방적으로 하자고 해서 한 일이 아니다, 교사들의 아이디어에서 시작된 것이 더 많다, 교장은 교사들이 더 편하게 일할 수 있도록 최대한 지원한다, 교사들은 의미 있는 일이라면 얼마든지 즐겁게 하면서 성취감을 느끼는 자존감이 높은 집단이다, 의미 있는 일을 잘할 수 있도록 업무 시스템으로 지원하고 있고, 교장인 나도 솔선수범하는 모습으로 실무를 맡아서 수행하고 있다'라고.

이처럼 교사의 행정 업무 경감은 교사가 마음 편히 일을 구상하고 진행할 수 있도록 하는 학교문화 조성에 매우 중요한 기본 요소 중 하나이다.

혁신학교를 추진하고 진행하면서 현장교사연구자의 필요성을 크게 느꼈다. 오류중학교 근무를 마친 후 교원대학교 대학원에서 2년간 석사과정 파견으로 연구할 소중한 기회가 생겼다. 교사학습공동체를 질적 연구방법으로 연구하여 석사 논문을 작성했다.[6] 연구 결과, 교사학습공동체 형성의 주요 요소 세 가지를 도출했다. '수업혁신에 대한 교사의 신념', '신뢰에 기초한 동료 관계', '민주적 학교 운영과 혁신학교 시스템과 지원'이다. 세 요소 간의 관계는 아래 그림과 같다.

[그림 2] 혁신학교 교사학습공동체 형성의 주요 요소홍제남, 2016

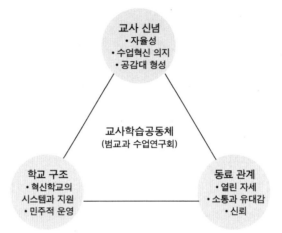

교육혁신이 성공한 학교를 만들기 위해서는 교사들이 교사 본연의 업무에 집중할 수 있는 학교 시스템을 구축해야 한다. 예전과 똑같은 업무 환경이라면 새로운 일을 생각하고 실행할 시간이 절대적으로 부족하다. 교사가 수업이 비는 시간에 짬짬이 본연의 업무와 무관한 행정업무를 처리해야 하는 상태라면 교육활동에 집중할 수 없다. 학생들이 찾아와도 아이들과 제대로 대화할 마음의 여유가 생기지 않는다. 그래서 학생들이 선생님을 만나러 갔다가도 '컴퓨터를 바라보며 열심히 일하고 계신 선생님한테 말도 붙이지 못하고' 돌아서는 상황이 벌어지고 있다.

6. 「혁신학교 수업연구회를 통한 교사수업전문성 연구: 다양한 교과교사가 함께 하는 수업연구회 탐색」, 한국교원대 석사학위 논문(홍제남, 2016).

오류중학교의 공문 처리 과정 개선은 '교사를 학생들 곁으로 돌려보내자'는 취지에서 추진한 것으로, 오류중학교의 업무경감 혁신 성과 중 하나이다. 학교혁신 컨설팅을 비롯해 기회가 있을 때마다 모든 학교가 이렇게 개선할 것을 권유했다. 하지만 교육청도 학교도 어려운 점들을 열거하며 실행하지 못하고 있다. 물론 이것이 근본적 처방은 아니지만, 현재 학교 여건에서 교사 업무를 효율적으로 경감시키는 좋은 방안 중 하나임은 분명하다.

학년부 중심 부서 편제, 담임교사는 담임 활동만

담임교사 일은 전업주부가 하는 가사노동과 비슷하다. 열심히 해도 별로 티가 안 나는데 안 하면 금방 티가 난다. 설거지, 청소, 빨래, 요리 등등의 가사노동은 안 하면 집안이 더러워지고 먹을 것이 없어서 바로 불편해진다. 학교에서는 마치 가사노동처럼 가장 신경 쓸 일이 많으면서도 별로 생색이 나지 않는 일이 담임 업무가 아닐까 생각한다. 집에서 누군가는 계속 집안일을 끊임없이 해야 하는 것처럼 담임교사의 중요성은 아무리 강조해도 부족함이 없다. 담임교사 제도 자체에 대해 여러 의견이 있음은 이 글에서는 논외로 한다.

현재 우리나라 학교 현실에서 담임교사는 실질적으로 보호자를 대신하는 존재이다. 담임교사는 학생들을 잘 파악하고 학생의 보호자와 긴밀하게 소통하며 학생들의 성장을 같이 지원해야 하는 학교의 주 보호자이다. 특히 가정의 역할이 부족한 지역에서는 그 역할이 더욱 중요하다. 담임교사가 평소 학생들의 상황을 잘 파악하고 있어야 학생들에 대한 적절한 지원을 제때 할 수 있다.

초등학교는 담임교사가 자기 반의 거의 모든 교과수업을 하고 있어서 학년부 체제가 자연스럽게 정착된 반면, 중등학교는 그렇지 않다. 담임이라도 담임 반에 들어가는 수업 시간이 그리 많지 않다. 주당 수업시수가 많은 국어나 수학 같은 교사는 담임 반에서 주 3~4회 수업을 하지만, 주당 수업시수가 적은 교과의 교사는 주 1~2회 수업을 한다. 조·종례 시간의 짧은 만남만으로는 담임교사라도 학생 파악과 지도에 어려움을 겪는다. 다른 수업 시간에 어떻게 참여하고 있는지, 학교생활은 어떤지 총체적으로 파악하기가 어렵다. 담임의 역할을 잘하려면 담임 반 학생들과 만나고 이야기할 충분한 시간이 필요하다.

혁신학교를 시작하면서 교육활동 중심, 학생 교육 중심의 업무부서 편제를 고민하며 학년부 체제 도입 문제를 심도 있게 논의했다. 혁신학교 이전에는 담임교사가 교과수업에 행정 업무까지 같이 맡고 있었다. 교사들의 자리도 담임 학년과 무관하게 업무부서에 따라 각자 흩어져 배치되어서 동학년 담임교사들이 자주 만나기 어려운 형편이었다. 이런 방식은 학생 교육보다 교무행정 업무가 더 중요하게 여겨지던 학교문화에 따른 것이다.

혁신학교를 시작하면서 원칙적으로 담임교사는 담임 관련 업무만 하고 비담임교사가 여타의 모든 교무행정 업무를 나눠서 하는 방식으로 바꾸기로 했다. 교사의 자리도 학년별로 학생 교실과 같은 층에 교무실을 만들어 배치했다. 동학년 담임교사가 같은 교무실에서 근무하며 일상적으로 동학년 학생들에 대한 상황을 공유하고, 학년교육과정도 수시로 의논할 수 있는 시스템이다. 학생들과 가까운 곳에 학년부 교무실이 있으면 학생들과의 소통과 생활교육에도 장점이 많다.

학년부제 편제가 처음에는 쉽지 않았다. 담임교사가 교무행정 업무를 맡지 않는 것은 비담임교사가 담당할 행정 업무가 그만큼 많아짐을 의미했기 때문이다. 혁신학교 첫해에는 불완전한 형태로 학년부제 교무실에 담임의 반 정도만 각자의 행정 업무를 가지고 와서 모여 있는 형태였다. 두 번째 해에는 전면적인 학년부 체제로 전환했다. 완전한 학년부 체제로 바뀐 후에도 비담임을 희망하는 교사들이 줄지 않았다. 그만큼 담임 업무 자체가 '가사노동'처럼 계속해서 학생과 학부모에게 신경을 많이 써야 하는 일이다. 지금은 혁신학교의 성과를 보고서 일반학교도 학년부제로 바꾼 경우가 많아졌다. 학교가 점차 교무행정 업무 중심에서 교육활동 중심으로 긍정적으로 바뀌어 가는 것을 의미한다. 그런데 학생 수가 줄면서 안타깝게도 소규모 학교일수록 교사 개인에게 부과되는 업무가 과중해지고 있다. 이로 인해 학년부 체제 유지에 대한 우려가 점점 커지고 있다.

오류중학교 또한 혁신학교 시작할 시기에 비해 학급 수가 거의 반 정도로 줄어들어서 개별 교사의 업무 부담이 더 늘어났지만, 학년부제를 계속 고수하고 있다. 학교에서 교무행정 업무가 아닌 교육활동이 주가 되어야 한다는 점에 대부분 교사가 동의하고 있기 때문이다. 어쩔 수 없이 학년부에 상대적으로 과중하지 않은 업무를 일부 넘겼지만, 학년부 소속으로 그 업무를 추가로 수행하는 형태로 학년부 체제를 유지하고 있다.

2023년 9월 25일 교육부는 '학교가 교육활동에 전념할 수 있도록 행정 업무 대폭 감소한다'는 제목의 보도자료를 발표했다. 공수표만 날리는 식이 아니라 진짜로 행정 업무를 대폭 감소했으면 하는 마음이 간절하지만, 학교에서 교사들이 체감하는 업무량은 오히려 더 늘어나고 있다. 계속되는 땜질식 누더기 처방에서 벗어나 더욱 근본적인 개혁이 필요하다.

형식화된 학교 행사? 없애지요
-8년간 이어 온 '사랑의 주먹밥' 행사를 없애다

2012년 5월 15일 EBS 뉴스에서 영상과 함께 아나운서 멘트가 나온다.

선생님들이 갖가지 재료와 막 지은 밥으로 주먹밥을 만들기 시작합니다.

"얘들아, 주먹밥 먹고 가."

쑥스러워하는 학생들에게 달려가 사랑의 주먹밥을 쥐어 주고 오는 선생님들. 미처 아침밥을 못 먹고 온 학생들은 주먹밥에서 선생님의 사랑을 느낍니다.

인터뷰 제가 아침에 밥을 안 먹어서 하루하루 배고프게 지냈는데, 오늘 이거 받아서 배부르게 지낼 수 있을 것 같아요. (이○○ 2학년)

이 학교 선생님들은 스승의 날을 맞아 학생들을 사랑하는 마음을 담아 이 같은 행사를 준비했습니다.

인터뷰 아침을 못 먹고 오는 아이들이 많아요. 선생님들의 마음을 표현하고 싶어서 (이 같은 행사를) 기획하게 됐습니다. (홍제남 교사)

인터뷰 우리 학교에서는 선생님들이 먼저 학생들에게 다가가서 사랑을 베푸는 그런 기회로 삼고자(이 행사를 시작하게 됐습니다).[7] (김○○ 교장)

---

7. EBS NEWS, 「사랑한다! 감사해요!」(2012. 5. 15).

스승의 날 아침 교문에서 교사들이 등교하는 학생들에게 따끈한 주먹밥을 만들어 주는 '애들아 사랑한데이' 행사였다. EBS 외에도 SBS, 연합뉴스 등을 비롯해 여러 방송사와 매체에서 취재를 나왔다. 2011년에 시작한 행사로, 2012년에는 보도자료를 냈고 많은 언론사가 취재를 나왔다.

대부분의 학교에서 스승의 날은 교사에게 평소보다 더 괴로운 날이다. 교실에선 정상적인 수업 진행이 쉽지 않다. 학생들은 칠판 가득 '고맙습니다, 사랑합니다'라는 글귀를 써 놓고 매시간 수업이 시작되면 '스승의 날' 노래를 부른다. 교사가 수업을 시작하면 학생들은 '스승의 날 무슨 수업이냐'며 떼를 쓴다. 종일 학교가 어수선해서 교사들은 '학기 중에 누굴 위해 스승의 날을 해야 하는지 모르겠다, 교사는 노동자의 날도 스승의 날도 쉬지 못한다, 방학 때로 옮겼으면 좋겠다'라며 하소연이 많아진다.

혁신학교를 시작하며 학교 행사를 교육의 본질에 맞게 하자는 생각으로 하나하나 고민했다. 평소 학생들이 아침밥을 잘 못 먹고 다닌다는 것을 교사들은 알고 있었다. 이런 사실에 마음 아파한 3학년 담임선생님 한 분이 교실에 김을 가져다 놓고 아침에 전기밥솥에 밥을 해서 학생들이 먹게 할까 생각 중이라는 이야기를 했다. 이런 생각을 하는 모습이 놀라웠고, 아이들을 걱정하고 사랑하는 담임선생님의 따뜻한 마음이 느껴졌다. 스승의 날 행사를 고민하던 중이라 스승의 날 하루만이라도 따뜻한 마음을 담아 '사랑의 주먹밥'을 만들어 주면 어떨까 싶었다. 주변 교사들에게 의사를 묻자 다들 너무 좋다며 한번 해 보자고 했다.

이렇게 시작한 '사랑의 주먹밥' 행사를 진행하면서 이것이야말로 집단지성의 놀라운 힘이라고 여러 번 느꼈다. 처음엔 희망하는 교사들이 집에서 주먹밥을 각자 20~30개 정도 만들어 와서 등교 시간에 나눠 주자는 단순한 생각이었다. 그러다 새로운 아이디어가 보태지면서 전날 교사들이 가사실에 모여 재료를 준비하고, 스승의 날 아침 일찍 급식실 여사님들이 따끈한 밥을 지어 재료랑 섞어 주고, 교직원들이 등굣길 교문에서 따끈따끈한 즉석 사랑의 주먹밥을 함께 만드는 것으로 진행되었다. 교사들은 시장을 보는 것부터 전날 방과 후에 가사실에 모여 재료를 씻고 다지고 볶는 과정을 같이 하며 너무나 즐겁고 신이 났다. 교사 스스로 할 수 있는 만큼 즐겁게 참여한 행사라 억지로 하는 업무라고 느껴지지 않았다. 아침에도 시간이 되는 사람만 참여하기로 했지만 어린 자녀가 있어서 어려운 경우를 빼고는 대부분의 교직원이 함께했다. 준비하는 과정에서 집단지성이 발휘되고 학교공동체가 좀 더 활성화되었다.

당일 아침 교문에서는 깜짝 놀라며 기뻐하는 학생들과 따끈따끈한 주먹밥을 만들고 아이들에게 나눠 주는 선생님들이 하나가 되는 훈훈한 풍경이 펼쳐졌다. 지금까지의 스승의 날과 달리 교사들은 뿌듯하면서 행복한 하루를 보냈다. 학생들에겐 스승의 날은 으레 자신들이 감사하다고 말하는 날이었는데 이번에는 선생님들의 사랑을 확인하는 날이 되었다. 더욱 놀라운 일은 11월 3일 학생의 날에 학생들이 샌드위치를 손수 만들어서 교사들에게 선물한 것이다. 스승의 날, 학생의 날이 단지 감사와 축하를 받는 것을 넘어 진정한 스승의 자세, 학생의 자세를 성찰하는 날이 되길 바랐던 애초의 취지가 이루어진 의미 있는 행사였다.

이 행사는 필자가 2011년 혁신부장으로 근무할 때 직접 기획하고 주관해서 시작했다. 그런데 부담되는 업무로 남았다는 판단에 따라, 2019년 교장으로 부임하면서 없애자고 먼저 제안했다. 시작할 때와 달리 마음이 전혀 담기지 않은 형식적인 일거리가 되었기 때문이다. 처음에는 직접 주먹밥을 만들었는데 몇 년 뒤부터는 주먹밥을 사서 주기 시작했고, 그 후엔 샌드위치나 간식을 사서 전달하는 것으로 바뀌었다. 시작 당시의 취지와 달리 교사의 업무 부담으로 남은 스승의 날 행사는 업무 경감 차원에서 없애는 게 맞다 판단했다. 교사들도 흔쾌히 동의하며 고마워했다. 솔직히 행사를 만든 당사자로서 개인적 아쉬움이 없지 않았으나, 개인이 아닌 학교교육을 총괄하는 교장으로서 결단한 사항이었다.

행사를 없앤 지 얼마 지나지 않아서, 서울시교육청이 해외 연구자에게 위탁한 혁신학교 연구 때문에 『학교교육 제4의 길』의 공동저자인 데니스 셜리Dennis Shirley 교수팀이 인터뷰를 위해 학교를 방문했다. 이때 '교장으로 다시 와서 혁신한 것이 있느냐'는 질문을 받고 형식화된 이 행사를 없앤 이야기를 했다. 셜리 교수는 그런 결단을 내린 것에 놀라워하며 그 이유를 물었다. 혁신은 의미 없는 행위부터 찾아 없애는 일에서 시작해야 하기 때문이라고 답했다.

관행적으로 행하는 의미 없는 일을 없애야 새로운 일을 시작할 수 있는 여백이 만들어진다.

학교 업무 정상화, 시스템과 문화로

2011년 혁신학교를 시작할 때 가장 숙고한 점은 혁신학교의 지속성 문제였다. 공립학교의 특성상 5년을 주기로 교사가 계속 바뀌는 상황에서 학교혁신을 지속해서 이어 가며 발전시킬 방안이 무엇일지 고민했다. 결론은 구성원이 바뀌어도 학교혁신을 지속할 수 있는 시스템과 학교문화를 만들자는 것이었다. 아래 내용은 오류중학교에서 혁신학교를 시작하며 학교 업무 정상화를 구체적으로 어떻게 추진하며 시스템을 구축했는지, 그 과정에서 겪은 어려움은 무엇이고 어떻게 극복했는지를 서술한 것이다.

학교 업무 정상화 추진 과정

학교 업무 정상화 추진의 대원칙은, 교사는 교육활동과 직접적으로 관련된 연구와 계획, 기획 및 교육활동 업무를 수행하고 그 외의 모든 학교행정 업무 처리는 원칙적으로 행정전담 직원이 담당한다는 것이다. 교과서적으로 말하면 '교사가 되기 위해 대학에서 배웠던 전공 및 교육학 이외의 모든 행정 업무는 교사 본연의 업무가 아니다'라는 기준을 세웠다.

학교 업무 정상화의 구체적 추진 방향은 '1) 불필요한 업무/장부 없애기(법정 장부 기준), 2) 업무 처리 과정 효율화하기, 3) 행정전담 직원에게 넘기기'의 세 경로로 진행되었다. '없애고, 효율화하고, 넘긴다'는 기본 방향에 교사는 물론이고 행정전담 직원들도 동의했다.

이 방향에 맞춰 업무를 조정하고 시스템으로 구축하는 과정은 한순간에 쉽게 이루어지진 않았다. 변화를 실행하는 과정에서 관리자, 교사,

행정담당 직원 등 모든 주체는 주체 내부적으로 또는 주체 간에 여러 가지 우려와 갈등에 직면했다. 이를 조정하면서 업무를 정상화해 가는 과정은 단순히 실무적이고 사무적인 방식만으로 해결하기는 어려웠다. 일하는 주체인 사람에 대한 고려와 더불어, 각자의 역할과 책무성에 대한 인식이 선행되어야 했다. 또한 업무를 수행할 다양한 이해관계를 지닌 사람들이 상대방에 대한 이해와 인간적인 신뢰를 바탕으로 소통하면서 서로의 불안감을 해소하고 협력해가야 했다.

학교 업무 정상화 영역에서 생긴 갈등의 주된 주체와 그 양상은 아래와 같았다.

1) 불필요한 업무 없애기: 관리자 vs 교사, 교사 vs 교사
2) 업무 처리 과정 효율화하기: 관리자, 교사, 행정직원의 주체 간 또는 주체 내부
3) 행정담당 직원에게 넘기기: 관리자, 교사, 행정직원의 주체 간 또는 주체 내부

업무 조정 과정의 갈등, 교직원 간의 관계를 중심으로[8]
-학교 업무 혁신을 어렵게 한 지점들

추진 과정에서 교사와 행정담당 직원 간의 갈등은 주로 위의 2)와 3) 때문에 생겼다. 당시 학교에 근무하던 1인의 교무보조 행정전담 직원으로는 대폭적인 업무 정상화가 불가능하다고 판단했다. 긴 논의 끝에 교

---

8. 이 부분은 2017년 서울시교육청의 「학교자율운영체제 연구」(김용 외, 2017)에 실린 원고를 일부 수정·보완한 것으로, 업무조정 과정에서 교직원 간의 관계에 초점을 두고 서술했다.

사들이 교육활동에 전념할 수 있는 시스템을 갖추는 것이 학교혁신의 출발점이라는 데 의견이 모아져, 혁신학교 예산[9]으로 행정실무사와 전산실무사를 채용했고 이후 본격적으로 학교 업무 정상화를 추진했다.

학교 업무 정상화는 2011~2012년 2년에 걸쳐 진행되었다. 첫해에는 부분적으로 이루어졌다. 이유는 첫째, 업무 정상화에 대한 교사들의 불안감이다. 교사들은 지금까지 자신들이 늘 해 왔던 업무인데 교사가 아닌 행정전담 직원에게 넘겨도 괜찮은지 막연한 불안감이 컸다. 예를 들어 수업계, 공문 처리, 학적, 성적 처리, 컴퓨터 관련 업무 등을 교사가 하지 않았을 때 혹시라도 문제가 발생하지 않을까 하는 불안감이었다. 그동안 교사의 정체성이 얼마나 많이 훼손되었나를 보여 주는 씁쓸한 모습이었다. 현재는 혁신학교가 아닌 학교도 수업계, 학적, 에듀파인 등의 업무는 교무행정사가 전담하는 경우가 많아졌다.

둘째, 업무 정상화 경험의 부족이다. 교무행정사를 활용한 경험이 없어서 한 명의 교무행정사가 어느 정도의 업무를 얼마나 처리할 수 있을지 가늠하기가 어려웠다. 그간 교무실에는 한 명의 '교무보조'가 있었는데, 주 업무는 대부분 높은 숙련이 요구되지는 않는 복사, 교무실 청소, 관리자 심부름, 물품 관리, 행사 보조 등의 '잡다하고 자잘한' 업무였다. 교사의 행정 업무를 줄이는 데는 별 도움이 되지 못했다.

셋째, 학교 업무 편제가 주로 1년 단위로 이루어지기 때문에 중간에 업무조정을 하기가 어려웠다. 1학기 초에 시작한 대부분의 업무는 1년이 지나야 실질적인 개선이 가능한 상황이었다.

---

9. 혁신학교 첫해인 2011년 혁신학교 운영 예산으로 2억 2천만 원 정도가 교부되었다. 서울은 2011년 혁신학교의 행정실무사 채용에 따른 교원 업무 경감 효과를 제도적으로 확산하기 위해 2012년에 모든 학교에 1명의 행정실무사를 추가 배치했다.

넷째, 관리자, 교사, 행정전담 직원[10] 간의 이해와 공감과 소통의 시간이 필요했다. 앞의 세 가지 문제는 시간이 지나고 경험이 축적되면 비교적 쉽게 해결될 수 있는 문제임에 비해, 이것은 쉽지 않은 문제였다. 그간 당연히 교사의 업무로 여겨지던 업무를 행정전담 직원에게 넘겨야 하는 상황에서 학교행정 업무와 관련된 주체들은 여러 복잡미묘한 심리적인 고민과 갈등 상황에 처하게 되었다.

관리자와 교사들의 심리적인 측면을 먼저 살펴보자. 관리자는 불안감이 매우 컸다. 이는 크게 두 가지로 볼 수 있는데, 먼저 그간 교사들이 해 왔던 업무를 행정전담사가 했을 경우 실무적인 업무 능력 측면에서 제대로 잘 해낼 수 있을지에 대한 불안감이다. 다음으로 교사들과의 관계 변화에 대한 불안감이다. 그간 학교의 업무 시스템은 관리자들이 교사를 통제하고 관리하기에 매우 좋은 구조이기도 했다. 결재 내용이나 서류의 미비함 등을 지적하고 반려하며 통제하기도 하고 부장교사라는 중간라인을 두어 간접적으로 통제하기에 유리한 구조였다. 그런데 상당 부분의 업무가 행정사에게 이관되면 많은 행정 업무를 관리자와 교무행정사 간에 직접 처리하게 되어서, 관리자와 교사는 이전의 수직적 관계에서 좀 더 수평적 관계로 변하게 된다.

교사들의 심리에는 불안함과 미안함, 불편감 등이 혼재되어 있었다. 불안함은 '교사들이 맡아도 쉽지 않은 일인데 행정전담사가 해도 괜찮을까' 하는 걱정이었다. 예를 들어 시간표를 짜고 수업 시간을 변경하는 '수업계' 업무는 교사들로부터 민원성 항의를 받는 경우가 많아서 교사들이 기피하던 일이었다. 이런 까다로운 업무를 행정사가 맡았을

---

10. 기존에 근무하던 교무보조 및 행정전담 직원인 교무행정사, 전산보조요원 등을 비롯하여 사서, 과학 조교, 사회복지사 등 주로 비정규직이나 무기계약 직원을 포괄한다.

때, 교사들이 더 쉽게 민원을 제기해서 안 좋은 상황이 자주 발생할지 모른다는 불안감이었다. 그래서 첫해에는 시간표를 짜는 수업계 업무는 교사의 업무로 남았다.

교사들의 미안하고 불편한 마음은 행정전담사의 처우 문제와 관련이 있다. 기존의 '교무보조'는 무기계약직으로 전환되어 처우가 조금 나아지긴 했지만 정규 직원에 비해 임금도 낮고 불리한 지위로 인식되었다. 이런 직원에게 '부담되는' 업무를 주는 것은 공정하지 않다고 생각했다. 그래서 교사들은 미안하고 불편한 마음 때문에 행정전담사에게 업무를 지시하거나 부탁하기 어려워했다. 한 예로 물품신청 업무인 '에듀파인' 업무를 넘기는 과정도 마찬가지였다. 가끔 사용하는 교사들에게 익숙하지 않은 시스템이라 매번 시간이 많이 소요되고, 에듀파인 업무 자체가 교사의 고유 업무가 아니라는 판단으로 이관을 추진했다. 하지만 첫해에는 위에서 언급한 여러 이유로 교사의 업무로 남았다. 혁신학교 2년 차에는 에듀파인 업무를 행정전담사가 맡았으나, 처음에는 같은 심리적 배경 때문에 여전히 교사들이 스스로 처리하는 경우가 많았다. 시간이 지나면서 교사들은 점차 행정전담사가 처리하는 방식이 매우 효율적이라고 인식하게 되어 행정전담사의 주요 업무로 정착되었다.

흔히 변화를 방해하는 적敵은 외부보다는 우리 내부에 있다고 한다. 교육혁신 및 교무 업무 정상화를 추진하는 과정에서 우리 자신부터 기존의 틀에 묶인 부분이 없는지 먼저 성찰하며 자신부터 혁신할 필요가 있다.

1년 차, 부분적 학교 업무 정상화와 해결 방안 모색

학교 업무 혁신 과정에서 교사들의 정체성 혼란 문제와 별개로 행정 전담사의 처우와 업무 책임성을 어떻게 인식하고 합의하는가는 무척 중요하다. 이는 혁신학교 정책 시행 13년이 지난 지금도 학교 업무 정상화를 추진하는 여러 학교에서 여전히 고민하는 문제이다. 행정전담사와의 관계를 중심으로 좀 더 구체적으로 살펴보자.

학교 업무 정상화 추진 초기에 오류중학교의 행정전담 직원들도 심리적으로 불편한 감정을 표현했다. '처우도 안 좋은데 우리한테 너무 많은 일을 시키는 거 아닌가?', '교사들과 대등한 입장도 아닌데 일 뒤집어쓰고 온갖 고생은 다 하게 되는 거 아닐까?', '교사들이 할 일을 우리한테 떠넘기는 이기적인 행동 아닌가?' 등등. 이로 인해 혁신학교를 시작한 첫해, 개학 전 두 달 사이에 복잡한 심리적 요인이 얽힌 상황을 풀기는 어려웠다. 혁신학교 첫해인 2011년에는 서로 간에 원만하게 합의할 수 있는 선에서 학교 업무 정상화의 첫발을 내디뎠다.

기존의 '교무보조' 외에 새로 채용한 1명의 교무행정사는 공문만 전담해서 처리하는 업무를 맡았다. 2011년 2월 말경부터 출근하기 시작했는데, 학교 업무 정상화에서 행정전담 총괄팀장의 역할을 맡은 교감의 지휘하에 거의 모든 부서의 내·외부 공문을 전담하여 처리했다. 학교의 구성원들은 그간 여러 교사가 나눠서 했던, 많은 공문을 혼자 처리해 낼 수 있을지 걱정이 컸다. 특히 3월에는 온갖 공문이 쏟아지기 때문에 업무 과중으로 인해 일을 그만둘까 봐 걱정이 컸다. 그래서 초기에는 많은 교사가 내부 공문은 스스로 처리하고 교무행정사는 외부 공문만 처리하도록 배려했다.

혁신부장으로 업무혁신 담당자였던 필자는 수시로 교무행정사의 업무 상황을 살폈다. 어려움은 없는지, 있다면 어떤 어려움인지 파악하려 노력했다. '일보다 사람이 먼저'라는 신념을 바탕으로 업무 관계를 넘어서 교육적 동료로 인간적인 신뢰와 공감대를 쌓고자 노력했다. 일상적인 대화에 더하여 혁신학교의 철학을 나누려 했고, 교사의 업무가 왜 경감되어야 하는지, 학교에서 행정직원이 수행하는 역할이 교육혁신에서 지니는 중요성과 의미를 학교 구성원으로서 공감할 수 있도록 노력했다.

이미 무기계약직으로 근무하고 있던 교무보조와의 관계도 마찬가지였다. 기존의 '자잘한 업무'와 '잔심부름'에서 벗어나 교사가 담당하던 '굵직한' 업무를 맡아 줄 필요가 있었다. 이에 대해 행정전담 직원들과 허심탄회하게 진솔하고 진정성 있는 대화를 나누었다. 그 결과 2011년에 교사가 하던 업무인 수업계의 일부 업무, 학적 업무 및 가정통신문 관련 모든 업무(기안, 복사, 배부, 발송 등) 등을 교무보조 직원이 맡아 수행하게 되었다.

이전에 교사들은 숨 가쁘게 바쁜 자신들과 달리 교무보조 직원이 한가하게 개인적인 일을 하는 모습을 곱지 않은 시선으로 보았다. 그러다 교사가 하던 실질적인 교무 업무를 맡아 수행하는 모습을 보면서 교사들의 시선과 태도가 크게 바뀌었다. 학교의 중요한 업무를 처리하는 동료 교직원으로 생각하게 되었다. 교무보조 직원 또한 교사들과의 관계에서 당당하게 자신의 의견을 개진하게 되었다.

혁신학교 첫해는 학교 업무 정상화 방안을 탐색하며 발전 방법을 모색하는 시기였다. 학교 업무 정상화는 부분적으로 이루어졌지만, 지속적으로 모니터링을 하면서 이후에 어떻게 더욱 발전적으로 추진할지 파악했다.

2년 차, '자잘한 업무 보조'에서 '학교행정 업무 전문가'로

혁신학교 2년 차인 2012년에는 학교 업무 정상화를 현재의 학교 상황에서 최대치로 구현했다고 평가할 수 있다. 첫해에 정리하지 못했던 수업계, 에듀파인, 내부 기안, 성적 처리 보조[11] 등의 모든 업무를 교무행정직원이 실질적으로 담당하게 되었다. 1년 실행 후 대폭적인 학교 업무 정상화가 가능했던 이유는 1년 동안 부분적 변화를 경험하고 탐색하면서 관리자, 교사, 교무행정 직원 모두 인식이 크게 전환되고 공감대가 만들어졌기 때문이다.

구체적으로 살펴보면 첫째, 학교 업무에 대한 교사의 인식 전환이다. 1년 동안 교무행정사가 업무를 처리하는 과정을 경험하면서 이런 시스템이 매우 효율적임을 알게 되었다. 또한 교사들은 1년간의 혁신학교 운영에서 교사학습공동체를 통한 수업혁신 등 여러 활동을 경험하면서, 교사 본연의 업무는 교무행정 업무가 아닌 교육연구와 교육활동이라는 자각과 자부심이 높아졌다.

둘째, 주체들 모두 교무행정사의 업무에 대한 관점이 변화했다. 교무행정사가 기존의 '보조적이고 자잘한' 업무가 아니라 학교의 중요한 업무를 처리하는 '전문 인력'이라고 인식하게 되었다. 임금도 적은데 너무 많은 일을 하는 건 아닌지 하던 관점에서, 우리나라 교육혁신과 교육정상화 과정에서 행정전담 인력이 맡은 역할의 의미, 학교교육 발전에 꼭 필요하며 자부심을 지닐 업무라는 사실을 인식하고 공감하는 방향으로 변화했다.

셋째, 주체들 사이에 이해와 공감을 위한 지속적인 대화와 소통이 자리 잡았다. 이것은 학교 업무 정상화를 가능케 한 주요 성공 요인이었

---

11. 이후에 예산이 줄어 전산 보조원을 채용하지 못하게 되어 다시 교사가 맡게 되었다.

다. 학교 업무 정상화 과정에서 큰 노력을 기울인 부분은, 교원과 행정 전담 직원의 관계를 갑과 을의 관계가 아니라 공교육 정상화를 위해 협력하는 동료 관계로 바꾸는 것이었다. 학교 업무 정상화를 통해 각자의 역할을 책임감 있게 수행하는 '대등한 동료 교직원 관계'가 될 수 있도록 노력했다.

교사와 교무행정사 모두에게 교무행정사의 현재 상황이 비록 저임금에 지위도 불안정하지만, 오히려 이런 상황을 개선하기 위해서도 학교의 중요한 업무를 맡아야 한다고 설득했다. 그래야 학교에서 꼭 필요한 인력으로 인식하게 되고 그 결과 이후에 더 좋은 대우를 받는 안정적인 정규직으로 바뀔 수 있다고 설득했다. 업무량은 8시간이라는 애초 약속한 근로 시간 안에 처리할 수 있는 정도가 기본이라는 점도 누차 강조했다. 이런 대화는 자연스럽고 편안한 만남의 기회를 만들어 진행했다. 교무행정사들과 학교 밖에서 식사하고 차를 마시면서 편안한 분위기에서 애로사항을 비롯하여 여러 이야기를 허심탄회하게 나누었다. 이후 업무 재조정 과정에서 대화를 통해 업무 과중 여부를 수시로 검토하여 반영하려 노력했다.

의사소통에 관한 사회심리학자들의 연구를 보면, 의사소통이 큰 영향력을 지니려면 사람들이 직접 만나서 얼굴을 맞댄 상태에서 의사소통이 이루어져야 한다고 한다. 컴퓨터를 통해 의사소통할 때와 직접 얼굴을 맞대고 할 때의 실험 결과가 매우 다르게 나왔다. 이것이 '백 번의 메신저보다 서로 만나 술 한잔하는 게 소통에 훨씬 도움'이 되는 이유다.[12]

---

12. 최정규(2005), 『이타적 인간의 출현』, 도서출판 뿌리와이파리.

학교 업무 정상화 길에서 교장의 역할

오류중학교에서 혁신부장을 맡았을 때나 교장으로 근무하면서 중요하게 성찰한 점은 진정으로 사람의 마음을 얻지 못하면 그 일은 형식화될 수밖에 없고, 결과적으로 실패한다는 점이다. 사람보다 일의 성취를 우선시하면 사람을 수단화하거나 대상화할 수 있다는 점을 유념했다. 물 위를 유유히 떠가는 것처럼 보이는 오리는 실상 물 밑에서 끊임없이 발을 움직여 헤엄을 치고 있다. 일을 진행하면서 늘 이 일이 맡을 사람에게 어떻게 느껴질지를 미리 생각했다. 그리고 얼굴을 맞대고 앉아 진정성을 담아 허심탄회하게 대화를 나누며 의견을 구하고 소통하려 했다. 이런 자세가 모든 업무 추진과 문제 해결에서 가장 좋은 정도正道이며 해결책이었다.

학교 업무 정상화와 관련하여 학교장의 역할을 종합하면 다음과 같다.

첫째, 학교 교육활동이 학교 운영의 중심이 되고 이를 통해 교사들이 자부심을 느낄 수 있는 학교문화를 조성할 수 있도록 노력한다.

둘째, 교육혁신에 관한 많은 연구 결과가 학교혁신의 주체는 교사라고 제시하고 있다. 학교장은 이런 사실을 깊이 인식하고 교사들이 본연의 업무인 교육활동에 집중할 수 있는 학교 업무 시스템을 구축해야 한다.

셋째, 교장 또한 관리자이자 행정전담 교원이라는 점을 성찰하여 실제적인 학교 업무를 수행하는 행정실무형 교장상을 구현해야 한다.

넷째, 현재로선 학교 차원에서 학교 업무 정상화의 한계는 너무나 명확하다. 학교장은 학교 구성원의 대표로 교육부와 교육청에 정책적으로 학교 업무 정상화에 필요한 제도 개선을 요구해야 한다.

　이러한 학교장의 모든 노력은 학교에서 학생들이 더욱더 행복하고 잘 성장하는 성과로 귀결될 것이다.

　근본적으로 학교 차원에서는 제한적일 수밖에 없는 '학교 업무 효율화'를 넘어, 교육청과 교육부, 그리고 정부 차원에서 획기적이고 과감한 교육활동 중심의 '학교 업무 정상화'를 추진할 때 본질적 목적에 충실한 공교육을 실현할 수 있을 것이다.[13]

---

13. 오류중학교 학교 업무 정상화에 대한 참고 자료는 이 책의 부록 참조(참고자료 1. 업무 정상화 혁신 사례: 공문 처리 및 에듀파인, 2. 공문 접수 현황 안내 파일, 3. 혁신학교를 시작하며(2011년), 4. 2022학년도 오류중학교 교무 업무 편제).

3장
학교, 함께 만드는 교육공동체

서먹한 상대, 소통이 안 되는 타자가 왜 중요한 것일까?
타자는 깨달음의 계기다.
_에마뉘엘 레비나스(Emmanuel Levinas, 1906~1995)

학교는 여러 사람이 함께 생활하는 작은 사회이다. 교육의 3주체인 학생, 학부모, 교사 외에도 행정실 직원, 교무행정사, 과학실무사, 급식실 직원, 화장실과 복도 청소 직원, 배움터지킴이, 학교시설 담당, 각종 강사, 테크센터 담당자, 야간 당직자, 정보기기 수리기사 등으로 예전보다 훨씬 다양하고 복잡하게 구성되어 있다. 고용 형태도 정규직, 임시직, 봉사직, 파견직 등으로 다양하다. 학교교육에 영향을 주는 사람들은 학교 밖에도 있다. 교육청을 비롯해 지자체, 지역 주민, 지역 교육단체, 지역의 의원 등 여러 단위와 사람들이 다양한 방식으로 학교교육에 영향을 주고받는다.

학교교육 활동이 잘 이루어지기 위해서는 학교 안과 밖의 모든 구성원이 언제든 원활하게 소통하고 협력할 수 있는 학교공동체 문화가 형성되어야 한다. 공동체적 학교문화는 학교교육의 성공 여부를 좌우하는 중요한 문제이다. 이런 측면에서 교장의 역할은 오케스트라단의 지휘자와 유사하다. 다양한 구성원들이 자신의 개성을 살리면서 아름다운 하모니를 이룰 수 있도록 구성원의 목소리를 경청하며 적절하게 조정하고 촉진하는 역할을 해야 한다. 이를 통해 학교가 모든 구성원이 함께 만들어 가는 교육공동체가 될 수 있도록 하는 것이, 학교교육을 총괄하는 권한과 책임이 있는 학교장에게 부여된 책무이다.

학교교육 서비스 헌장, 즉시 없앤 이유

교장 부임 후 학교 홈페이지를 살펴보다가 깜짝 놀랐다. 학교 홈페이지와 학교교육계획서 맨 앞에 교육 서비스 헌장이 나와 있었다. 학교는 학부모와 학생에게 양질의 교육을 제공하며 매년 만족도 조사를 하여 보다 나은 '교육 서비스를 제공하겠다'는 내용이었다. 홈페이지에서는 바로 삭제했고 2019학년도부터 학교교육계획서에도 넣지 않았다. 구성원의 의견 수렴을 거칠 사항이 아니라 판단했고, 사후에 없앤 취지를 설명했다.

학교를 서비스를 제공하는 공급자와 서비스를 제공받을 권리를 가진 수요자라는 관점에서 본다면, 공동체가 아닌 시장의 논리가 학교를 지배하게 된다. 학교는 시장이 아니고 시장이 되어서도 안 된다.[1] 마사 누스바움은 사회의 지표는 GDP로만 평가할 수 없으며, 자유와 예술, 인문적 교양, 사회윤리 규범 등이 모두 합해져야만 진정한 사회적 지표가 완성된다고 본다. 더 나은 사회를 만들어 가야 할 막중한 책임을 진 주체인 정부는 교육이라는 거대한 짐을 떠맡아야 하며, 학교는 모든 이들의 자유를 지키기 위한 공간이어야 한다. 이를 위해 정부가 인문학 장려와 윤리교육의 실시 등 올바른 정책을 시행해야 기업 논리로 인한 교육의 획일화를 막을 수 있으며, 학교는 '시장'이 될 수도 없고 되어서도

---

1. Martha C. Nussbaum(2010), 『학교는 시장이 아니다』, 우석영 옮김(2011), 도서출판 궁리.

안 된다고 누스바움은 강조한다.

공교육을 수행하는 학교가 학생에게 양질의 교육을 제공하는 것은 당연한 책무이다. 그런데 양질의 교육은 학교의 노력만으로는 어렵다. 교육의 3주체인 학생, 학부모, 교사에 더해 지역사회가 협력해야 가능하다.

작년 서이초 사건 이후 학부모[2] 민원이 큰 사회적 이슈가 된 후라, 상황이 달라졌기를 기대하면서 인터넷에서 교육 서비스 헌장을 검색해 봤다. 어느 중학교 홈페이지에 아래와 같은 학교교육 서비스 헌장이 여전히 적지 않은 분량으로 공지되어 있다. 전문에 이어 공통이행기준, 부서별 담당 내용까지 상세히 제시되어 있다. 고객과 민원이라는 표현이 반복적으로 적혀 있다. 이런 학교교육 서비스 헌장을 접하는 해당 학교 구성원들의 마음이 어떨지 우려가 크다.

[**그림 3**] ○○중학교 교육 서비스 헌장 중 일부

교육서비스헌장 전문

우리 ▦▦▦중학교 교직원은 학부모와 지역주민 모두가 친절한 교육서비스를 받을 권리가 있는 우리들의 고객임을 깊이 인식하고, 질 높은 교육서비스를 제공하여 학부모와 지역주민들로부터 신뢰받는 공직자가 되도록 다음 사항을 반드시 실천하겠습니다.

• 우리는 모든 고객을 항상 친절한 말씨와 공손한 자세로 맞이하겠습니다.
• 우리는 모든 민원업무를 고객의 입장에서, 고객을 위하는 마음으로, 고객에게 도움이 되는 방향으로 생각하고 처리하겠습니다.
• 우리는 모든 민원업무를 신속·정확·공정하게 처리하겠습니다.
• 우리는 민원처리과정에서 고객에게 불편을 초래하였거나, 업무를 부당하게 처리하였을 경우에는 이를 즉시 시정함과 동시에 소정의 보상을 실시하겠습니다.
• 우리는 우리의 실천 노력에 대하여 매년 고객으로부터 평가를 받고 이를 고객에게 공표하겠습니다.
우리는 이와 같은 우리의 목표를 달성하기 위하여 구체적인 「서비스 이행표준」을 설정하고 이를 성실히 이행할 것을 고객 여러분께 약속드립니다.

교육서비스헌장 공통 이행기준

〉1. 고객을 맞이하는 우리의 자세

• 가. 방문고객
• 고객을 맞이할 때는 일어서서 "안녕하세요? 무엇을 도와드릴까요?"라고 먼저 친절히 인사를 드린 후 업무를 처리해드리겠습니다.
• 고객께서 교무실 및 행정실의 복사기, 전화기, 팩시밀리 등의 사용을 원하실 경우 무료로 사용하실 수 있도록 하겠습니다.
• 찾으시는 담당자가 없을 경우에는 다른 동료가 그 일을 대행하여 처리하거나 또는 담당자에게 물건을 전달한 후 30분 이내에 고객께서 원하시는 방법으로 연락드리겠습니다.

---

2. 학생들의 다양한 생활 형태를 반영하여 최근에는 많은 학교에서 '학부모' 대신 '보호자'라는 용어를 사용하고 있다. 이 책에서는 맥락에 따라 학부모와 보호자로 바뀌는 혼란을 줄이기 위해 학부모라는 용어를 주로 사용한다.

이처럼 학교가 학생과 학부모에게 일방적으로 서비스를 제공해야 하는 관계라면 발전적으로 협력하는 교육공동체를 기대하기 어렵다. 학교를 시장화하여 공동체를 파괴하는 교육 서비스 헌장을 바로 없앤 이유이다.

갈등 해결은 교장이 적임자다

갈등은 사회생활에서 늘 생기는 자연스러운 현상이다. 사회 구성원 간의 갈등은 생각 차이로 발생하며, 다양한 생각은 집단지성의 기초이기도 하다. 그러나 갈등을 지혜롭게 해결하지 못하면 어제의 동지가 내일의 적이 될 정도로 심각해지고 학교는 분열된다. 작년 여름에 있었던 초등교사의 가슴 아픈 일도 사회 구조적인 문제를 논외로 하면, 학교 구성원 간의 갈등이 직접적인 사건의 시발점이었다. 만약 구성원들이 열린 자세로 서로의 문제를 공감하고 같이 해결하려 충분히 노력했다면, 그리고 교장이 초기부터 적극적으로 문제 해결에 나섰다면 상황이 달라지지 않았을까?

학교 안팎의 다양한 갈등 상황에서 가장 앞장서 문제 해결을 주도해야 할 사람은 당연히 교장이어야 한다. 이유는 간단하다. 학교에서 최종 판단을 하는 사람이 교장이기 때문이다. 심각한 문제일수록 갈등이 너무 깊어져서 큰불로 번지기 전에 교장이 적극적으로 나서서 소위 '초동 진압'을 해야 한다. 평소 학교 내 갈등 상황을 나 몰라라 하는 교장이라면, 교사들은 말해 봤자 소용없다고 생각하며 도움 요청을 포기한다. 이런 경우 문제가 돌이킬 수 없을 정도로 커지고 나서야 교장이 알게 되기도 한다. 이런 교장을 학교 구성원이 신뢰할 리 없다.

작년 서이초 사건을 계기로 학교 민원 대응 매뉴얼에 대해 이러쿵저러쿵 여러 목소리가 나왔다. 교장이 민원 해결의 중심 역할을 해야 한다고 생각하며 실천해 온 사람으로서 답답한 심정이었다. 교장이 갈등 해결에 적극적으로 나서면 교육공동체를 바로 세울 수 있다.

학부모 민원에 교장이 선제적이고 적극적으로 개입했던 과정과 결과를 구체적으로 소개한다. 자세히 소개하는 이유는 사례를 통해 교장이 적극적으로 나설 때 더 효과적이라는 것을 보여 주기 위함이다.

막무가내로 '쳐들어오는' 학부모들

2019년 3월 퇴근 무렵이었다. 교장으로 출근한 지 채 한 달도 안 된 시점이었다. 초등학교 때부터 학교폭력 문제에 관련되었던 1학년 두 학생 중 한 학생의 부모가 1학년부 교무실로 갑자기 찾아와 신규 교사인 담임선생님에게 크게 화를 내며 막무가내로 항의하고 있다는 보고를 받았다. 즉시 1학년부 교무실로 교감 선생님과 같이 올라갔다. 담임교사에게 충분히 이야기하셨으니 '최고 책임자인 교장인 나와 이야기를 하자'고 설득하여 교장실로 함께 내려왔다. 덩치가 크고 팔과 목에 문신이 그대로 드러나 보이는 학생의 아버지는 교장실 의자에 몸을 뒤로 젖히고 앉았다. 아무리 흥분했더라도 예의를 갖춘 모습은 아니었다. 따뜻한 차를 대접하고 이야기를 들으며 마음이 진정될 수 있도록 시간을 두고 기다렸다. 학생의 어머니도 흥분한 아버지를 진정시키려 노력했다. 결국 퇴근 시간을 훌쩍 넘겨서까지 대화하여 잘 마무리할 수 있었다. 학생 어머니는 이후 학부모회와 학교 활동에 적극적으로 참여하게 되었다. 담임교사는 너무 떨리고 무서웠는데 교장, 교감 선생님이 신속하고 적극적으로 대응해 주셔서 정말 감사하다며 고마운 마음을 표현했다.

두 번째 사례는 2019년 9월경에 있었던 일이다. 1학년 때부터 문제행동이 심각했던 3학년 남학생 부모의 민원 제기에 대한 대응이다. 이 학생은 3학년 때도 수업 미참여 및 수업 방해, 계속되는 비행 행동, 교사에 대한 반항 행동 등을 하여 생활교육위원회가 수차례 개최되었고 학부모 면담 등의 선행 조치가 있었다. 이런 과정에서 1학기 말에 교장으로서 학부모 면담을 먼저 요청하여 학생의 생활교육에 대해 의논했다. 그 자리에서 차후 수업 방해 등의 행동이 있는 경우, 교사의 수업권과 다른 학생들의 학습권을 보호하는 차원에서 교실에서 즉시 퇴실 조치하고 별도 공간에서 지도할 수밖에 없음을 통보했고 부모도 수긍했다. 그 이후 9월경 수업 시간에 교사에 대한 반항 행동 및 수업 방해 행위가 발생한 것이다.

보고를 받은 후 사전에 부모에게 통보한 대로 즉시 퇴실 조치하도록 했다. 그리고 큰 교무실 교감 선생님 근처 자리에서 책을 읽으며 반성하도록 했다. 이 과정에서 학부모가 강하게 민원을 제기한 것이다. 퇴실 조치와 동시에 부모에게 문자 알림 서비스로 상황을 알렸으나, 학부모는 방과 후에 학생을 통해 뒤늦게 인지했다. 일방적인 문자 알림의 한계였다. 학부모는 학습권 침해라며 변호사를 대동하고 다음 날 바로 학교로 오겠다고 통보를 했다. 이 연락을 받은 후 교장인 필자가 직접 학부모와 통화해서 면담 날짜를 잡았다. 이때 '변호사 선임은 부모님 자유이나 일단 학교에서 대화를 나눠 본 후 다시 결정하자'고 제안했다. 면담 시간은 부모의 퇴근 시간을 배려하여 잡았다. 변호사 없이 온 학부모와의 면담에는 교장, 교감, 생활지원부장, 담임교사, 상담교사가 같이 참여했다. 면담 초기에는 부모 두 분 모두 격분하며 항의했다. 이에 학생의 퇴실 조치 때 본의 아니게 제대로 전달되지 못한 상황에 대해 학교 최고 책임자로서 실수를 인정하고 깍듯하고 정중하게 사과했다. 그러자 학부모의 화가 많이 누그러졌다. 부모님도 학교와 마찬가지로 아들의 학교생활 문제로 고민이 매우 많았고 힘들어하는 상황이었다.

감정이 많이 가라앉은 후 학생의 생활에 대해 서로 구체적인 상황을 공유하고 고민을 나누었다. 담임교사는 학교를 그만두고 싶을 정도로 너무나 힘든 어려움을 호소하며 눈물을 흘렸다. 면담 후반부에는 담임교사와 학생의 어머니 모두 서로의 어려움을 공감하며 함께 눈물을 흘렸다. 서로 격려하며 앞으로 아이의 성장을 위해 같이 노력하자며 3시간 가까운 면담을 마무리했다. 면담 이후 변호사를 선임하지 않은 것은 물론이고, 해당 학생은 부모의 동의하에 퇴실 조치를 계속 이어 갈 수 있었다.

대개 실수한 것에 대해 사과하기를 망설이는 이유는 실수를 트집 잡아 뭔가를 더 요구하지 않을까 하는 두려움이 있기 때문이다. 하지만 정말 실수했다면, 인정하고 정중하게 사과해야 문제 해결을 위한 다음 단계로 나아갈 수 있다. 진심으로 사과를 주고받는 과정에서 마음이 많이 풀리면 좀 더 이성적으로 문제를 바라볼 수 있기 때문이다.

소문난 '악성 민원 학부모' 대응

앞의 두 경우는 소위 '악성 민원 학부모'는 아니었다. 이번 사례는 초등학교 때부터 유명했던 '악성 민원 학부모'인 경우다. 교장 3년 차를 앞둔 신입생 배정 시기에 오류중학교로 배정될 것으로 예상되는 한 학생에 대한 학부모들의 우려 섞인 이야기를 듣게 되었다. 초등학교 때 학생의 행동장애에서 비롯된 여러 상황에 대해 끊임없이 민원과 소송을 제기하여 소문이 자자한 학부모 이야기였다. 학교는 물론 교육지원청과 서울시교육청까지 널리 알려진 학부모였다. 초등학교 때 폭력행동을 말리던 담임교사가 팔이 부러졌고, 견디다 못한 담임교사는 결국 학교를 그만두었다. 초등학교 때 같이 지냈던 학생과 학부모들은 그 학부모의 잦은 학교폭력 문제 제기와 민원 등으로 너무 힘들었다며 걱정이 태산이었다.

공교육을 수행하는 학교가 학생을 선택해서 받을 수는 없다. 해당 학생도 학습권이 보장되어야 한다. 걱정만 하고 있을 순 없었다. 신입생 입학 전에 미리 대책을 세워야 할 문제라 판단했다. 직접적인 교육을 담당할 교직원들이 함께 대응책을 마련하기로 했다. 부장회의에서 먼저 논의하고, 전교직원회의를 열어 조심스럽게 상황을 공유하고 대응 방안을 논의했다. 마음의 준비를 하고 함께 의견을 이야기했다.

입학 후 실제 이 학생이 배정된 1학년 반 담임교사의 고충은 말로 표현하기 힘들 정도였다. 학부모는 학교에서 일상적으로 일어나는 소소한 상황에 대해 자녀의 말만 듣고 또는 자의적으로 추정하여 계속해서 학교에 민원을 제기했다. 담임교사, 상담교사, 생활교육 담당 교사 등은 수시로 걸려오는 학생 어머니의 너무나 긴 전화 통화와 잦은 항의성 학교 방문에 시달렸다.

이런 상황을 담임교사 혼자 고민하지 않도록 학교 차원에서 적극적으로 함께 대응했다. 담임교사의 고충은 너무 컸지만 혼자가 아니었다. 학교 차원에서 대응 방법을 논의하여 일관성 있고 동일하게 대처함을 원칙으로 대응 방안을 만들고 실행했다. 그 과정을 간단히 정리하면 아래와 같다.

■ 1단계 교장과 학부모 간 면담

주 항의자인 어머니와 면담 진행. 두 차례 면담 결과 학부모가 상대방의 이야기를 전혀 듣지 않고 동일한 이야기를 반복하는 태도를 보여 상식적인 대화가 가능하지 않다고 판단하고 대응 방안 논의.

■ 2단계 전교직원 대책회의

교문 통제 필요. 교문 담당 배움터지킴이 직원이 약속 확인 후 면담 약속이 된 경우만 통과. 면담 및 통화 시간은 30분을 넘기지 말 것. 방과 후에는 전화를 받지 않는 것을 원칙으로 세움. 교내에서 면담 시에는 집무실이 아닌 학교 내 별도 공간에서 면담하며 30분이 지나면 종료하고 나오는 것으로 함. 구체적인 대응 방안을 전체 교직원과 공유함.

■ 3단계 관리자의 단호한 마무리 대처

2022년 1학기 해당 학생이 같은 반 친구와 일상적인 대화 중에 '마음의 상처를 입었다'라는 이유로 학부모가 학교폭력 심의를 요청하여 진행함 → 교육청 학폭 심의 결과 무혐의 처분 → 학부모의 교육청 대상 학폭 심의 회의록 공개 요청 → 담임교사, 상담교사, 생활교육 지도교사 등을 상대로 용도를 밝히지 않고 자녀에 대한 학교생활 소견서를 지속적으로 요구함(나중에 인지한 바, 회의록 내용 중 특정 심의위원의 일부 발언을 문제 삼아 소송을 준비하며 반박 자료로 제출하려는 의도였음) → '사용 용도를 밝히지 않으면 써줄 수 없다'는 일관되고 통일된 입장 유지할 것을 지시 → 그러나 교사들에게 계속 요청하는 상황에서 교장이 학부모와 직접 대면 면담함 → 교장은 '교장의 지시사항이므로 이후 교사들에게 요구해도 소용이 없으므로 요구하지 말 것'을 통보 → 이후 교사들에게 같은 요구를 못 하게 됨.

위 학부모의 태도가 근본적으로 달라졌다고 보기는 어렵다. 학교는 민원과 별개로 해당 어머니가 학교 활동에 참여하는 것을 권장하고 격려했다. 도서관 프로그램으로 진행한 학부모 독서동아리에 참여했고, 학교에서 진행한 3주체 산행도 함께 갔다. 이런 과정을 통해 학교와 학부모 간의 감정적인 갈등을 조금이라도 완화시킬 수 있었다. 안타까운 점은 어머니의 지나친 보호와 개입으로 학생이 독립적으로 성장하기가 어려운 지점이었다.

어머니와 두 차례 면담 후 교사들에게 이렇게 이야기했다. '우리가 아무리 노력해도 어머니의 태도를 변화시킬 수는 없을 거 같다, 그러나 학생은 우리가 영향을 줄 수 있지 않을까? 학생이 아기처럼 심리적으로 엄마와 전혀 분리되지 못하고 있다, 오히려 엄마를 방패 삼아 자신이 편리한 대로 이용하는 거 같다, 점차 고학년이 되면서 엄마에게 의존하는 것에서 벗어나 온전한 개체로 잘 성장할 수 있도록 학생만 보고 가자'라고 했다. 그리고 실제 고학년이 되면서 훌쩍 키가 큰 이 학생은 예전보다는 엄마에게 덜 의존하는 듯 보였다.

이 사례를 겪으며 교육기관인 학교가 문제 학생 가족 상담을 제안하고 의무로 조치할 수 있는 권한이 있어야 한다고 생각했다. 근본적으로 해결할 수 있는 제도적 장치가 필요하다.

학생 생활 문제에 선제적으로 대응하는 교장

학교에서 수업과 함께 교사들이 가장 많이 힘을 쏟고 있는 부분은 학생 생활상의 여러 문제이다.

오류중학교에서 교사로 근무하던 첫해에 2학년 담임으로 2학년 생활지도계 업무를 맡았다. 4월 말경 퇴근 시간이 지난 시간이었는데 학생들이 생활지도부 교무실로 숨을 헐떡이며 달려 들어왔다. 2학년 학생이 4층 화장실에서 창문 밖으로 떨어진 사건이었다. 다행히 목숨은 건졌지만, 담당 교사로 이 사건을 처리하느라 1학기가 어떻게 지나갔는지 모를 정도로 힘든 시간을 보냈다. 이십 명이 넘는 학생들을 일일이 조사해야 했고, 수많은 사안 보고서를 교육청에 제출하고 관련 학생들의 징계 관련 업무도 진행해야 했다.[3] 이 과정을 거치면서 나의 정체성이 교사인지 검사인지 모르겠다는 이야기를 여러 차례 했었다.

익히 알려진 바와 같이 우리나라 청소년 자살률이 매우 높다. 교장은 이런 일이 발생하지 않도록 평소 학생들의 생활 문제를 세심히 살펴야 한다. 특히 신입생에 대해서는 더 세심하게 심리적 상태에 관심을 기울여야 한다. 코로나를 거치고 입학한 학생들은 심리 정서적으로 불안정한 경우가 이전보다 훨씬 많아졌다. 초등학교 고학년 때 코로나를 겪은 학생들이라 학교 등교일이 매우 적었던 것과 무관하지 않은 듯하다.

학교에서 관심을 기울여야 할 학생이 발견되면 교장과 생활지원부 주관으로 여러 차례 문제 해결 방안을 찾기 위한 회의를 했다. 회의 참석자는 교장, 교감, 생활지원부장, 학년부장, 담임교사, 상담사, 보건교사, 사회복지사를 기본으로 했다. 필요한 경우 학부모와 지자체, 경찰, 상담기관 등 관련 기관의 담당자와 함께 논의했다. 학부모가 와야 할 때는 학부모의 시간에 맞춰 방과 후에 회의를 열었다.

이렇게 신경을 썼으나 교장으로 근무할 때도 가슴을 쓸어내리는 사건이 생겼다. 초등학교 때부터 자해가 심하고 우울증 치료를 받던 학생

---

3. 2007년 당시에는 학폭 관련 모든 심의를 교육지원청이 아닌 학교에서 진행했다.

이었다. 이런 사실을 미리 알고 1학기 초부터 담임교사가 각별하게 관심을 가졌고 학교도 다방면으로 신경을 썼다. 학생이 입학할 때보다 점차 표정이 밝아지고 학교생활도 잘하는 듯해서 다행이라고 생각하며 여름방학에 들어갔다. 그런데 개학을 며칠 앞두고 집에서 추락사고가 생겼다는 연락을 받았다. 다행히 생명에는 지장이 없어서 한동안 치료를 받고 퇴원했다. 그 이후 교실에 들어가기를 힘들어하고 우울증과 자해도 심해서 정상적인 학교생활이 힘들었다. 의사도 부모님도 입원 치료를 하자고 했지만 학생이 강력하게 거부해서 어려운 상태였다.

2학기 중반, 더 이상 방치할 수 없다고 판단하여 부모님과 지자체의 관련 기관 담당자까지 참석한 학교회의에서 부모의 동의하에 강제 입원을 결정했다. 학생이 거부하는 상태라 마음 아팠지만 이대로 두다가 더 불행한 일이 생길 수 있다고 판단했기 때문이다. 학생은 입원 치료를 받았고 지금은 고등학교에 진학한 상태이다.

학생 생활 문제는 예방이 가장 우선이다. 평소 문제 발견을 위해 담임교사를 비롯해 상담교사, 보건교사, 사서교사, 사회복지사, 영양교사, 배움터지킴이 직원 등이 학생들을 잘 관찰할 필요가 있다. 상담실, 보건실, 도서실, 복지실 등은 심리적 어려움을 겪으며 홀로 있는 학생들이 자주 가는 공간이기 때문이다. 교장이 일정 주기로 이 교직원들과 상황을 공유하고 대책을 논의하는 회의를 열면 신속히 문제를 발견하고 해결할 수 있게 된다. 이는 혁신학교를 중심으로 모범적으로 시행되었고 교육부의 학생맞춤통합지원 정책에 영향을 주었다.

학교장이 주도하여 문제를 미리 발견하고 적극적으로 해결을 위해 노력해야 불행한 사태를 예방할 수 있다. 궁극적으로 학교 구성원 모두의 어려움을 줄이는 길이기도 하다.

교장은 교사의 든든한 울타리가 되어야

2020년 봄, 그해에 오류중학교로 전입해 온 한 교사와 대화를 나눴다. 앞서 서술한 악성 민원 학부모에게 큰 어려움을 겪고 있던 교사라서 격려차 만든 이야기 자리였다. 면담 중에 이전 학교에서 있었던 이야기를 하며 눈물을 글썽였다. 학부모 민원으로 교장실에 불려갔는데 학부모가 같이 있었고 교장이 무조건 사과하라 해서 어쩔 수 없이 일방적으로 사과를 했다고 한다. 아무리 생각해도 잘못한 게 없어서 너무 억울했으며 이후에는 학생들을 대할 때 자신감이 많이 줄어들었다고 했다. 필자는 '자세한 내막은 잘 모르겠으나 우리 학교에서는 절대 그런 일은 없을 테니 걱정하지 말라'고 위로했다.

교장은 먼저 교사들의 든든한 울타리가 되어야 한다. 처음 민원을 제기할 때 학부모들은 대개 매우 흥분한 상태인 경우가 많다. 이때 민원 대상인 교사와 바로 대면하면 흥분이 더 격해질 수 있다. 일단 해당 교사가 아닌 관리자가 학부모가 이야기하려는 사정의 자초지종을 차분하게 그리고 충분히 들어주며 공감해야 한다. 그러고 나서 이유 여하를 막론하고 힘든 상황이 만들어져 학부모가 학교에 어려운 발걸음을 하게 된 점을 학교의 책임자로서 정중히 사과하는 것이 좋다. 그러면 대부분은 감정이 많이 누그러진다. 그리고 자세히 사정을 알아본 후에 다시 연락을 드리겠다고 이야기하면 대체로 수긍하고 돌아간다. 필요하면 차후에 학부모와 해당 교사의 만남을 만들면 된다.

2019년 2학기에 있었던 일이다. 아침 조회 시간 전에 2학년 남학생이 보건실에 왔는데 팔을 다쳤다고 했고, 바로 뒤따라서 같은 반 남학생이 왔는데 자기랑 장난하다가 그런 거라고 해명했다고 한다. 보건교사는 다친 학생이 별로 아프지 않다고 해서 붕대를 감아 응급조치를 하고,

더 아프면 다시 오라며 돌려보냈다. 점심 무렵 다친 학생이 너무 아프다고 다시 찾아와서 병원에 보냈는데 엑스레이를 찍어 보니 골절 상태였다. 이 사실을 들은 학부모는 보건교사가 제대로 조치하지 않아 골절이 심해진 거 아니냐고, 크게 화를 내며 학교로 찾아와 항의했다.

이 소식을 듣고 일단 학부모와 면담하는 자리에 보건교사가 참석하지 않도록 조치했다. 다친 사정을 자세히 알아보니 뒤따라온 남학생이 다친 학생을 평소에도 괴롭히는 경향이 있었고, 그날 아침에도 발로 차서 벌어진 일이었다. 학부모 면담을 시작하면서 교장이 먼저 학교를 대표하여 부모님께 정중하게 사과를 드렸다. 학부모는 보건교사를 불러 달라고 했지만 지금은 다른 일로 만날 수가 없는 상태라고 양해를 구했다. 폭력 상황은 이후 규정에 따라 조치했다. 보건교사도 이후에 좀 더 잘 살피지 못한 점을 부모님께 사과드리고 싶어 해서 사과하는 자리를 마련했고 잘 마무리되었다. 전화위복이라는 말이 있다. 두 학생의 학부모는 문제 해결을 위해 학교에서 몇 차례 만나 대화하며 해결하는 과정에서 가까운 사이로 발전했다. 학부모회 활동에도 적극 참여했다. 전혀 예상하지 못한 결과였다. 진정성을 가지고 차분하고 의연하게 대응하면 보통은 이처럼 긍정적인 결과로 마무리되는 듯하다.

위의 사례 이외에도 교사들의 요청이 있거나 개입할 필요가 있다고 판단되면 초기부터 적극적으로 개입했다. 학교장이 학부모의 민원 문제에 초기부터 신속하게 적극 개입해야 하는 이유는 아래와 같다.

첫째, 문제가 악화되기 전에 빠르고 효율적으로 해결할 가능성이 크다.

둘째, 학부모의 민원 대상이 교사 개인에서 학교로 전환되어 교사들이 민원에서 벗어나 정상적인 교육활동에 집중할 수 있다.

셋째, 신속한 문제 해결을 통해 교사-학생-학부모 간의 감정 소모와 상처를 입는 정도와 시간을 크게 줄일 수 있다.

넷째, 교사들이 교장에 대한 신뢰가 높아져 교육활동을 안심하고 소신껏 펼칠 수 있다.

다섯째, 학부모는 기관장인 교장이 주관하는 문제 해결 과정을 통해 자존감을 회복하는 동시에 교장과 학교에 대한 신뢰가 높아진다.

서이초 사건을 계기로 밝혀진 심각한 교권 침해, 힘든 상황에 처한 교사들의 경우, 대부분 교장이 적극적으로 대처하지 않았던 것으로 드러났다. 교장은 학교의 대표이자 최고 책임자이다. 수업이 본업인 교사에게 민원을 떠맡기거나 교감 뒤에 숨지 말고 교장이 적극적으로 직접 나서야 문제 해결이 더 쉽다. 기관장에게 주어진 권위와 책임으로 교사의 교육권을 보호하고, 학생-교사-학부모가 서로 공존하는 안정된 교육공동체를 만들 책무가 있다.

교장이 학교 구성원의 갈등을 실무적으로 해결할 적임자인 이유이다.

학부모, 교육의 동반자

학부모회 업무를 교장이 왜?

2019년 2월, 교장 임기 시작 전에 업무 인수인계차 오류중학교에 들렀다. 소식을 듣고 방문한 신구 학부모회 임원들은 이구동성으로, 학부모회 사업인 학생 봉사활동 프로그램 산사모를 교사들이 그해부터 일방적으로 없애기로 한 것에 강한 불만을 표현했다. 그리고 다시 회복해 달라고 강력하게 요청했다. 이전에 근무할 당시엔 없었던 학부모-교사 갈등의 골이 심상치 않다고 느껴졌다.

교사들은 학부모(회)를, 학부모는 교사들에 대해 불신하며 불만이 큰 상태였다. 교사들은 이런 갈등의 원인으로, 관리자가 자신의 요구를 관철하기 위해 학부모회를 교사들을 압박하는 수단으로 이용하여 두 주체 사이를 갈라놓았다고 판단했다. 전임 교장은 하고 싶은 일이 많고 의욕적이었다. 학부모들은 그간 대체로 정년을 앞둔 교장이 짧게 근무하고 교체되던 학교에 모처럼 의욕적이고 젊은 교장이 부임한 것을 크게 환영했다.

그런데 민주적 문화가 자리 잡은 혁신학교에서 교장의 아이디어를 일방적으로 실행하긴 어렵다. 그래서 교사들은 교장이 학부모들에게 '교사가 협조하지 않아서 못 한다'고 말하며 그들의 힘을 이용해 밀어붙이려 했다고 생각했다. 임기 4년을 채운 전임 교장이 남긴 영향력은 작지 않았다. 학부모들은 전임 교장을 절대적으로 지지하고 신뢰하며 임기 종료를 아쉬워했다. 반면에 교사들은 교육청에 비민주적인 교장으로 혁신학교에 맞지 않으니 중간전보를 해 달라는 민원을 넣었을 정도로 전임 교장에 대한 평가가 정반대였다. 학부모-교사 간의 갈등은 학교 밖에 소문이 날 정도로 심각했다.

새로 부임한 교장으로서 해결해야 할 크고 어려운 과제였다. 교사-학부모 간 불신은 개학 후 바로 현실의 갈등으로 나타났다. 2019년 3월 중순, 학부모회에서 담당 교사에게 학부모회 관련한 특정 내용을 방송으로 홍보해 달라고 요청했다. 이 연락을 받은 담당 교사는 학부모회가 일방적으로 지시하는 것처럼 느껴진다며 매우 불쾌하게 생각했다. 신뢰가 있는 관계에서는 별문제가 안 될 일들도 불신 상태에서는 하나하나가 마땅치 않은 법이다. 심하게 말해 한마디로 '꼴도 보기 싫다'가 이런 경우다. 학부모회가 부탁한 방송은 했지만 이런 상황을 더 이상 방치하면 안 되겠다 판단했다.

이 일이 생긴 후 학교-학부모회 간의 소통 통로를 교장으로 통일하는 게 좋겠다고 먼저 제안했다. 학년부서와 관련된 구체적 업무 외에는 교장이 직접 하는 것으로 교사들에게 제안하고 동의를 얻었다. '꼴도 보기 싫은' 마음일 때는 일단은 안 보는 게 단기적 처방이 되기도 한다. 물론 평소에 학부모회 업무는 업무 특성상 교장이 맡는 게 가장 효율적이라고 생각해 왔고, 교장이 되면서 맡으려고 생각했던 일이다. 교사는 직접적인 교육활동 이외의 업무는 안 맡는 게 옳다는 평소 생각의 연장선이기도 했다.

그간의 학부모회 관련 업무 경로는 대부분 학교장에게 의견을 묻고 다시 학부모회에 전달하는 식이었다. 학부모회 담당 교사의 역할이 상당 부분 교육청-학교·교장-학부모회 간의 연락책인 실정이라 개선이 필요했다. 이런 문제의식이 있어서 이전에도 기회가 있을 때마다 교육청-학부모회 간의 연락은 학교를 통하지 말고 직접 연락할 것을 교육청에 제안했었다. 교장이 되었으니 이 기회에 학교부터 먼저 개선할 필요가 있다고 생각했다.

학부모는 '필연적으로' 교육의 한 주체

학부모는 학생, 교사와 함께 교육의 주요한 주체이다.

학생과 교사는 교육활동으로 직접 만나는 관계라 교육의 주체라는 점에 쉽게 동의가 이루어진다. 그렇지만 학부모가 교육의 한 주체라는 점, 그리고 실제 학교교육에서 학부모가 주체로서 어떤 역할을 해야 하는지에 대해서는 여러 의견이 있다. 좋든 싫든 학부모는 학생의 보호자라는 정체성을 지닌 존재적 측면에서 필연적으로 교육의 주요한 주체일 수밖에 없다. 그래서 더욱 올바른 교육 주체가 될 수 있도록 함께 노력해야 한다.

페스탈로치는 '가정은 최상의 학교'라고 했다. 루소는 저서 『에밀』에서 교육의 세 가지 요소로 자연, 사물, 사람을 들었다. 타고난 천성인 자연, 아이를 둘러싸고 있는 사회적·물리적 환경인 사물, 그리고 아이들이 접하는 주변 사람과의 관계에서 자연스럽게 교육이 일어나고 있다고 보았다. 아이들은 세상의 모든 것에서 배운다. 특히 가장 밀접한 관계인 부모는 아이의 교육에서 가장 중요한 사람이다. 이렇게 아이에게 가장 중요한 존재이며 많은 권한과 영향력을 행사하고 있는 학부모가 교육의 주체로 바로 서지 못한다면, 아이의 성장을 지원하는 제대로 된 교육은 실현하기 어렵다. 학부모도 자신이 교육의 중요한 주체임을 잘 깨달을 필요가 있다.

학교와 학부모는 교육의 동반자가 되어야 한다. 그 이유는 다음과 같다.

첫째, 아이들의 성장에 가정의 역할이 그 무엇보다 중요하기 때문이다. 아이들이 어떤 마음과 자세로 학교에 오는지, 그리고 학교 공동체 생활에서 같이 지내는 반의 친구, 선생님에게 어떻게 행동하는지에 일차적으로 가장 큰 영향을 미치는 것은 가정교육이다.

둘째, 학교교육의 발전은 학부모의 동의와 지지 없이는 힘들기 때문이다. 교육청과 학교 교원은 교육의 전문가로서 끊임없는 교육 혁신을 통해 교육 발전을 이끌 책임이 있다. 하지만 학부모는 교육 혁신의 방향과 다른 요구를 할 수 있다. 이런 상황에서 학부모의 동의를 얻지 못하면 교육개혁이 어렵다.

셋째, 학부모는 학교에 다니는 학생들과 같은 지역에 사는 지역사회 구성원이기 때문이다. 현재와 같이 학생들의 가정 상태가 다양한 상황에서 지역사회공동체의 역할이 어느 때보다 더욱 중요하다. 지역사회의 많은 어른이 함께 지역의 아이를 돌보는 '비스듬한 관계'[4]를 형성할 때, 아이들은 더 잘 성장할 수 있다.

학교는 교육의 전문가이자 실행자로서 학부모가 교육의 주체이자 동반자로 의미 있게 자리매김할 수 있도록 적극 지원해야 한다. 이 또한 학교교육을 총괄하는 리더인 학교장의 중요한 책무이자 과제이다.

어떤 상황에서도 교장이 하지 말아야 할 행동

교장은 교육의 주요한 두 주체인 학부모, 교사 간에 교육적 견해차로 인해 생기는 갈등을 해결하고 신뢰 관계를 만들어야 한다. 이때 교장이 갈등을 사회생활의 자연스러운 과정으로 바라보는지, 피해야 하는 안 좋은 일로 바라보는지에 따라 결과는 매우 다르게 나타난다. 교장이 갈등 해결은 고사하고 갈등을 키우거나 이용한다면 최악의 관리자라 할 수 있다.

---

4. 성공회대 김찬호 교수는 동년배들 간의 관계를 수평적인 관계, 부모-자식, 스승-제자 간의 관계 등을 수직적 관계로, 지역사회 어른들과의 관계 등을 '비스듬한 관계'로 지칭했다.

교장이 어떤 상황에서도 하지 말아야 할 행동은 교육 주체 간의 '갈라치기'와 '뒷담화'이다. 답답한 마음을 풀어주는 일시적인 통쾌함을 줄지는 모르지만, 갈라치기와 뒷담화는 양 주체 간의 불신을 키우는 씨앗이다. 불신이 커져 숲을 이루면 교육공동체는 회복하기 어려운 지경으로 파괴된다.

갈등을 슬기롭게 해결하려면 갈등 자체에 대한 중립적인 인식이 필요하다. 먼저 학부모와 교사가 교육 방향과 활동 방안에 대한 의견이 다를 수 있다는 점을 인정하고, 견해차를 자연스러운 과정으로 인식해야 한다. 그리고 그 누구보다 아이들이 잘 성장하고 행복한 삶을 살기를 바라는 사람은 학부모라는 점을 잘 인식해야 한다.

교장은 학부모가 교육의 동반자라는 원칙을 잊지 말아야 하며 도덕적 신뢰를 바탕으로 객관적 시선을 유지하도록 성찰해야 한다. 학부모(회)가 학교 교육활동에 발전적으로 참여하는 협력자가 될 수 있도록 지원하고 촉진하는 책임 또한 교장의 임무이다.

학부모-교사 간 불신 관계에서 벗어나 신뢰를 회복하고 학부모회를 자치기구로 만들어 간 오류중학교 학부모회 사례를 소개한다.

학부모회 사업으로 교사에게 부담 주지 않는다

학부모회는 원칙적으로 학부모들이 자율적이고 주도적으로 운영하는 게 합리적이다. 학교는 자치기구인 학부모회가 취지에 맞게 자치적으로 운영할 수 있는 구체적인 방안을 같이 고민하여 지원해야 한다.

하지만 현실은 담당 교사가 학부모회 운영에 따르는 여러 행정 처리와 기안 업무를 대신하고 있다. 이를 개선하기 위해 먼저 학부모회와 관련된 각종 문서를 학부모회가 직접 작성하도록 했다. 교육청에서 오는 학부모회 관련 공문은 행정인력이 바로 처리하도록 했다. 회신이 필요한 공문은 행정사가 학부모회와 직접 소통하여 필요한 사항을 전달하고 공문 처리는 행정사가 한다.

구체적인 처리 과정을 요약하면, 「학부모회 관련 공문 접수 → 홈페이지 탑재 → 학부모회에 문자 알림 → 필요시 행정사가 내용 접수 및 기안 → 관리자 결재」 과정으로 재구조화했다. 학부모회 예산 사용도 마찬가지다. 학부모회가 에듀파인을 담당하는 행정사에게 기안을 요청하면 관리자는 결재 과정에서 검토 및 승인하고 있다.

이것이 가능한 것은 학부모회 담당이 교사가 아닌 교장이기 때문이다. 학부모회장은 학교와 의논한 일이 있으면 교사가 아닌 교장이나 교감에게 바로 연락한다. 교사나 행정실은 수학여행이나 학운위 등 담당하고 있는 부서 업무와 직접 관련된 부분만 학부모회와 소통하여 처리하고 있다.

부임 후 바로 학부모회를 자율운영체제로 바꾸게 된 배경은 교사들이 산사모 프로그램을 없앤 이유를 알아보는 과정에서 학부모회 운영의 문제점을 크게 느꼈기 때문이다. 산사모와 관련된 갈등의 핵심은 학부모회 업무 처리를 교사가 대신 처리하면서 생긴 어려움이었다. 문제점을 파악하고 학부모회가 자율적으로 운영할 수 있는 대안을 모색했다.

구체적인 문제 해결 과정은 다음과 같다.

2019년 학부모회는 개학 후에도 작년까지 학부모회 사업으로 해 왔던 학생 봉사활동 프로그램인 '산사모(산을 사랑하는 사람들의 모임)'를 계속하고 싶다고 재차 요청해 왔다. 하지만 교사들은 2018학년도 학교 교육활동을 평가하면서 이 사업을 2019년 업무에서 이미 없앤 상태였다. 필자가 교장으로 부임하기 전에 결정된 일이었다. 없앤 이유를 알아보니, 학부모와 같이 하는 산사모 봉사활동이 의미는 있지만 이를 지원하는 교사의 업무 부담이 너무 크다고 판단했기 때문이었다. 매번 '가정통신문 작성과 배부, 학생 명단 취합과 희망자 명단 전달, 주말 당일 학생 지도 동행, 참여 학생 봉사활동 결과 취합 및 기록 입력' 등의 업무를 봉사활동 담당 교사와 담임교사들이 같이 맡아서 했다. 특히 봉사활동 확인서의 취합과 입력이 가장 힘든 부분이었다. 산사모에서 발행하는 봉사활동 확인서를 학생에게 받아서 담임교사가 나이스에 직접 입력하는 방식이었다. 이 과정에서 여러 번거로운 일이 생겨서 교사들이 겪는 어려움이 매우 컸다.

대부분 봉사활동은 1365 자원봉사 홈페이지에서 학생들이 직접 신청하고 참여한다. 담임교사가 연말에 한 번 일괄적으로 다운로드하면 생활기록부에 자동으로 반영된다. 그런데 학부모회 주관 봉사활동은 신청과 종이 확인서를 교사가 받아 다시 입력해야 했다. 수합이 잘 안되거나 잘못되는 등의 여러 변수가 생겨 매우 번거롭고 힘든 일이 자주 발생했다. 업무 처리 과정의 이러한 어려움을 잘 모르는 학부모회는 학생들과 학부모가 함께 참여하는 봉사활동의 의미가 큰데 교사들이 귀찮아서 일방적으로 없애 버렸다고 생각했다. 학교가 1년간의 활동을 평가하고 산사모를 없애는 과정에서 학부모회와 제대로 소통하지 못한 것은 아쉬움이 큰 대목이다. 당시 교사-학부모회 간의 불신 관계를 보여 주는 한 단면이었다.

학부모회의 산사모 부활 요청에, 교장으로 부임하기 전에 교사들이 전년도 평가를 통해 없애고 업무분장까지 마친 상태라서 되돌린 순 없다고 답변했다. 학부모회는 교장에게 매우 서운해했다. 당시 학부모회장과 통화하는 과정에서 나눴던 대화 중 일부이다.

> **학부모회장** 교장 선생님은 학부모들보다 교사들 편인 거 같습니다. 정말 너무 서운합니다.
>
> **교장** 저는 교사 편도 학부모 편도 아닙니다. 그냥 아이들 편일 뿐입니다. 아이들에게 좋은 교육을 만들고 싶은 마음은 학부모님이나 교사 모두 같다고 생각합니다. 저희 모두 학생들을 위한 좋은 교육을 같이 만들어 갔으면 합니다. 저도 최선을 다해 노력하겠습니다.

산사모로 우여곡절을 겪는 과정에서 학부모에게 교사들이 이런 결정을 한 배경과 상황을 진정성 있게 설명하며, 좋은 교육을 만들기 위한 마음은 모두 같으니 함께 노력하자고 부탁했다. 퇴근 후 저녁 시간에 대화를 길게 나누며 학부모회장님과 진솔하게 소통하는 과정에서 둘 다 마음이 울컥했었다.

이런 상황에서 유의할 점은 교사와 학부모 사이에서 다른 주체를 비난하거나 비판하는 모습을 보여서는 절대 안 된다는 것이다. 서로 실수를 인정하고 사과할 필요는 있지만, 이것이 불신의 토대가 되지 않도록 주의해야 한다. 여러 차례 마음을 터놓고 허심탄회하게 소통하는 과정을 거치면서 점차 학부모-교사 간에 신뢰를 회복하는 토대를 만들어 갈 수 있었다.

진정성을 가지고 소통하는 한편, 학부모회가 그간 자부심을 느끼며 운영해 왔던 산사모 봉사활동을 취지를 살리면서 효율적으로 운영할 방안을 모색했다. 문제 해결 과정을 순차적으로 정리하면 아래와 같다.

■ 산사모를 폐지하게 된 원인 파악

봉사활동을 담당했던 부서와 진솔한 대화를 통해 관련 업무의 어려움 파악

- 봉사활동 안내 및 참여 학생 수합 후 학부모회에 희망 학생 명단 전달
- 주말인 봉사활동 당일의 학생 지도에 대한 부담감
- 봉사활동 확인서 수합 및 기록 입력의 어려움

⇨ **종합** 교사들이 학부모회 활동의 실무를 대행하는 과정에서 학부모회와의 소통과 행정 처리의 어려움. 이 과정에서 교사들은 학부모회 일을 대행해 주는 심부름꾼 같다고 느끼고 있었고, 학생 봉사활동을 이 방법이 아니라도 쉽게 할 수 있는 상황에서 굳이 이런 학부모회 봉사활동이 필요한지 회의감을 가짐.

■ 문제 해결 방안 모색

개선 방향의 원칙은, 학부모회가 자치기구의 성격에 맞게 학부모회 활동을 자율적이고 주도적으로 활동할 수 있도록 관련 업무구조를 개선하고 지원함.

산사모 학부모회 봉사활동을 학부모회가 자치적으로 운영할 수 있도록 개선하여 학부모회 주도로 되살려 새롭게 진행함.

- 학생 모집 가정통신문 발송: 학부모회에서 직접 가정통신문 작성(학교는 이전에 사용했던 가정통신문을 참고할 수 있게 공유해 줌) → 행정실무사에게 이메일로 보냄 → 행정실무사 기안 → 교감, 교장 결재(결재 과정에서 필요한 부분은 소통하며 수정)
- 희망 학생 명단 수합: 가정통신문에 학부모회(담당자)의 연락처를 안내하여 학생들이 직접 그곳으로 신청 문자 전송(학년-반-번호, 이름, 전화번호)
- 봉사활동 확인서 및 기록: 확인 결과 산사모도 이미 1365에 등록되어 있었으나 활용하지 못해서 어려움이 발생했음 → 이후 1365를 활용하여 학생들이 사전에 직접 산사모 봉사활동을 신청하도록 가정통신문에 안내함 → 희망 학생은 미리 봉사활동 1365 온라인 시스템에서 산사모 봉사활동을 신청하면 활동 기록도 자동 입력되어 교사들은 나중에 생활기록부 기록 반영 버튼만 누름 → 이로써 봉사활동 확인서 및 기록의 문제는 말끔히 해결됨
- 당일 학생 지도: 가정통신문에 모이는 장소, 시간을 안내 → 시행 전 학부모회에서 신청자에게 직접 확인 문자 발송 → 학부모회 주관으로 당일 봉사활동 진행
⇨ **종합** 4월부터 산사모 봉사활동을 다시 시작했으나 관련된 교사 업무는 모두 없어짐. 신청자 저조 등 학부모회에서 독려 협조를 요청하는 경우만 담임교사가 협력함. 학부모회는 활동 결과를 교장에게 활동사진 등으로 공유해 줌. 학부모회가 산사모 활동을 자율적이고 주도적으로 진행하며 학부모회 구성원의 효능감도 높아짐.

이 외에도 학부모회 관련 모든 업무를 최대한 효율화할 수 있도록 노력했다. 예를 들어 학교의 각종 위원회에 학부모가 필수적으로 참여해야 하는 경우가 많다. 이전에는 필요한 부서에서 각자 조직해야 하고, 학부모회 또한 요청이 가면 매번 조직해야 해서 학교, 학부모회 양쪽 모두가 번거로운 일이었다. 개선책으로 학교에서 필요한 위원회 목록을 한꺼번에 정리하여 학부모회에 보내면, 학부모회가 일괄적으로 각 위원회에 참여할 학부모회 및 학운위 명단을 구성하도록 했다.

진로진학 설명회는 학부모가 원하는 저녁 시간에 하는 것으로 변경하되, 학부모 신청자가 최소 50명 이상은 되어야 저녁에 하는 의미가 있다는 담당 교사의 뜻을 학부모회에 전했다. 학부모회는 전단지와 플래카드를 만들어 붙이며 적극적으로 홍보했다. 그 결과 3학년 전체 학생이 130명 정도인데 100명이 넘는 학부모가 참여했다. 학부모총회도 학부모회가 주관하도록 했다. 전체 사회는 학부모회에서 진행하고 학교는 학교 소개 때만 담당 교사가 진행하는 것으로 했다. 학부모회를 실질적인 자치기구로 세우기 위한 실천적 노력이었다.

이런 과정을 거쳐, 학부모회가 학교와 교사에게 의존하지 않고 자율적으로 학부모회 사업을 할 수 있도록 재구조화되었다.

학부모회 관련 업무는 교장이 담당했기 때문에 교원들은 업무상 필요시에만 각자 연락하면 되어서, 학부모회 심부름꾼 같은 역할에서 벗어났다. 학부모회와 교사 모두가 윈-윈이었다.

학부모회, 내 아이 아닌 우리 아이: 다친 아이 등하교 지원

한 아이를 기르기 위해서는 온 마을이 필요하다고 한다. 학생들과 학부모들은 학교공동체의 일원이면서 같은 지역사회 생활공동체의 구성원이다. 여러 이유로 가족 돌봄이 어려운 가정이 많은 상황에서 지역사회의 돌봄 기능은 더욱 중요하다. 학교는 지역사회의 돌봄 기능이 작동할 수 있도록 잘 살피고 조직할 필요가 있다.

2019년 8월 하순, 평소처럼 아이들이 많이 등교하는 쪽문에서 학생들을 맞이하고 있었다. 2학년 남학생이 양쪽에 목발을 짚고 무거운 가방을 멘 채 절뚝거리며 온몸에 땀을 뻘뻘 흘리면서 왔다. 물어보니 지난 주말에 지하철 젖은 계단에서 미끄러져 다쳤다고 한다. 홀로 두 자녀를 키우시는 어머니는 차도 없고 생계 때문에 일찍 출근해야 해서 혼자 올 수밖에 없는 형편이었다. 택시를 불렀으나 걸어서 10분 정도의 가까운 거리라 오지 않았다고 했다. 어쩔 수 없이 1시간 가까이 절뚝거리며 혼자 힘들게 등교한 것이다. 주변 친구가 가방이라도 들어주게 도와주려 했으나 내성적인 성격 때문인지 괜찮다며 며칠을 그 상태로 등교했다. 학교에 오는 것이 고마울 뿐이었다.

안타까운 상황이라 어떻게 다친 학생의 등교를 도울 수 있을까 생각하다, 학교 가까이 사는 학부모님이 아침 출근길에 그 학생을 학교에 내려주고 가면 어떨까 하는 생각이 떠올랐다. 학부모회장과 의견을 나눴는데 결과는 정말 놀라웠다. 학부모회에서 등교는 물론 방과 후 하교 스케줄까지 촘촘히 짜서 9월 중순부터 10월 말까지 진행해 주었다. 더구나 학부모들의 차를 타고 등하교를 함께 하는 과정에서 이런저런 대화를 하면서 아이 표정이 점점 더 밝아지고 성격도 활발해졌다. 이런 과정을 지켜보는 어른들 또한 매우 기뻐하며 뿌듯해했다. 학부모들은 다친 학생의 등하교 지원에 그치지 않고 미끄럼 사고가 났던 지하철역은 물론 동사무소 복지팀에도 연락해서 학생의 병원비 및 복지와 관련해 지원 가능한 것을 성심껏 찾아 주었다. 이 학생에게는 등하교를 편하게 할 수 있는 차원을 넘어 어른들에 대한 신뢰를 쌓고 사회의 따뜻함을 느끼는 좋은 기회가 되었다. 공동체에서 따뜻함을 느낀 경험은 이 학생이 앞으로 사회생활을 하며 만나는 어려움 극복에 큰 힘이 되지 않을까.

이 사실을 알게 된 성공회대 김찬호 교수는 한 신문의 기고 글에서 이 사례를 지역사회 어른과의 '비스듬한 관계'라는 개념으로 소개했다.

집과 학교에서의 수직적 관계는 간섭과 통제로 흐르기 쉽고, 또래들 사이의 수평적 관계는 비교와 경쟁이 일어나기 일쑤다. 비스듬한 관계는 그러한 긴장을 흡수하는 완충지대가 될 수 있다. 아이들이 부모나 교사 이외의 연장자들과 다양하게 접속할 수 있다면 삶이 풍요로워질 수 있다. 인생 선배를 통해 새로운 가치관이나 라이프 스타일을 접하면서 역할 모델의 폭을 넓힐 수 있고, 자신의 숨은 미덕을 발견하면서 자존감을 회복할 수 있다.

서울 구로구의 오류중학교에서 있었던 일이다. 어느 학생이 다리를 다쳐 목발을 짚고 등교하게 되면서 지각하는 날이 많았다. 홀어머니는 생계에 쫓겨 아이와 동행할 수 없었다. 교장과 학부모회는 출근길에 그 아이를 태워다 줄 학부모들을 찾아서 등·하교 도움 스케줄을 짰다. 덕분에 그 아이는 매일 이웃의 부모들과 함께 이동할 수 있게 되었다. 그런데 아이의 성격이 바뀌기 시작했다. 원래 무척 소심하고 기가 죽어 있는 편이었는데, 얼마 지나지 않아 표정이 밝아졌고 낯선 어른에게 스스럼없이 말도 걸었다. 도우미로 참여한 부모들은 그런 변화에 뿌듯함과 감동을 느꼈다고 한다.

『경향신문』,「비스듬한 관계」, 2022. 11. 3.

이런 일이 가능했던 것은 학부모가 '나의 아이'를 넘어 학교의 모든 학생을 '우리 아이'로 생각했기 때문이다. 나 또한 강원도 산골의 작은 마을에서 자라며 내리 딸 일곱을 낳은 엄마에게 딸로 태어난 구박을 받으며 자랐다. 되돌아보면 나를 기른 것은 부모님만이 아니었다. 친구 집에 놀러 가면 친구 엄마는 식사 때면 언제든 따뜻한 밥을 지어 주고 잘 대해 주셨다. 이처럼 예전에는 내 아이 옆집 아이 구분 없이 마을 어른들이 마을 아이들을 같이 잘 돌봐 주었다. 이것이 한 아이를 기르기 위해서는 온 마을이 필요한 이유이다. 마을이 잘 안 보이는 현재이기에 학부모와 함께하는 마을교육공동체는 더욱 소중하다.

교장은 학부모회를 학교 교육활동을 보조하기 위해 동원하는 대상이 아니라 교육의 한 주체이자 자치조직이라는 관점에서 인식해야 한다. 학부모회가 교육의 한 주체로서 자치적으로 운영할 수 있도록, 독립적인 학부모회 공간 마련, 예산 사용, 자율적 운영 시스템 구축을 지원하고 촉진하는 노력을 기울여야 한다.

학교 운영, 교직원과 함께 가기

좋은 교장에 대한 인식에서 학부모와 교사는 크게 다른 점이 있다.

첫째, 학부모는 교장이 예산을 많이 따오면 좋아하고 교사들은 걱정이 앞선다. 둘째, 학부모는 초빙교장이나 공모교장을 바라지만 교사들은 그렇지 않다. 셋째, 학부모는 아이디어가 많고 사업을 많이 하는 교장을 좋아하지만 교사들은 그렇지 않다. 이런 차이가 나는 이유는 명확하다. 학부모는 교장이 벌이는 사업을 직접 담당하는 사람이 아니다. 반면에 교사들은 교장이 일을 만들면 그 일의 대부분을 감당해야 하는 당사자이다. 교사들이 표현하는 '일 폭탄'이 교사에게 쏟아지는 것이다. 교사는 수업과 학생 지도, 담당 업무만으로도 이미 너무나 벅차다.

학교에 근무해 보지 않은 사람들은 교사들이 왜 바쁜지 잘 이해하지 못한다. 하루에 수업 몇 시간만 하면 끝이라고 생각한다. 필자 또한 학교에 오기 전까지는 잘 몰랐던 사실이다. 학교에 발령받기 전 입시학원에서 재수생을 가르쳤는데 그때처럼 수업만 하면 되는 줄 알았다. 그런데 학교에 근무하면서 월급은 반도 안 되는데 일은 세 배 이상이라고 느꼈다. 수업 외에 담임 업무와 행정 업무가 추가되었기 때문이다. 이런 상황에서 교장이 새로운 사업을 만드는 것을 환영하기는 어렵다.

딜레마는, 교육혁신을 위해서는 새로운 변화가 필수적이고 학교혁신을 실현하는 일은 교장 혼자서는 절대 할 수 없다는 점이다. 설령 권위적인 교장이 지시해서 교사들이 억지로 한다 해도 진정성 없이 형식적으로 하는 일은 의미 있는 결과를 내기 어렵다. 서울형 혁신학교를 시작할 때 혁신학교에 대한 동기유발과 관련되는 가산점 부여 여부에 대해 논쟁이 컸던 이유이기도 하다. 결국 서울시교육청은 가산점을 부여하지 않기로 했는데, 개인적으로 이 방향에 동의한다. 의미 있는 성과를 낼 수 있도록 교사를 움직이는 동력은 채찍이나 당근이 아니라 좋은 교육을 향한 의지와 신념이라 생각하기 때문이다.

좋은 교육에 대한 의지와 신념이 있으면 열정과 헌신은 자연스레 뒤따른다. 교장은 교사들이 의지와 신념에 바탕한 내적인 동력으로 학교

교육에 헌신할 수 있도록 리더십을 발휘해야 한다.

솔선수범하는 교장 "공모계획서와 행정 업무 제가 합니다"

여러 자리에서 '실무 하는 교장'에 대해 말하면 듣게 되는 이야기가 있다. 총괄하는 교장이 실무를 하게 되면 전체를 살피기가 어려워져 총괄을 제대로 하기 힘들다는 것이다. 필자는 교장 공모에 지원하면서 행정실무형 민주적 리더십을 가진 교장이 되겠다고 공약했다. 그리고 최대한 실무를 함께 했다. 실무를 담당한 경험에 비춰 보아도 교장이 실무를 맡는다고 해서 총괄하는 능력이 떨어진다는 점에는 동의하기 어렵다. 오히려 업무를 같이 하면서 교직원의 어려움을 더 잘 이해하게 되어 총괄하는 데 좋은 면이 많았다.

교사들은 새로운 사업을 하려는 교장을 별로 좋아하지 않는다. 교사가 그 일을 해야 하기 때문이다. 교장이 먼저 제안해서 시작한 일은 최대한 스스로 하는 것이 맞다. 교장이 먼저 솔선수범하고 학교에 꼭 필요한 사업이면 교사들도 마음을 담아 함께 하게 된다.

사례로 서울미래학교 운영 신청 과정을 소개한다. 서울미래학교는 생각을 안 하고 있다가 뒤늦게야 신청해서 선정되었다. 2019년 9월부터 이미 운영하던 혁신학교와 함께 서울미래학교도 시작했다.

서울미래학교는 문용린 교육감 시절 창덕여중에서 시작한 공간혁신과 디지털 기반 미래학교 운영 성과를 서울시교육청이 시범적으로 확대·운영한 사업이다. 2019년 2학기에 초등학교 1개교, 중학교 3개교를 공모로 선정하는 사업이었다.[5] 여름방학 중에 서울미래학교 공문이 시행되었다. 혁신학교 운영 9년 차 성과에 더해 ICT를 전면 도입하여 디지털 기반의 새로운 교육활동을 시도해 볼 수 있는 좋은 기회라 생각했다. 하지만 준비 기간도 촉박하고 주변에 준비하는 혁신학교가 여럿 있어서 굳이 시도하지 않았다. 신청을 포기한 또 다른 큰 이유는 뒷부분에 소개할 청소년자치배움터 '다가치학교' 준비로 이미 바빴기 때문이다.

미래학교 공모 조건에는 교원 50% 이상의 찬성이 있었다. 그런데 준비하던 다른 혁신학교들의 교원찬성률이 과반을 못 넘어 신청 자체가 어려우리라는 분위기가 감지되었다. 교육청에서는 혁신학교의 성과에 더해 미래학교를 시범 운영할 필요가 있는데 예상치 못한 일이었다. 목요일 오후에 이런 난감한 상황을 전해 들었는데, 신청 마감일은 다음 주 월요일이었다. 주말을 제외하면 협의할 시간이 금요일 하루밖에 없었다. 미래학교의 필요성에 동감하던 상태라 지금이라도 교사들과 신청 여부를 의논할 필요가 있다고 판단했다. 금요일 1교시가 부장회의 시간이라 부장회의에서 먼저 논의하고, 수업을 마치고 전체 교사회의를 열었다. 긴급하게 열린 회의에서 교장인 필자가 먼저 의견을 밝혔다.

> "우리 학교는 혁신학교를 9년째 안정적으로 잘 운영하고 있습니다. 미래학교 운영은 혁신학교의 성과를 바탕으로 한 단계 도약을 시도할 좋은 기회라고 생각합니다. ICT 활용 능력은 미래 사회에 살아가기 위한 필수 역량입니다. 물적 조건이 안 갖춰진 상태에서는 시도조차 해 볼 수 없습니다. 저는 미래학교를 신청해서 디지털 기반 교육을 새롭게 시도해 볼 수 있

---

5. 서울미래학교는 2024년 현재 초등학교 2개교, 중학교 4개교, 고등학교 1개교이다. 처음에는 혁신미래학교였으나 2기를 시작한 2023년부터 서울미래학교로 사업명을 바꿨다. 이 책에서는 편의상 미래학교로 줄여 혼용하여 사용한다.

는 여건을 갖추었으면 합니다. 새로운 사업을 하게 될 때 선생님들께서 걱정하는 바를 잘 알고 있습니다.

공모계획서와 신청서 작성은 물론이고 이후 행정적인 지원 또한 저와 행정직원이 할 수 있는 모두 실무를 맡아 진행할 것을 약속드립니다. 선생님들은 이것을 수업과 교육활동에서 어떻게 잘 활용할 수 있을지 연구하고 사용해 주시면 됩니다."

이후 토론을 거쳐 비밀 투표를 진행했다. 투표 결과는 과반이 훌쩍 넘는 찬성이었다. 다들 깜짝 놀랐다. 같은 시간대에 진행된 다른 혁신학교들은 과반에 크게 못 미쳐 결국 신청하지 못했다.

전체 회의에서 약속한 대로 금요일 저녁부터 주말 내내 꼬박 관련 부서 부장교사들과 소통하며 미래학교 운영계획서를 직접 작성했다. 그리고 월요일 오후에 무사히 신청 공문을 시행하고 최종 선정되었다. 교원 동의율이 낮아 신청하지 못한 학교의 교장 선생님이 나중에 이 이야기를 듣고 한 말이 인상적이었다. "그럴 줄 알았으면 저도 제가 계획서랑 관련 업무를 다 한다고 할 걸 그랬나 봅니다."

그래도 현실적으로 교장이 모든 일을 다 하기는 어려웠다. 교장이 할 수 있는 일로 교사들을 최대한 지원했다. 나중에 전문성이 필요한 태블릿 기기 선정 등을 주관했던 부서의 부장교사의 이야기를 듣고 정말 미안하고 고마웠다. "교장 선생님이 일을 다 하신다고 했지만, 저도 담당부서라 일이 엄청나게 많아지리라고 생각했습니다. 그래도 저는 찬성에 투표했고 우리 학교가 최종 선정되기를 바랐습니다."

교사들이 교장의 새로운 일 제안을 무조건 반대하는 것은 아닌 듯하다. 교사에게 일을 떠넘기고 자신은 지시만 하기 때문에 같이 할 마음이 생기지 않는 것이다. 교장이 솔선수범해서 먼저 실무를 담당하며 교사를 지원할 때 교사들도 교장을 신뢰하여 마음을 담아 함께 일할 수 있다.

한 번에 다 이루려 하지 말자

전혀 하지 않는 것보다 시작이라도 하는 게 낫다. 시작이 반이라는 말이 지닌 힘이다. 처음부터 최종 목표를 한꺼번에 이루려 한다면 시작하기 어렵다. 학교 일도 그런 경우가 많다. 사업 목표를 두고 논쟁이 길어지면서 피로감은 커지고 일은 진척이 없다. 추진하는 사업의 특성에 따라 목표를 유연하게 조정해야 쉽게 시작할 수 있다.

2022년 1학기 중간고사 기간 무렵의 일이다. 중간고사를 과정중심평가로 하는 것에 대한 학부모의 불안감을 해소하고 설득하기 위해서는 수업을 중심에 둔 교육과정 설명회가 필요하다고 판단했다. 처음으로 시도하는 행사라 첫발을 내딛는 차원에서 접근할 필요가 있었다. 교육계획서에 없던 교육과정 설명회를 학기 중간에 제안하면서 미리 염두에 둔 것이 있다. 교육과정 설명회를 여는 취지는 우리 학교의 교육활동이 어떻게 진행되는지 구체적으로 보여 주는 것이 목표로, 모든 교사가 다 참여하지 않아도 충분히 보여 줄 수 있으며, 참여가 가능한 교사만 참여하는 것으로 진행하되, 대략 반 정도 교과가 참여하면 학부모들이 우리 학교의 일반적인 수업 모습이라고 받아들 수 있으리라고 생각했다.

학교에서 규모가 큰 새로운 행사를 준비하는 것은 매우 어렵다. 그래서 내년부터 적용하면 어떨까 하고 넘기는데, 그런 것 중 상당 부분은 그냥 스르륵 사라져 버리는 경우가 다반사다. 공립학교 특성인 짧은 주기의 인사 교체로 인한 폐해 중 하나이다.

사람이 바뀌면서 지속성과 안정성이 낮아진다. 이런 공립학교의 현실에서 작게나마 발걸음을 떼는 게 좋다. 이것이 징검다리에 놓이는 첫 번째 돌이 되어 결국 목표한 대로 강을 건너게 된다. 2022년에 전체 교사의 반 정도가 참여하며 시작한 교육과정 설명회는 지금도 이어지고 있다.

다수결이 늘 정답?

어떤 안건이든 그에 대한 사람들의 생각은 다양할 수밖에 없다. 사업을 구상할 때는 미리 최소한의 참여 범주와 결정 방식을 생각하고 이를 같이 제안할 필요가 있다. 부분적 참여로 충분한데 전체 투표로 결정하는 것은 형식 민주주의에 빠지는 우를 범하는 것이다. 당연히 일의 추진도 어려워진다. 투표 전에 찬반 논쟁이 심해지면서 일은 시작도 못 하고 회의만 하다 지쳐 버리기 일쑤이다. 혁신학교에서 '회의에 회의감이 든다'는 하소연이 나오는 이유이다.

앞서 언급한 학부모 대상 교육과정 설명회를 진행할 때도 의견이 분분했다. 중간에 만들어지는 행사에 대한 부담감이 가장 컸고, 열심히 수업하면 되지 설명회까지 해야 하냐는 볼멘소리도 일부 있었다. 하지만 행사의 취지상 모두가 참여하지 않아도 된다는 것을 전제로 했기 때문에 크게 반대할 명분은 없었다. 교사들도 대부분 참여 여부를 떠나 안 하는 것보다는 하는 게 더 좋다는 생각이었다. 굳이 설명회까지 할 필요가 있나 하는 생각에 대해서는 학부모도 교육의 중요한 한 주체이기 때문에, 교육전문가인 교원이 설명하고 설득할 때만 교육혁신의 길을 함께 갈 수 있다는 원칙을 강조했다.

행사를 제안하고 준비하며 놀랍고 감동했던 일이 있다. 평소 조용하고 차분하게 자신이 맡은 일을 하던 혁신부장교사가 행사 취지에 동의한다는 의견을 밝히고, 스스로 나서서 교사들에게 열심히 참여를 설득했다. 나중에야 알고 깜짝 놀랐다. 학교 변화에 필요한 일이면 마음으로 함께 하는 사람이 반드시 생기는 법이구나 재차 확신하게 되었다. 참여한 교사의 수는 절반 정도였다. 과정중심평가에서 자세히 소개하겠지만, 7월에 진행한 학부모 대상 교육과정 설명회는 대단히 성공적이었다.

비슷한 시기에 다른 학교들도 같은 이유로 교육과정 설명회를 제안했는데, 교원찬성률이 과반이 안 되어 진행하지 못했다. 심지어 한 학교는 전체 행사를 하려면 찬성률이 2/3를 넘어야 한다는 내부 규정 때문에 과반을 넘겼는데도 실행하지 못했다. 민주주의를 하고자 하는 근본적인 목표가 무엇인지, 무엇이 진짜 민주적인 방식인지 숙고할 일이다.

민주주의 사회에서 많이 활용되는 의사결정 수단인 다수결은 항상 가장 옳을까? 다수결에 대한 학계의 의견은 최선이 아닌 상대적인 차선이라는 것이다. 데이비드 흄은 민주(자유)주의 사회에서 '분배적 정의'가 성립하는 조건으로, "주장하는 사람이 사심이 없고 이지적으로나 감정적으로나 성숙한 시민적 도덕성의 원칙을 유지해야 한다"라고 했다.[6] 어떤 결정을 할 때 이러한 시민적 도덕성의 원칙을 유지한 시민이어야 정의로운 결정이 가능하다는 이야기다. 그의 의견에 대한 동의 여부를 떠나서 우리는 여러 경험상 흄의 지적을 일정 부분 인정할 수밖에 없다.

이어지는 이돈희 교수의 지적은 뼈아프다.

---

6. 「이돈희 교수 〈민주교육론〉(10)」 다수결의 절차적 결정력과 그 한계점」, 『에듀인뉴스』(2022. 12. 9).

사람들은 '다수결의 원칙'은 바로 공정성을 가장 확실하게 보장하는 탁월한 방법이고, 그렇게 하는 것이 민주적 절차로서 가장 충실한 것이라고도 생각한다. 그리고 때로는 다수결에 맡기면 어떤 부류의 사람들이 어떤 선택을 더욱 좋아하고 어떤 사람들이 그 선택을 더욱 싫어한다는 것을 알면서도 다수결에 맡기고 그 결과에는 이의 없이 복종하는 것이 보통이다. 그리하여 다수결은 결국 일종의 관습적 혹은 타성적 적응을 하는 모양새가 되고, 어떤 의미에서 그만큼 다른 대안을 거부하는 맹목적 방법이라고 할 수도 있다.

『에듀인뉴스』, 2022. 12. 9.

다수결의 함정이 아닐까 싶다. 다수에 의한 억압이라는 말이 주는 의미가 무엇인지 늘 성찰할 일이다.

사업을 제안할 때 교장은 사업 성격에 따라 적합한 의견 수렴 방식을 같이 제안해야 한다. 그래야 내부 혼란은 줄이면서 실제적이고 알차게 학교를 운영할 수 있다. 진짜 학교민주주의를 구현하는 길이다.

읍소가 필요한 일도 있다

필자는 교장 4년의 재임 기간 중 첫해인 2019년을 제외한 3년을 코로나와 함께한, 말 그대로 코로나 교장이었다. 코로나로 인한 어려움은 새삼 강조할 것도 없이 누구나 익히 잘 알고 있을 것이다. 학교 운영을 총괄하는 교장으로서 고민하고 결정할 것이 너무 많았다.

코로나 초기에는 학생은 물론 학부모도 학교에 오지 않는 것을 좋아했다. 학생은 긴 방학 같은 자유를 누릴 수 있어서, 학부모는 안전에 대한 불안감 때문이었다. 그러다 1학기가 지나면서 학부모도 학생도 학교에 오고 싶어 했다. 가정 돌봄이 약한 지역의 학생들은 학습은 물론이고 생활습관 유지와 끼니도 제대로 챙길 수 없는 심각한 상황이었다. 비대면 온라인수업은 대부분 학생에게 전혀 의미가 없었다.

코로나 시기에 학교의 역할과 기능은 다른 어느 때보다 새롭게 주목을 받았다. 벨기에 교육사회학자 얀 마스켈라인과 마틴 시몬스 교수는 저서 『학교를 변론하다』[7]에서 "학교를 학교답게 하는 것은 유예"라고 했다. 여기서 유예란, "한시적이나마 작동을 멈춘 상태로서 생산성 밖으로 나오는 것, 일상적 상황에서 풀려나 고양되는 것"이다.

> 이처럼 학교는 학생들의 사회적, 경제적, 문화적, 그리고 집안의 모든 규칙과 기대를 떨쳐낼 수 있는 시간이자 공간이다. 학교를 학교답게 하는 것은 이러한 규칙이 학생에게 부여하는 부담을 유예하는 것이다. 유예란 개인을 가족과 집단이라는 특정 사회계급에 따라 나누는 규칙을 비롯하여, 공동주택 단지의 아동이나 여타 특정 환경에 속한 아동이 수학에 흥미가 없는 이유라든지 … 제조업자의 아이는 대체로 요리 수업을 안 받는 경향이 있다고 설명하는 방식에 대한 유예이다. 다만 학교의 유예 시간에 아이는 비로소 학생이 되고, 어른은 비로소 교사가 되며, 사회에서 필요한 지식과 기술은 교과 내용이 된다. 바로 유예와 자유시간을 통해서 스콜라스틱 교육은 평등과 관련되게 되는 것이다. p. 56

학교는 특정한 '중력'에 따른 학생 구별을 거부하는데, 이는

---

7. 얀 마스켈라인·마틴 시몬스(2013), 『학교를 변론하다』, 윤선인 옮김(2020), 살림터.

학교가 지나치게 순진한 나머지 중력의 존재를 부정하기 때문이 아니다. 다만 학교는 일종의 진공상태와 같은 공간으로서, 학생은 그 안에서 연습하고 발전할 시간을 갖게 된다. 수많은 영화에 등장하는 학교, 교사, 학생에 대한 '성공담'은 학교가 하는 일이란 실질적인 평등을 전제한다는 점을 말하고 있다.p. 102

2020년 1학기를 지나면서 코로나로 인해 학교에 오지 못한 학생들의 학습과 생활 문제가 심각하다는 것이 드러났다. 코로나 사태를 통해 명확히 밝혀진 것처럼 학교는 학습뿐만 아니라 돌봄 기관의 역할도 겸하고 있었다. 다행히 코로나 상황은 안정적인 사회적 대응으로 불안감이 많이 낮아지고 있었다. 더는 이대로 학생들을 내버려 둘 수 없다는 절박한 마음이었다. 이것은 교장 혼자만의 생각은 아니었다. 학생들이 짧게라도 학교에 매일 나올 필요에 대한 공감대가 교사들 사이에서도 일부 생겨나고 있었다.

2020년 2기를 시작하며 학생들을 이대로 계속 학교 밖에 '방치'할 수는 없다고 생각하면서, 학생들의 안전과 관련된 학생 등교 문제가 교원들이 다수결로 결정할 일인가에 대해 깊은 회의감이 들었다.

가을 무렵, 전교직원 회의를 열어 정식으로 2부제 수업을 제안했다. 그리고 투표에 부치지 않고 교사들에게 간곡하게 읍소했다. 짧게라도 학교에서 대면으로 만나 안전을 확인하며 공부하고 점심 급식을 하는 것이 온라인수업보다 더 교육적이라 판단했다. 1부 학년은 오전에 25분씩 수업하고 점심 먹은 후 하교, 2부 학년은 점심시간에 등교해서 점심을 먹은 후 25분씩 수업하고 하교하는 안이었다. 회의 시간에 먼저 제안자로서 제안 배경을 설명했다. 그리고 다수결로 결정하지 않았으면 좋겠다, 코로나도 초기에 비해 위험한 상황이 아니라는 것이 상당 부분 밝혀졌고, 학교 방역도 철저하게 하고 있으니 학생들이 짧게라도 등교할 수 있도록 하자, 학생들 상태가 너무 심각하다, 이제는 학교도 병원처럼 필수시설로 인식해야 할 필요가 있다, 집에 남편과 딸은 계속 정상 출근하고 있는데 별문제 없다, 이렇게 간곡하게 설득하고 읍소했다. 생각이 같은 몇몇 교사도 울먹이며 마음을 담아 같이 설득했다. 이미 몇몇 학교에서는 2부제 수업을 선도적으로 시행하고 있는 중이었다.

2부제 등교를 방역 문제로 반대하는 의견이 더 많았다. 전염병에 불안을 느끼는 정도가 사람마다 다른 것은 어쩔 수 없다. 하지만 학교는 어린 학생들의 성장을 지원해야 할 책임이 부여된 공공재이다. 무엇보다 학생들의 안전과 성장을 가장 중요한 기준으로 삼아 판단해야 할 일이었다. 방역 문제를 고려하되 학생들에게 발생할 여러 문제에 선제적으로 적극 대응하기 위해 등교가 필요하다고 설득했다. 힘든 과정이었지만 토론 끝에 2부제 수업을 하기로 투표 없이 뜻을 모았다.

2부제 수업은 예상대로 정상 등교 때에 비해 어려움이 많았다. 그래도 학생들은 매일 등교해서 친구들을 만나고 짧지만 대면 수업을 하고 제대로 된 점심도 먹었다. 운영 기간 중 정부가 결정하는 등교중지 상황이 자주 생겨서 아쉬웠지만 코로나 상황에서도 할 수 있는 최선을 다했다. 겨울방학에 들어가면서 2부제 수업은 끝났다.

2021년부터는 교육청 지침으로 전교생 400명 내외의 학교는 학교공동체의 선택으로 전면 등교를 할 수 있었다. 오류중학교는 구성원 모두 전면 등교에 전혀 이견이 없었고, 2021년 3월 개학부터 전면 등교를 했다. 학생들은 코로나 3년 기간 중 2년을 정상적으로 전면 등교할 수 있었다. 서울에서 오류중학교보다 학생 수가 적은 학교도 2021년 3월부터 전면 등교한 경우는 많지 않았다. 오류중학교는 2020년 2학기 2부제 등교 논의를 하면서 등교 수업의 필요성을 이미 고심한 경험이 있어서 가능한 일이었다고 생각한다. 코로나19가 지나간 현재 많은 학교가 코로나 후유증으로 너무나 어려운 상황을 겪고 있다. 만약 모든 학교가 좀 더 적극적으로 코로나에 대응했다면 코로나 후유증을 최소화할 수 있지 않았을까?

어떤 일을 결정할 때 다수결이 항상 가장 좋은 선택 방식은 아니다. 안건의 성격에 따라 설득과 간곡한 읍소가 필요한 일도 있다.

때론 쓴소리도 필요하다

사람은 누구나 실수를 할 수 있다. 다양한 교직원이 근무하는 학교에서도 여러 가지 일이 벌어진다. 작게는 지각을 하는 경우부터 크게는 학교 예산을 사적으로 유용하거나 횡령하는 일까지 발생한다. 예산은 워낙 사용 항목이 많고 복잡해서 교장은 물론 행정실장도 하나하나의 항목이 제대로 잘 쓰였는지 뭔가 오류가 있는지 찾아내기가 쉽지 않다.

10여 년 전 서울의 한 중학교에서 행정실 직원이 교직원의 4대 보험료 일부를 떼어 횡령하는 사건이 발생했다. 월급을 수령할 때 급여에서 인출한 보험료와 실제 보험공단에 입금된 액수를 확인하는 사람은 거의 없다. 이 사건은 기간제 교사들에게 더 많은 액수의 피해를 입혔다. 기간제 교사의 이야기를 듣던 정규 교사가 뭔가 이상하다는 생각이 들어 자신의 보험료 납부액을 확인해 보면서 사건이 밝혀졌다. 해당 직원은 법적인 조치를 받았다.

코로나 시기에 임시 인력을 포함하여 부서별 협의회비를 책정했다. 협의회비가 큰 액수는 아니었지만 한 교사가 혼자서 임시 직원의 몫까지 사용한 사실을 뒤늦게 우연히 알게 되었다. 먼저 임시 직원을 따로 불러 확인해 보니 협의회를 같이 한 적이 없다고 했다. 교육청과 협의한 후 해당 교사에게 협의회비 환불 조치를 하고, 공금 유용의 잘못을 물어 정식으로 학교장 경고 조치를 했다.

징계까지는 아니더라도 학교 운영 과정에서 쓴소리가 필요한 경우가 종종 발생한다. 불편한 상황이 발생할 것을 우려하여 소극적으로 대처하면 학교에 건전하고 정의로운 문화가 조성되기 어려운 것은 물론 교장의 리더십이 신뢰를 잃는다. 코로나 시기에 교사는 온라인수업으로 매우 바빴다. 하지만 수업을 직접 하지 않는 여타 교직원들은 학교에 학생들이 없어서 상대적으로 한가롭고 여유가 있었다. 이런 상태가 길어지면 자칫 학교공동체가 흔들릴 수도 있어서 적절한 조치가 필요하다. 상담실은 전화상담이나 가정방문 등을 진행하고, 도서관은 가정에서 혼자 온라인수업을 하기 어려운 학생이 와서 공부하도록 개방할 수 있다. 급식실은 다음에 소개할 사례처럼 급식 식단을 연구하는 기회로 활용할 수 있다. 스스로 알아서 해 주면 더할 나위 없이 고마운 일이다. 그렇지 않을 때는 교장은 관심을 가지고 업무 담당자와 협의하고 격려해서 위기를 기회로 전환할 수 있도록 적절하게 촉진해야 한다.

학교는 업무 특성상 중간에 별도의 휴게시간이 없다. 학교에 있는 8시간을 연속해서 근무시간으로 인정한다. 교사들이 다른 직장인보다 일찍 퇴근하는 이유이다. 공무직원은 중간에 1시간 휴게시간을 부여하는 것이 원칙인데, 현실적으로 어려워서 휴게시간을 뒤로 배치하여 근무시간을 유연하게 운영하고 있다. 그래서 공무직원도 교사와 똑같이 8시간 근무하고 퇴근한다. 결국 학교의 모든 교직원은 점심시간이 별도로 주어지지 않는다. 잠시 식사하고 업무의 연속인 상황이다. 학생은 교직원과 다르다. 점심시간은 정규 교육과정에 포함되지 않는 시간이다. 점심을 먹고 모처럼 긴 휴식을 할 수 있는 시간이다. 많은 학생이 운동장에서 놀거나 도서관, 상담실, 보건실, 복지실 등을 찾게 된다. 교직원에게 점심시간이 따로 없는 이유이다.

코로나 2년 차인 2021년 오류중학교는 전면 등교를 실시했다. 그런데 점심시간에 도서관, 상담실, 보건실, 복지실 교직원들이 학생들이 등교하지 않던 2020년에 하던 대로 운동장 산보를 길게 했다. 학생들이 등교하니 점심시간에 자리를 지켜 달라고 미리 주의를 줬는데, 어느 날 급식 지도 후 도서관에 가 보았더니 학생들만 있었다. 책을 빌리려고 하는데 선생님이 안 오셔서 기다렸고 수업 예비종이 울릴 때까지 기다려도 안 오신다며 난감해했다. 바로 전화를 걸어 빨리 자리로 돌아오라고 지시하고 기다렸다가 재차 주의를 줬다. 이후 관리자의 눈치를 살피는 게 보였다. 필요한 눈치이다. 덕분에 학생들은 점심시간에 더 많은 곳에서 더 많은 활동을 편하게 할 수 있게 된다.

관리자의 자리는 평소 학교 운영과 교육활동에서 막힌 부분이 어디인지 세심하게 살피고 필요하면 쓴소리도 해야 하는 위치이다. 그 과정에서 때론 욕을 먹기도 한다. 모든 사람에게 좋은 사람이라는 평판을 듣고 싶다면, 관리자의 자리는 적합하지 않다.

원격수업 중 교직원 급식으로, 학교공동체가 강화되다

2020년 초유의 코로나 사태로 학교는 모든 것을 새롭게 생각해야 했다. 학생들은 등교하지 않았지만 교직원은 일부 재택근무를 제외하고 대부분 온라인수업을 위해 출근했다. 급식실 종사자 노조는 "급식은 학생들의 교육활동을 위한 것이라 학생들이 없는 상태에서는 급식실을 운영할 수 없다"라고 했다. 더 이해하기 어려운 점은 공무직 노조에서 급식실 종사자가 대체업무를 한다는 조건으로 정상 근무를 선택한 것이다. 학생들이 나오지 않는 학교에서 급식실 직원이 계속 대체할 업무는 거의 없었다. 며칠 청소를 하고 풀을 조금 뽑고 나니 서로 난감한 상황이 되었다.

출근하는 교직원을 위한 점심 급식을 제안하고자 영양사와 면담을 했다. 고맙게도 교장의 제안에 급식실 직원들도 급식을 만드는 게 더 좋다고 화답했다. 그렇게 시작된 교직원을 위한 점심 급식은 놀라웠다. 인원이 적어 급식단가가 6,130원에서 6,500원으로 조금 올랐지만 사먹는 것과는 비교할 수조차 없었다. 급식의 질은 평소 급식보다 훨씬 더 좋아졌다. 영양사는 급식 인원이 적은 상태라 "그간 대량일 때는 엄두를 낼 수 없었던 것들, 생새우 튀김, 수제 돈가스, 직접 갈아 만든 녹두전이나 감자전 등을 마음껏 시도해 볼 수 있어서 정말 좋습니다"라고 했다. 이 기회에 다양한 급식 메뉴를 개발하고 싶다는 영양사의 말에 말로 표현할 수 없을 정도로 고마운 마음이 들었다.

반면 인근 학교에서는 간편식 제공으로 급식의 질이 크게 저하되어 불만이 커서 급식 희망 교직원이 크게 줄었다. 학생들이 3분의 1씩 등교를 시작한 후에도 두 학교의 이 같은 현상은 계속 이어졌다. 오류중학교는 인원이 적어진 상황에서 교직원만을 위한 급식 시기에 시도했던 메뉴를 학생 급식에도 반영했다. 급식 만족도는 전보다 오히려 더 높아졌다. 인근 학교는 학생들이 반도 넘게 급식을 먹지 않는 사태가 발생했다.

똑같은 위기 상황이지만 상황을 어떻게 인식하고 대응하는가에 따라 결과는 발전과 퇴보로 판이하게 달라진다. 오류중학교 급식실은 위기를 기회로 만들고, 미래 사회의 변화에 유연하게 대응하는 문제 해결 능력을 보여 주었다. 이러한 능력은 앞으로 점점 더 빠르게 변하는 불확실성의 미래 사회에 필요한 중요한 미래역량이다.

앞으로 코로나19와 같은 상황이 더 짧은 주기로 반복될 거라는 예측이 나온다. 21대 국회에서 교사 출신 강민정 의원은 코로나 시기 점심 급식 논쟁을 보며 2020년 7월 급식법 일부 개정안을 대표 발의했다. 아래 내용은 2020년 9월에 있었던 급식법 일부개정 토론회에서 필자가 주장한 토론문 일부이다.[8]

> 학교에서 이루어지는 교직원들의 모든 업무와 활동은 학생들의 교육을 위해 수행하는 교육과정과 관련됩니다. 학생들이 없는 상황이라도 교직원이 출근하여 수행하는 모든 일은 시간 차가 날 수는 있지만 결국 학생들의 교육에 직접적으로 영향을 주게 됩니다. 그러므로 학생들의 성장을 위한 교육과정을 (온라인으로) 수행하는 교직원들을 위한 급식 제공은 조리종사자들이 주장하는 '학생들의 교육을 위하는 목적'에도 부합하는 것입니다.

교직원들 모두가 출근하는 상황에서 학생들이 없어서 급식을 만들수 없다는 논리는 급식실의 존재 기반 자체를 흔드는 생각이다. 수업의 형태가 온라인으로 바뀌었을 뿐 교사는 학생들을 위한 교육과정을 진행하고 있었기 때문이다. 코로나처럼 예상치 못한 심각한 문제가 발생

---

8. 「교사는 교육과정… 학교 급식 대상 교직원까지 확대는 당연」, 『에듀프레스』(2020. 9. 22).

하는 상황에서, 학교공동체 관점에서 발전적인 자세로 문제를 해결할 수 있도록 노력해야 한다.

학교 인사 기준은 '학생 교육'이 우선이어야

혁신학교 실천 과정에서 교사 연구자의 필요성을 느껴 대학원에 진학했다. 박사 논문을 제대로 작성하고 싶어서 2017년 1년간 연수휴직을 결정했다. 학교 일과 연구 두 가지 일을 동시에 제대로 수행하기 어렵다고 판단하여 내린 결단이었다. 논문 작성에 생각보다 시간이 많이 필요해서 2018년 1학기까지 연수휴직을 연장하기로 하고 미리 근무학교에 알렸다.

학교는 이런 상황을 인사 작업 전에 미리 알았는데도, 필자의 휴직 자리에 1학기만 근무하는 기간제 교사에게 1학년 담임을 배정했다. 그래서 2학기에 복직하면서 필자는 그 반의 담임을 이어서 맡게 되었다. 중간에 그것도 신입생인 1학년의 담임이 바뀌는 상황은 학생과 교사 모두에게 힘든 일이다. 그래서 학기 중의 중간담임교체는 담임교사에게 불가피한 상황이 발생하거나, 인사 때 담임을 맡을 교사가 전혀 없을 때 이외에는 피하는 게 상식이다.

담임이 가능한 교사들이 있었는데도 처음부터 중간담임교체로 인사 조치한 것은, 학생보다 비담임 희망 교사들의 입장을 우선 고려한 것이다. 학생에게 비교육적인 조치라 생각되어 2월 인사 단계에서 이런 의견을 전했으나 휴직자의 의견이라 그랬는지 받아들여지지 않았다.

더욱 당혹스러운 것은 1학기에 담임을 맡았던 기간제 교사가 학생들에게 아무런 인사나 설명도 없이 그냥 사라졌다는 사실이다. 2학기 개학 당일, 처음 보는 낯선 교사로 갑자기 담임교사가 바뀌었다는 사실을 알게 되는 상황은 모두에게 최악이었다. 기간제 교사에게 사전에 인수인계차 전화 통화를 하면서 '그러면 안 된다, 아이들이 느낄 상실감과 배신감을 생각하시라, 아이들이 마음을 준비할 시간이 필요하다'고 간곡히 설득했지만, 끝내 아무 말 없이 떠나고 말았다.

이 상황 또한 관리자가 책임을 방기한 일이라 생각한다. 학교는 이런 상황을 미리 알고 있었다. 교육 경력이 적지 않은 기간제 교사가 개인적인 민망함 때문에 학생들이 입을 상처와 상실감을 배려하지 않는 것은 이해하기 어렵다. 더구나 이런 상황을 미리 알고도 그대로 방치한 관리자의 책임 또한 크다.

필자는 이렇게 2학기 개학일에 새 담임이 되어 반 학생들과 만나게 되었다. '1학기 담임선생님이 갑자기 일이 생겨서 어쩔 수 없었다'고 여러 차례 대신 설명했다. 그런데도 학생들은 "우리 선생님 진짜로 가신 건가요? 어디로 가신 건가요? 무슨 일이 있으신 건가요?"라는 같은 물음을 반복했다. 한 달이 넘어서야 겨우 현실을 받아들이는 듯했다. 새 담임교사로서 난감한 정도를 넘어 학생들에게 서운한 마음마저 들었다. 그럴수록 이 상황을 만든 관리자와 1학기 담임교사에게 화가 났다.

새로 담임을 맡은 2018년 2학기는 필자도 학생들도 너무나 힘든 시간이었다. 1학기부터 해당 반이 1학년 중에 가장 힘든 반이었다고 들었다. 2학기 담임을 맡고 두 달째가 되던 어느 날 울고 있던 여학생과 상담하는 과정에서 1학기부터 상습적으로 있었던 폭력 문제가 발견되어 조사를 시작했다. 고구마 줄기를 캐듯이 여러 반에 걸쳐 연관된 일들이 꼬리에 꼬리를 물고 발견되었다. 결국 학폭위를 거쳐 2명의 학생이 다른 층에 있는 다른 반으로 전반 조치되면서 두 달여 만에 사건은 표면적으로 마무리되었다.

1학년은 분위기나 성적 등 모든 면에서 반별 편차가 매우 크다. 그래도 힘든 학생이 많은 반도 3월부터 담임교사와 꾸준히 호흡을 맞추다 보면 보통 2~3개월이 지나면 서로를 알게 되어 큰 갈등 상황 없이 1년을 잘 지나는 경우가 대부분이다. 이런 효과가 상실되는 중간담임교체는 그래서 학생과 후임 교사 모두에게 힘든 상황이 생길 확률이 훨씬 높고 비교육적이다.

2학기에 나타난 일련의 상황을 보면서 중간에 담임이 교체되지 않고 1년을 바라보며 차분하게 학급을 운영했다면 이 정도로 문제가 심각해졌을까 하는 생각을 떨칠 수 없었다.

관리자가 교사와의 갈등을 피하기 위해 행정적인 편리함을 이용해서는 안 되는 사례가 이런 경우이다. 손쉽게 담임교체라는 행정적인 처리로 학생들의 2학기 생활을 불안정하게 만들었다고 할 수 있다. 오류중학교에 교장으로 근무하는 4년 동안 이런 상황은 우선적으로 배제하고 인사하는 것을 원칙으로 삼았다. 예정된 휴·복직 상황에서 중간담임교체는 한 번도 없었다.

교장은 인사를 결정하는 최종 결재자이다. 최종 결정권자로서 '인사가 만사'라는 말을 잘 새겨야 한다. 특히 학생들의 학교생활에 큰 영향을 주는 담임교사 배정은 교육적 원칙을 기준으로 신중하게 판단하여 대응할 일이다. 관리자는 의견이 분분한 상황일수록 중심을 잘 잡고 올바른 판단을 내릴 수 있어야 한다. 교육기관인 학교에서 올바른 판단의 기준은 '교육적인 것인가'이다.

예산과 함께 최대한 지원하는 교원학습공동체

오류중학교는 혁신학교를 시작한 2011년부터 교사학습공동체를 활발하게 운영해 왔다. 혁신학교 처음 2년간은 모든 교사가 1년에 1회 수업 공개를 하는 것이 원칙이었다. 월 1회는 방과 후에 한 반을 남겨 제안수업을 하고 전체 교사가 손우정 교수의 컨설팅으로 수업협의회를 진행했다. 혁신학교 4년 차부터는 희망 교사들이 모여 수업연구를 위한 오류중 수업혁신 동아리인 '오혁동'을 별도로 만들어 추가로 운영했다.

현재도 모든 교사가 각자 1년에 1주일 정도씩 돌아가며 일상 수업을 공개하고 있다. 공개수업 참관은 누구라도 자유롭게 할 수 있다. 별도의 수업 교환 없이 참관할 수 있도록 수업 공개 기간을 1주일 정도로 정했다. 코로나 기간에도 수업 공개는 계속되었다. 학교 교사는 물론 외부 교사와 학부모에게 공개하는 행사도 진행했다. 교실과 수업은 개인의 영역이 아니라 함께 연구하고 학습하는 공공재가 되고 있다.

수업연구회 이외에도 평가연구동아리, 독서동아리, 밴드동아리, 뮤지컬동아리 등이 운영되고 있다. 교사 공연동아리는 연말에 학생동아리 발표회 때 교사팀으로 참여한다. 교사 뮤지컬동아리는 연말에 별도로 공연을 하기도 한다. 관람하는 학생들의 반응이 굉장히 뜨겁다. 교사들은 다양한 동아리를 하는 과정에서 서로 소통하고 배우며 함께하는 학습공동체를 만들어 가고 있다.

학교는 예산이 허용하는 범위에서 교사학습동아리를 전폭적으로 지원하고 있다. 학교 예산으로 부족하거나 집행이 적절치 않은 경우, 교장 직책급 업무추진비를 현금으로 찾아 지원하기도 했다. 교장 직책급 업무추진비는 교장이 아니면 잘 모르는 경우가 많다. 교장은 매월 1일 통장으로 직책급 업무추진비가 입금된다. 월정액으로 지급되는 경비로서 '기관 간 섭외, 내부 직원의 격려, 기타 직무 관련 소규모 지출 등 직책 수행을 위한 경비'이다. 교육부 기준에 의해 12학급을 기준으로 월 25만

원이며 1학급이 초과될 때마다 3천 원을 가산하여 지급된다. 특수학급까지 17학급일 때 매월 1일이면 26만 5,000원이 통장에 입금되었다. 이것을 취지에 맞게 쓰자는 생각에서 학교 예산으로 어려운 경우에는 직책급 업무추진비를 활용해 최대한 지원했다.

학습공동체뿐 아니라 교사들이 학생들과 체험학습을 가는 경우엔 식사비에 보태라고 지원하고, 담임교사가 주말에 담임 반 학생들을 데리고 활동할 때도 학생들의 간식비를 지원했다. 너무 부담되시는 거 아니냐며 교사가 걱정하면 '직책급 업무추진비'를 별도로 받고 있어서 사비가 아니니 걱정하지 말라고 했다. 사비를 보태도 아깝지 않겠지만, 최소한 직책급 업무추진비는 취지에 맞게 사용하는 것이 올바른 예산 집행이 아닐까 생각한다.

행정직원도 학생들에게 모두 교사입니다

학교에서 행정실과 행정전담 직원의 역할은 매우 중요하다. 교사가 교육활동을 하려면 예산이나 행정적인 처리가 동반되기 때문이다. 학생들과의 접점도 적지 않다. 예를 들어 화장실 청소, 교실시설 수리, 학교시설 관리 등 많은 부분에서 행정직원들은 학생 생활에 영향을 주고 있다. 그러므로 교원은 물론이고 학교에 있는 행정직원들 또한 학생 교육에 많은 영향을 미치는 교사이다.

2019년 교장으로 근무를 시작하면서 행정직원과의 만남에서 이러한 이야기를 하면서 교사라는 마음으로 함께하자고 부탁했다. 대부분 학교는 새 학년도를 시작할 때 전체 학생과 교직원이 인사하는 자리를 마련한다. 이때 행정직원은 대체로 행정실장 정도만 대표로 소개한다. 오류중학교는 2019년 3월 개학식을 겸한 전체 조회에서 교사와 함께 행정직원 모두를 소개했다. 우리 학교가 잘 운영될 수 있도록 지원하는 선생님들이라고 전체 학생에게 소개했다. 행정실 직원을 비롯해 시설 및 청소 담당 직원, 영양사와 조리사, 도서실 사서, 사회복지사, 상담사, 배움터지킴이까지 한 명도 빠짐없이 학생들에게 소개하고 짧은 인사 말씀도 부탁드렸다. 학생들에게는 "교사 외에도 이렇게 많은 분들이 여러분의 교육활동을 위해 노력하고 계신다"라고 소개했다. 학생들에게는 행정직원의 역할과 존재를 새롭게 인식하는 좋은 시간이었고, 행정직원들 또한 낯설어하면서도 자신들까지 중요한 사람으로 소개해 준 것에 고맙다는 마음을 표현했다. 서로가 학교공동체 구성원임을 인식하는 소중한 시간이었다. 코로나 때는 대면 소개가 어려운 상황이라 방송으로 전체 교직원 명단과 역할을 소개했다.

교장은 교사들과는 교육과정이나 교육활동으로 자연스럽게 만나게 되어 이야기를 나눌 기회가 많다. 상대적으로 행정직원들과는 행정적인 업무에 대해서만 건조한 분위기에서 이야기하는 경우가 대부분이다. 이런 점을 고려하여 간담회를 겸한 식사나 만남의 자리를 만들어서 대화를 나눌 필요가 있다. 특히 홀로 근무하는 직원들인 사회복지사, 상담사, 도서관 사서 등은 관심을 기울여 교육활동은 물론 근무환경을 살펴서 지원해야 한다.

교사와 학생은 물론 학교 행정직원의 어려움도 살피고 지원해야 학교 운영이 원활해지고, 교육활동도 풍성해진다.

교장도 교육 동료로

교장의 일은 '하기 나름'이라서 마음만 먹으면 할 일이 무궁무진하다. 교장이 먼저 직책에 걸맞은 자질을 갖춰야 하는 것은 당연한 전제 조건이다. 그런데 교장도 학교의 다른 구성원처럼 학교문화에 따라 영향을 받는 사회적 존재이다. 학교의 모든 결과에 대한 최종 책임을 지는 자리인 만큼 교장이 느끼는 심적인 부담도 적지 않다. 우리나라 현실에서 어떻게 하면 교장이 소신껏 일할 수 있을까를 학교 구성원도 함께 고민하고 제언해 주길 바라는 마음이다. 좋은 교장을 넘어 훌륭한 교장상을 함께 만들어 갔으면 싶다.

2019년 2월 말 부임을 앞두고, 부장교사들과 새 학기 준비 워크숍을 마치고 식당에서 식사하는 첫 만남의 자리를 가졌다. 교사일 때부터 봐 왔던 대로 식사 자리는 교장 자리에서 먼 곳부터 채워졌다. "가까이 앉으세요. 제가 '호환마마'도 아닌데 왜 다들 떨어져 앉으시나요?"라며 웃으면서 농을 했지만 당혹스럽고 난감한 마음이었다. 본인들이 뽑은 공모교장이고 구면인 교사들도 있었는데, 교장을 대하는 모습이 승진교장과 별로 다르지 않았다. 아마 그래서 교장이 '외로운 자리'라는 말이 도나 싶다.

교사들의 자율성이 높은 지역에서는 홀로 있는 교장의 모습이 상대적으로 더 크게 보인다. 교장이 교사들의 눈치를 보며 고립을 선택하는 측면이 나타나기 때문이다. 소신껏 무언가를 하려고 해도 교사들의 '눈치'를 살피느라 아예 시도조차 안 하고 포기하기도 한다. 다음 장에서 말할 주차장 문제가 대표적인 경우이다.

물론 이런 현상은 교장실 문을 닫고 지내는 교장의 책임이 더 크고 먼저라 하겠다. 교장도 교장실 문턱을 낮추고 교장실을 개방하는 노력을 기울여야 한다. 또한 학습하는 조직인 학교의 리더로서 학습하는 교장이 될 수 있도록 노력해야 한다. 교사들과 학습공동체를 같이 해도 좋고 지역 교장들과 학습공동체를 운영하는 것도 좋은 방안이다.

서울시교육청은 2021년부터 희망하는 경우 교장학습공동체를 운영하는 정책을 시행하고 있다. 필자도 2년간 지역의 교장 선생님들과 함께하는 교장학습공동체 운영을 주관했다. 필요한 도서를 구입해 같이 공부하고 선진 학교도 탐방하면서 식견을 넓혀 학교교육에 환류될 수 있도록 노력했다.

공모교장을 필두로 '일하는 교장상', '민주적 리더십을 갖춘 교장상'이 새롭게 만들어지고 점차 확산되어야 할 시점이다. 그간 교장의 자질에서 비롯된 측면이 크겠지만, 교사들도 교장상에 대한 기존의 부정적 선입견을 잠시 유보하고, 교육 동료로서 민주적 리더십을 갖춘 교장상을 만드는 데 열린 마음으로 함께할 수 있기를 희망한다.

학교의 진짜 주인은 학생

학교의 존재 이유는 학생이다. 그래서 교장 재임 기간 내내 학생이 내용적으로 학교 운영의 주체가 되어야 한다는 관점을 유지하려고 애썼다. 학교의 모든 일을 계획할 때 학생이 중심에 있는지, 주체로 참여하는 방법인지를 기준으로 검토했다. 뒤에 소개할 학생 주도 교육과정과 수업, 학생회가 제안한 운동회, 복도 벽 새로 칠하기 프로젝트 등은 '학교의 주인은 학생'이라는 핵심 관점이 관통하고 있다. 이런 관점에서 3주체가 같이 결정해야 할 안건이 있을 때는 학생 의견을 학부모, 교사의 의견보다 더 많이 반영한다. 그래서 학생들의 반대 의견이 높아 교장이 추진하던 중요한 일이 부결된 경우도 생겼다.

학교의 주인은 누구일까요?

교장이 되면 각종 행사에서 인사말을 하는 경우가 많다. 행사 성격에 맞게 인사말을 준비하고 행사 시간을 맞추기 위해 시간을 재면서 미리 읽어 본다. 인사말은 당연히 직접 작성한다. 혹시나 예민하게 받아들여질 수 있는 이야기일까 싶을 때는 담당 교사와 상의하여 검토를 거친다.

학생 대상으로 인사말을 하는 경우도 많다. 2000년대 초반까지도 운동장 조회가 있었다. 이때 가장 지루하고 힘든 시간이 교장 선생님의 끝나지 않을 것 같은 지루한 훈화였다. 날씨가 더울 때는 몸이 약한 학생들이 여러 명 쓰러지고 나서야 조회가 끝났다. 당시 훈화하던 그분들은 자신의 훈화가 학생들에게 교육적 효과가 있을 거라 믿었는지 궁금하다. 학생 때를 떠올리면 지금 생각해도 괴로운 시간이었다.

교장이 된 후 인사말은 꼭 필요한 경우에만 짧게 하자고 생각했다. 아무리 길어도 5분을 넘기지 말자고 생각하고 인사말을 준비했다. 예외적으로 입학식이나 졸업식은 10분 정도로 준비했다. 청소년 시절의 인생길에서 굉장히 의미가 큰 사건이라 진지한 이야기 하나 정도는 나누고 싶었다. 그리고 항상 가장 강조했던 주인의식을 학생들이 기억하는 듯해서 기뻤다.

중학교 생활 첫날 입학식에서 교장이 환영 인사를 하게 된다. "학교의 주인은 누구일까요?"라는 주제로 메시지가 잘 전달되길 바라면서 10분 정도의 피피티를 준비했다. 신입생의 대답은 "교장 선생님? 교육청? 국가?" 등으로 다양하고 귀엽다. 정답이 따로 있는 것이 아니니 원하는 답이 나올 때까지 기다리자는 작전이다. 교장 선생님의 반응을 살피던 몇몇 학생은 "우리들? 학생들?"이라고 답을 한다. 내가 바라던 정답이다. 맞는다며 크게 화답해 주었다.

입학식이나 졸업식은 학부모와 교사도 같이 있는 자리이다. 이 질문은 학교 3주체 모두에게 던지는 것이기도 하다. 이후에도 학생들과 만나는 기회가 있을 때마다 주인의식을 계속 강조했다. 몇 번 이야기를 들은 학생들은 "학교의 주인은 누구일까요?"라고 하면 이전보다 훨씬 빨리 "우리들!", "학생들!"이라고 대답하게 되었다.

학교의 존재 이유는 학생이기 때문에 모든 학교 운영에서 학생이 주체가 될 수 있도록 기회가 있을 때마다 주지시키고 강조했다.

교장쌤~ 교장실에서 회의해도 되나요?

외부로 출장을 가려는데 학생에게 전화가 왔다. 학생 쉼터인 트리하우스 만들기 프로젝트에 참여하는 1학년 학생이었다. 교장이 주관하는 프로젝트라 참여 학생들과 회의를 자주 했는데, 교장실 또는 교장실을 반으로 나눠 만든 회의실에서 주로 했다. 이날은 학생들끼리 하는 회의였는데 교장실을 빌려 쓰고 싶다고 했다. 출장을 가야 하는 상황이라 대신 옆에 있는 다른 장소를 사용하도록 했다.

[그림 4] 학생의 문자 메시지

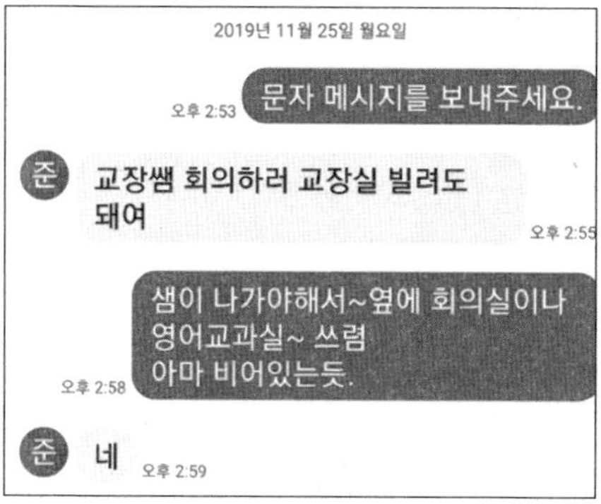

2019년 11월 25일 월요일

오후 2:53 문자 메시지를 보내주세요.

준 교장쌤 회의하러 교장실 빌려도
돼여
오후 2:55

샘이 나가야해서~옆에 회의실이나
영어교과실~ 쓰렴
오후 2:58 아마 비어있는듯.

준 네 오후 2:59

교장을 하면서 들을 때마다 기분 좋았던 이야기가 있다. "우리 학교 교사들과 학생들이 가장 편하게 생각하고 드나드는 곳이 교장실이에요." 외부 손님이 오면 교무부장교사가 자랑하듯 건네는 말이다. 아마 모든 교사와 학생이 그렇게 생각하지는 않았을 거다. 다만 기존의 권위적인 교장실 모습에 비하면 학생이나 교사 모두 문턱이 크게 낮아졌다고 느낀 것은 분명하다. 교장실을 반 나눠 만든 회의실은 회의 장소로 가장 많이 쓰이는 곳이다. 회의가 겹치면 교장실을 회의 장소로 사용할 때도 종종 있었다.

2019년 교장으로 부임하고 나서 교장실에서 가장 먼저 바꾼 것이 교장실 창문이었다. 안이 전혀 보이지 않는 출입문 불투명 유리를 교체해서 교장실 안의 상황을 바로 알 수 있도록 했다. 보통 학교의 교장실은 볼일이 있으면 행정실을 거쳐서 허락을 구하고 들어오곤 한다. 사전 약속 없이 갑자기 찾아오는 손님이면 모를까 모두가 번거로운 일이었다. 교장으로 부임하여 바로 '열린 교장실'을 운영하겠다는 전체 메시지를 보내고, 냉난방기를 켜는 한겨울이나 여름철을 빼고는 늘 교장실 문을 활짝 열어 놓고 생활했다.

교장실 문턱을 낮추는 것과 함께 교장실을 편안한 분위기로 바꾸고 싶었다. 부임 초기에 매일 아침 행정실 직원이 커피포트에 물을 가득 채워서 끓여 놓았다. 그때까지 계속 그렇게 해 왔다고 한다. 교장실에 정수기가 따로 없기도 하고, 행정실이 교장실의 부속실처럼 기능하던 기존의 권위적인 문화가 여전히 남아 있었다. 필자는 필요한 만큼 행정실에서 가져다 사용할 테니 행정실에서 물까지 신경 쓰지 말라고 했다. 나중에 교장실에 드나드는 사람들이 많아서 교장실에도 작은 정수기를 설치했다. 그리고 교장실 벽면에 좁은 2단 테이블을 놓고 여러 가지 차와 간식을 준비해 두어 교사, 학생, 외부손님이 언제든 쉽게 이용할 수 있게 했다. 손님 접대도 교장이 직접 하기 어려운 몇몇 외부 손님을 제외하고는 교장 또는 방문한 사람들이 스스로 차를 타고 간식을 나눠 먹는 편안한 교장실로 만들었다.

또한 교장실 방문 시 개인적인 대화를 더 편안하게 할 수 있도록 둥근 4인용 원목 탁자와 의자를 마련했다. 교장실에 누구라도 언제든지 와서 차를 마실 수 있도록 개인 컵도 많이 가져다 놓았다.

이렇게 교장실을 바꾸고 나니 교직원과 사전에 약속이 된 손님들은 행정실을 통하지 않고 바로 교장실로 찾아왔다. 경력 교사는 물론 신규 교사들도 의논할 일이 있으면 언제든 메신저나 인터폰으로 연락하고 찾아왔다. 서로 편안하고 자연스러운 방식이었다.

교명 변경? 우리 학교가 좋은데요

예전부터 계속 거론되었던 학교 이름을 바꾸려 추진했으나 학생 반대가 많아 학운위에서 한 표 차로 부결되었다. 제안자로서 개인적으로는 아쉬움이 컸다. 학운위에서 필자가 찬성표를 던지면 한 표 차로 통과될 것이라 예상되었지만, 교장이 학생의 다수 의견과 다르게 투표할 수는 없었다. 찬성표를 던진 학운위원들은 직접 제안한 안건인데 반대 표를 던졌냐며 아쉬워했다. 학운위에서 구성원의 의견 수렴 결과를 참조하되, 자율적으로 최종 결정하는 것은 합법적인 절차이다. 그래서 간혹 의견 수렴과 학운위의 결정이 반대로 나오기도 했다. 구성원의 의견을 제대로 수렴하는 절차를 거쳤다면 최대한 존중하는 것이 맞다. 다수결로 결정할 사항이 아니라고 판단하면 처음부터 설득해서 동의를 구해야 구성원의 의견을 존중하는 것이다.

오류중학교는 한자를 풀이하면 오동(오동나무 梧)과 버들(버드나무 柳)이다. 학교가 소재한 곳은 구로구 고척동인데 주변에 구로구 오류동이 있어서 사람들이 소재지를 오해한다. 게다가 이름에 대한 선입견이 좋지 않다. "일류도 아니고 삼류도 아니고 오류다", "뭔가 오류(에러)가 났느냐?"며 놀리곤 한다. 남중이었다가 2002년부터 남녀공학이 되었는데, 남중일 때부터 신화처럼 내려오는 이미지가 남아 있기도 하다. 교명 변경에 대한 고민은 교장이 바뀔 때마다 매번 제기되곤 했지만 동문들이 반대할 것 같다는 걱정과 과정상 예상되는 어려움 때문에 추진하지 못했다.

서울미래학교를 운영하게 되면서 2020년 학교 개축이 결정되었다. 이번에야말로 교명을 바꿀 적절한 기회라 판단했다. 절차를 알아보니 동문회 의견은 필수 조항이 아니었다. 동문회가 별도로 있지 않았고 지역의 동문들도 결정에 따른다는 분위기였다. 2021년 교장과 학부모회는 교명 변경을 정식으로 제안하고 3주체 의견 수렴 과정을 진행했다. 학급회의에 이어 교명 변경 공청회를 개최했다. 코로나 상황이라 3주체 대표들이 도서관에 모이고, 방송으로 전교생이 시청하도록 했다. 공청회에서 학생 대표들은 '지금 우리 학교가 너무 좋고 행복한데 왜 이름을 바꿔야 하느냐, 이름이 뭐가 중요하냐, 학생이 학교에 대한 자부심이 있으면 되는 거 아닌가, 앞으로 우리가 더 잘해서 학교 이미지를 더 좋게 만들겠다'며 교명 변경에 반대 의견을 호소하는 경우가 더 많았다.

그 자리에 참석했던 찬성하는 학부모들도 학생들의 의견을 듣고 마음이 뭉클했다고 한다. 교사들도 학생들이 이렇게 반대하는데 꼭 바꿔야 하나 고민이 되었다고 한다. 공청회 실시 후 3주체 투표 결과 교직원은 반반 정도, 학부모는 약 65%가 교명 변경 찬성, 학생들은 압도적으로 80%가 반대했다. 의견 수렴 반영률은 교사:학부모:학생=30:30:40으로 정해져서 학생 비율이 높았다. 총합 결과 찬성이 50%를 넘지 못했다. 교명 변경 절차상 학운위 심의를 거쳐야 한다. 개인 의견과 수렴한 의견이 다를 때 어떤 표를 던져야 할까, 대표성을 가지고 참석하는 회의에서 늘 느끼는 고민이다. 대체로 필자는 수렴 의견을 택하거나 중도를 택한다. 대의민주주의 한계이기도 하지만 그것이 합리적인 선택이라고 생각하기 때문이다.

교명 변경이 부결된 것은 교장 4년의 생활에서 아쉬움이 남는 일 중하나지만 나로서는 설득을 잘하지 못한 결과이므로 받아들이는 것이 옳다. 한편 학생들이 이렇게 학교에 대한 자부심이 높고 학교생활을 좋아하고 있구나, 하고 새삼 확인한 점은 학교 구성원 모두에게 매우 기쁘고 고마운 일이었다. 학생들도 학부모와 교사들 앞에서 당당히 소신껏 의견을 피력해서 자신들의 의견이 관철된 것에 큰 자부심을 느꼈다.

학생들은 아마 자신들이 정말 학교의 주인다운 주인으로 대접받고 있다고 느끼지 않았을까. 이것이면 교명 변경을 추진한 성과는 충분히 크다 생각했다.

미래학교 수업 발표회, 배우는 우리가 할게요

오류중학교는 2019년 9월부터 미래학교를 운영하고 있다. 기존의 혁신학교 운영에 더해 디지털기기를 활용하는 수업을 적극 추진했다. 교육청으로부터 4년간 13억 원의 많은 예산을 받아 시범학교 역할을 하기로 지원한 만큼 외부와 활동 과정을 적극적으로 공유하려 노력했다. 코로나 시기였던 2020년과 2021년에도 공개수업을 포함한 미래학교 운영 사례 발표회를 진행했다. 코로나로 정부 규제에 맞춰 참여 인원을

학생 주도 미래학교 수업 발표회(2022. 12)

제한하여 서울 시내 전체 학교를 대상으로 학교를 열었다. 교과별로 부스를 설치하고 그동안 진행한 디지털기기 활용 수업을 소개하고 공유하며 배우는 수업축제 한마당이었다. 학생과 함께하고 싶었으나 코로나가 우려되어 성인만 참여하는 것으로 결정했다.

미래학교 운영 3년째인 2022년에는 코로나가 크게 완화되어, 마스크 착용은 의무였지만 모든 행사가 코로나 이전 수준으로 가능해졌다. 교사들이 전 과정을 주도한 지난 두 번의 발표회와 달리 학생 참여가 가능한 상황이라, 학생들이 주도하여 학습자 입장에서 발표회를 진행하면 좋겠다는 교사들의 제안이 있었다. 필자는 당연히 찬성하고 전폭적인 지원을 약속했다. 학생들을 믿고 학생 주도 발표회를 제안한 교사들이 고마웠다. 아이들은 어른들이 믿어 주는 만큼 잘 성장할 수 있다고 생각하기 때문이다.

교과별로 발표를 희망하는 학생 자원자를 받았다. 아주 많은 학생이 신청했고, 담당 교사들과 학생들이 같이 준비했다. 학생이 만들어 온 발표 자료를 교사가 세심하게 피드백하면서 발표회를 준비하는 과정은 또 하나의 배움의 현장이었다. 당일 발표회 행사는 학생들이 사회자부터 발표, 부스에서 방문자 대상 수업 설명까지 모든 과정을 진행했다. 교사들은 그림자가 되어 학생들의 발표를 지켜보며 필요한 경우에 지원했다. 발표회를 보러 온 사람들은 학생들이 외부 손님들 앞에서 당당하게 발표회를 진행하는 것을 보고 매우 놀라워했다. 참여한 학생들 또한 행사를 마치고 진행한 만족도 조사에서 100% 만족도를 보이며 앞으로도 자신들이 하고 싶다는 의사를 밝혔다. 다음 해인 2023년에도 학생들이 주도하여 미래학교 수업 발표회를 진행했다.

교사들의 노력은 자신들이 주도할 때보다 적지 않았다. 처음으로 학생 주도로 외부에 공개하는 미래학교 수업 발표회 행사였다. 준비 과정에서 교사들은 물 위에 떠가는 오리가 물 아래에서 끊임없이 발을 움직이는 것처럼 학생들을 지원했다. 교사는 학생을 믿고 큰 행사를 주도할 수 있도록 제안하고, 준비 과정을 열심히 지도했다. 그 결과 학생들은 자기주도성과 자신감을 크게 키울 수 있는 행사가 되었다.

가르침은 배움에 이르러야 그 의미가 있다. 미래학교 운영도 학생이 어떻게 느끼고 있는지가 가장 중요한 결과이다. 그래서 배우는 사람이 배움 과정에 대한 발표회를 주도하는 것이 가장 자연스러운 모습이기도 하다.

지역사회학교, 마을과 함께하는 학교

학생은 마을 속에서 살아가고 있다. 교사는 몇 년 근무하고 다른 학교로 이동한다. 교사가 그 지역에 기반을 두고 사는 경우는 많지 않다. 그래서 한 아이를 기르기 위해서는 학교만이 아니라 온 마을이 필요하다는 말은 아무리 강조해도 부족하지 않다. 학교와 마을이 아이들의 성장을 위해 같이 노력할 때 아이들은 건강한 민주시민으로 성장할 수 있다.

예전에 마을은 학교와 함께 호흡하며 생활하는 마을공동체였다. 학교는 학생을 교육하는 기관이면서 마을 사람이 모이는 중심 역할을 했다. 운동회 날은 인근 마을 전체가 함께 참여하는 잔칫날이었다. 학생 수가 많아도 익명으로 남아있는 아이는 거의 없었다. 하지만 지금은 대부분의 학생이 도시 학교에 다니고 있다. 가족 구성도 바뀌어 예전의 일반적인 양부모 가정에서 현재는 편부모 가정, 조손 가정, 시설 거주, 이주민 가정 학생 등으로 매우 다양해졌다.

지역의 공동체 문화가 약해진 상태에서 소외된 아이들은 더 많이 발생하게 된다. 이에 따라 학교는 물론 사회적으로 큰 비용을 치러야 하는 상황이다. 학교의 역할을 심각하게 다시 고민할 시점이다.

학교는 어린 학생들의 접근성을 고려해서 대체로 지역사회의 중심에 있다. 그리고 지역에 오랫동안 살아온 토박이도 많아서 자신이 다녔고 지금 자녀가 다니는 학교에 대한 애정도 크다. 학교가 지역사회와 어떻게 소통하느냐에 따라 지역공동체 활성화에 영향을 줄 수 있는 이유이다.

오류중학교는 혁신학교로 지정되면서 학교축제를 마을축제의 관점에서 진행했다. 오전에는 동아리 전시 위주로 진행하고 저녁 시간에는 운동장에 설치한 무대에서 공개 공연을 했다. 학부모회나 음식 관련 학생 동아리는 먹거리장터를 마련해서 외부인이 공연도 보고 장터도 이용할 수 있게 했다. 그날은 마을 주민들도 함께 공연을 보면서 학교 장터 음식으로 저녁을 먹으며 즐거운 시간을 보냈다. 모든 학교가 지역공동체의 중심이 될 다양한 방안을 찾아 실행했으면 한다.

대도시에서 학교만큼 쾌적하고 넓고 안전한 시설을 갖춘 공간은 별로 없다. 이런 좋은 공간인 학교가 일과 시간을 빼곤 대부분 긴 시간 동안 잠겨 있다. 학교는 국민 세금으로 운영되는 공공기관이다. 가능한 한 많은 시민이 사용할 수 있도록 학교는 학교 문턱을 낮춰야 하고, 정부는 학교가 안심하고 학교를 개방할 수 있도록 정책적으로 지원해야 한다.

'목마른' 학교가 아이들을 위한 공간을 만들자

청소년들이 편하게 갈 수 있는 공간이 너무 없다. '노스쿨존'이나 '노급식존'을 버젓이 붙여 놓은 가게들이 언론에 등장하기도 한다. 돈이 별로 없는 학생들이 들어와서 음료 한두 개 시키고 큰 소리로 떠들며 긴 시간 자리를 차지하고 있는 게 장사하는 입장에서 좋을 리 없다. 그래서 아이들은 학교와 학원 아니면 PC방이나 노래방, 동네 골목과 공원을 밤늦게까지 떠돌고 있다.

우리나라 청소년 관련 법령에는 국가 또는 지자체가 청소년을 위한 공간을 설치·운영하도록 규정되어 있다. 「청소년기본법」에는 "제18조(청소년시설의 설치·운영) ① 국가 및 지방자치단체는 청소년시설을 설치·운영하여야 한다"라고 명시되어 있다. 그리고 이를 구체화하여 「청소년활동진흥법」 제10조와 제11조에 아래와 같이 명시해 놓았다.

「청소년활동진흥법」
- 제10조(청소년활동시설의 종류) 청소년활동시설의 종류는 다음 각 호와 같다.
  1. 청소년수련시설
  -생략-
  다. 청소년문화의 집: 간단한 청소년 수련활동을 실시할 수 있는 시설 및 설비를 갖춘 정보·문화·예술 중심의 수련시설
  -생략-
- 제11조(수련시설의 설치·운영 등)
  ① 국가 및 지방자치단체는 「청소년기본법」 제18조 제1항에 따라 다음 각 호와 같은 수련시설을 설치·운영하여야 한다.

1. 국가는 둘 이상의 시·도 또는 전국의 청소년이 이용할 수 있는 국립청소년수련시설을 설치·운영하여야 한다.
2. 특별시장·광역시장·특별자치시장·도지사·특별자치도지사(이하 "시·도지사"라 한다) 및 시장·군수·구청장은 각각 제10조 제1호 가목에 따른 청소년수련관을 1개소 이상 설치·운영하여야 한다.
3. 시·도지사 및 시장·군수·구청장은 읍·면·동에 제10조 제1호 다목에 따른 청소년문화의 집을 1개소 이상 설치·운영하여야 한다.
   - 생략-
② 국가는 제1항 제2호부터 제4호까지의 규정에 따른 수련시설의 설치·운영 경비의 전부 또는 일부를 예산의 범위에서 보조할 수 있다.

제11조 ①항과 ②항을 보면, "시·도지사 및 시장·군수·구청장은 읍·면·동에 청소년수련관과 청소년문화의 집을 1개소 이상 설치·운영하고, 국가는 수련 시설의 설치·운영 경비의 전부 또는 일부를 예산의 범위에서 보조할 수 있다"라고 되어 있다. 법령에 따르면 지자체가 읍·면·동에 청소년문화의 집을 1개소 이상 설치하고 운영해야 한다. 하지만 현실은 말 그대로 '택도 없는 소리'다. 서울의 경우 국가가 운영하는 청소년 공간이 동은 고사하고 구마다 한두 개라도 있으면 그나마 다행이다.

이런 현실에서 방과 후 내내 비어 있는 학교 공간이 떠오르는 것은 자연스럽다. 학교는 청소년 공공기관으로 책무성이 있고 여러 측면에서 아래와 같은 장점이 있다.

첫째, 학교 공간은 명확한 공공재이다.

둘째, 학교에는 매우 안전하고 쾌적하고 좋은 공간이 많다.

셋째, 학교 공간은 학생들이 접근하기 쉬운 가까운 곳에 있다.

넷째, 학교 공간은 별도의 시설비가 크게 들지 않는다.

다섯째, 정규 교육과정과 긴밀하게 연계하기가 보다 용이하다.

여섯째, 학교를 중심으로 마을교육공동체 문화가 활성화될 수 있다.

일곱째, 평생학습의 당위성이 점점 증가하는 시점에서 지역사회 학교로서의 위상을 새롭게 정립할 필요가 있다.

학생들은 끊임없이 학교를 거쳐 가며 성장하고 있다. 언제까지 지자체가 청소년 시설을 만들어 주기만 기다릴 수는 없다. 목마른 사람이 먼저 우물을 파면서 지자체도 함께 협조하라고 촉구하는 게 빠른 길이다. 청소년 교육 시설인 학교가 먼저 나서서 지역의 어린이와 청소년에게만이라도 학교 공간을 편하게 사용할 수 있도록 개방하는 것이 현실적으로 가장 좋은 대안이다.

이런 문제의식에서 2019년 교장 부임 이후 일부 학교 공간을 방과 후에는 학교 학생이 아니더라도 어린이와 청소년이면 누구라도 사용할 수 있게 만들고자 노력했다. 그 결과 정보관 건물을 리모델링하여 2022년 4월 오류중학교에 마을결합형 청소년자치배움터인 '다가치학교'를 정식으로 개소할 수 있었다.

다가치학교, 모든 학생에게 활짝 열린 학교 공간

학교가 가장 많이 받는 민원 중 하나는 학교 개방에 대한 것이다. 지역 주민들은 운동장과 체육관을 안정적으로 사용하고 싶어 한다. 오류중학교도 주말에 조기축구회에 운동장을 대여하고 있었다. 2019년 체육관을 지을 때는 준공 전부터 체육관 대여에 대한 문의가 끊이지 않았다. 대여하면 학교는 금전적으로 학교 운영비에 다소 도움이 되지만 그리 큰 수입은 아니다. 반면에 대여하면서 발생하는 관리 문제는 신경이 많이 쓰인다. 사용 중에 안전이나 시설에 문제가 발생하면 학교로서는 여러모로 부담이기 때문이다.

실제 2019년 1학기에 인근 학교에서 배드민턴 동호회를 따라 들어온 한 남성이 여학생들 앞에서 바바리맨 행위로 성추행을 해서, 학교가 즉시 체육관 사용 계약을 해지했다. 동호회는 회원이 아니라고 소명했지만 여학생이 다니는 학교에 배드민턴 회원을 빙자해 들어와 생긴 일이었다. 회원 여부를 학교가 일일이 확인하며 통제하기는 어려운 것이 현실이다. 이렇게 학교 학생들에게 위해를 가할 상황이 생길 수 있어서 학교는 학교 개방에 더 보수적으로 접근할 수밖에 없다.

그런데 큰 방향에서 학교 개방이 모두가 상생하는 길이라면 발생할 수 있는 문제에 대한 대안을 마련해서 대처하는 것이 맞다. 구더기 무서워 장을 못 담그는 우를 범해서는 안 되는 일이다. 교장이 되고 나서 교육청은 물론 지역의 구청장, 구의원, 시의원, 국회의원에게 학교에 '방과후 청소년자치배움터'를 만들 필요성을 적극적으로 설득했다. 마을교육공동체의 플랫폼 역할을 하던 구로혁신교육지구와 처음부터 긴밀하게 소통했다. 공간을 조성하는 시작 단계부터 전 과정을 청소년이 주체가 될 수 있도록 노력했다.

지자체에도 함께할 것을 적극적으로 요청했다. 방과 후 지역 학생의 생활과 돌봄은 지역사회가 같이 책임져야 할 문제로 지자체의 책무라 생각했기 때문이다. 코로나19가 겹치면서 다가치학교 공간 조성은 쉽지 않은 과정을 지나왔다. 결과적으로 교육청과 구청이 각각 12억 원, 7억 원의 예산을 제공하여, 낡고 어두침침하고 사용률이 낮았던 교문 옆의 정보관 공간을 새롭게 리모델링해서 방과후 청소년자치배움터인 '다가치학교'를 만들었다. 아이들은 공간을 보며 '학교 같지 않아서 좋다'라는 반응을 보이며 매우 좋아했다.

2층 도서관도 같이 개방적이고 쾌적하고 편안한 공간으로 리모델링을 했는데, 리모델링 이후 도서관을 이용하는 오류중학교 학생 이용자 수가 몇 배로 늘어나는 것을 보면서 다시 한번 공간의 중요성을 확인했다.

'공간은 사람을 만들고 사람은 공간을 만든다'라는 영국 처칠 수상의 말이 절로 떠올랐다. 학교 공간을 단순한 시설로 인식하던 것에서 벗어나 교육과정으로 인식해야 하는 이유이다.

2022년 7월 오류중학교 다가치학교 개관식이 열렸다. 4월부터 개관식 준비에 참여한 청소년자치회 대표 학생이 한 말이 마음에 남았다.

"저는 원래 학교는 공부만 하는 곳이라 생각해 왔어요. 다가치학교가 생기면서 학교가 놀 수 있는 곳, 친구를 만나는 곳, 머물고 싶은 곳이 되었어요. 앞으로의 활동이 기대됩니다."[9]

서울시교육청은 오류중학교에 다가치학교 1호를 개소한 것을 시작으로 지역교육청마다 다가치학교를 개소할 계획이다.[10] 다가치학교 남부 2022. 4. 개소에 이어 2022년 11월에 2호로 다가치학교 북부를 방학중학교에 개소했다. 이어 2024년 5월 양서중학교에 3호 다가치학교 강서양

---

9. 조희연 교육감 블로그. 서울 최초, 마을결합형 청소년 자치배움터 '다가치학교 남부'가 문을 열었습니다(2022. 7. 21). http://naver.me/xWpLiYiI.
10. 다가치학교는 위탁 운영하여 학교가 운영에 대한 부담이 없도록 하고 있다. 오히려 학교교육과정과 연계하여 학교를 지원하고 있다.

천을 개소했다. 4호 다가치학교는 현재 강남교육청 관할인 이수중학교에 조성하고 있다. 장기적으로 지역교육청별 1개소를 넘어 서울의 지자체인 구마다 1개소씩 개소하는 것을 목표로 하고 있다. 계획대로 목표가 실현되길 바란다.

첫발을 내디딘 '다가치학교'에서는 다양하고 의미 있는 일들이 많이 벌어지고 있는데, 이를 짧은 글로 다 소개하기는 어렵다.[11] 이곳에서는 1, 2차 연도 이용 현황 정도만 소개한다. 다가치학교는 초등학생부터 고등학생, 그리고 학교 밖 청소년까지 모두 이용할 수 있다. 성인도 교육과 관련된 경우엔 무료로 공간을 쓸 수 있다. 공간 사용 학생 구성을 보면 오류중학교 외 다른 학교에 다니는 학생 비율이 점차 높아지고 있다. 인근 지역 학생은 물론 더 먼 곳의 고등학교 학생들도 자발적으로 참여하고 있다.

- ■ 1차 연도 이용 현황(2022. 4. 1~2023. 3. 31)[12]
- • 전체 이용자 총계: 1만 2,345명(단순 이용자 제외)
- • 프로젝트 참여 청소년: 151명(오류중학교 59명, 오류중 외 92명)
- • 공간 탐방 및 견학 횟수: 33회(316명), 누적 청소년 이용 대관 4,317명
- • 점심시간, 방과 후 시간 카페, 도서관 단순 이용자: 1만 160여 명 (일평균 40여 명)

---

11. 다가치학교 남부 홈페이지 https://www.dagachi1.com/
12. 다가치학교 남부(2023. 6), 「서울시교육청 마을결합형 청소년자치배움터 다가치학교-남부 프로그램 운영 보고」.

■ 2차 연도 이용 현황(2022. 4. 1~2023. 3. 31)[13]

다가치학교-남부 2023 다-움 프로젝트 신청자 현황(9. 26. 화 오후 16시 기준)		
과정별	2023 다움 프로젝트 정기 모집	2023 다움 프로젝트 하반기 참여자 모집
신청자 수	174명	76명
오류중 기준	오류중 39명 외 학교 133명, 학교 밖 1명	오류중 6명 외 학교 70명
학교별 기준	46개교(강신중, 경인중, 경인고, 계성고, 고척고, 고척중, 광신방송예술고, 구로고, 구일중, 구현고, 금옥여자고, 동일여자고, 덕일전자공업고, 대일관광고, 백암고, 보성여자고, 서울매그넷고, 송곡여자고, 신구중, 신도림고, 양화중, 여의도중, 영신고, 예림디자인고, 오류중, 윤중중, 인천공항고, 창문여자고, 천왕중, 한강미디어고, 한세사이버보안고, 항동중, 당서초, 하늘숲초, 대길초, 신구로초, 매봉초, 개봉초, 덕의초, 온수초, 영서초, 구일초, 영문초, 대영초, 고척초, 세곡초, 지향초)	32개교(고척중, 구로중, 구일중, 영림중, 영서중, 오류중, 경인고, 구일고, 고척고, 금옥여자고, 백암고, 인천외고, 한강미디어고, 개봉초, 고척초, 구로초, 구로남초, 구일초, 대길초, 대영초, 대일관광고, 덕의초, 매봉초, 신구로초, 신목초, 신서초, 안천초, 영문초, 영서초, 온수초, 장수초, 하늘숲초)
학교 밖	1명	–
학교급별 기준	초등학생 23명 중학생 92명 고등학생 58명	초등학생 35명 중학생 17명 고등학생 24명
신청 과정 기준	마을연계 23명, 자기주도 120명, 주제탐구 29명, 자기주도&주제탐구 2명	마을연계 35명, 자기주도 29명, 주제탐구 9명, 자기주도&주제탐구 3명

이용 구분	4월	5월	6월	7월	8월	9월	10월	11월	12월	1월	2월	3월	누계
공동체 행사	385	219	319	193	360	195	331	341	250	622	359	124	3,698
탐방	6	4	103	11	22	31	48	22	4	9	8	0	268
공간 이용 및 대관	402	666	514	515	316	366	496	564	653	290	220	533	5,535
프로젝트 참여	0	10	442	447	449	390	330	412	433	419	0	0	3,332
자치회 활동	10	0	23	29	26	23	42	16	40	18	30	0	257
계	803	899	1,401	1,195	1,173	1,005	1,247	1,355	1,380	1,358	617	657	13,090

---

13. 다같이학교 남부(2024. 4), 「지역연계형 청소년 자치배움터[다가치학교-남부] 프로그램 운영 전문기관 위탁(2023. 04.~2024. 03) 최종보고서」. 일상적인 단순 이용자 수는 제외한 자료임.

다가치학교의 가장 큰 특징은 다른 청소년 시설과 달리 학교 시설을 공유한다는 점이다. 이로 인한 장점이 매우 많은데, 특히 조성한 학교는 많은 혜택을 받게 된다. 학교 시설이 개선되어 일상 수업과 일과 중에도 좋은 공간을 사용할 수 있다. 자유학기, 프로젝트 수업, 발표회 등 각종 교육활동을 다가치학교와 같이 하고 있다. 방과 후에도 프로젝트가 아닌 일상적인 만남과 활동을 하는 학생 중에 본교 학생이 가장 많아 방과 후 돌봄의 질이 매우 높아진다. 학생들이 방과 후에 남아서 추가 활동을 하고자 할 때 다가치학교 공간에서 하면 된다. 교사로서는 방과 후 활동 지도 부담에서 벗어나 본 교육과정에 충실할 수 있다.

모든 학교에 다가치학교와 같은 공간이 다양한 형태로 만들어지길 기대한다. 그래서 학생들이 자신의 생활 공간과 가까운 곳곳에 좀 더 편리하고 편안하고 안전하게 활용할 수 있는 청소년 공간을 많이 갖게 되기를 희망한다.

지역의 인적·물적 자원과 협력하기, 장학금도 유치

다가치학교를 비롯해 규모가 큰 사업 이외에도 학교가 하는 크고 작은 많은 일이 지역과 밀접하게 연계되어 있다. 진로교육이나 목공 프로젝트 등 학교에서 해결하기 어려운 경우 지역에 있는 여러 인적·물적 자원을 활용하면 더욱 풍부한 교육과정을 운영할 수 있다. 지역 공부방에 다니는 학생이 많아서 정기적으로 지역 내 교육기관과 서로 소통하며 학생의 성장을 함께 의논한다. 예산이 필요한 사업이나 통학로 안전 문제, 학교 주변 쓰레기 투기 문제, 교육환경 안전 등의 문제로 지자체와 해결할 문제 또한 자주 생긴다. 이때 지자체는 물론 지역 의회의 의원과 함께 논의하면 문제 해결이 훨씬 빠르고 쉽다.

학교에 지역과 협력이 필요할 일이 생기면 서로 윈-윈하는 차원에서 대안을 제시해야 상호 협력이 잘 이루어진다. 뒤에 서술할 학교 주변에 안전한 통학로 조성을 요구할 때 거주자우선주차지역에 세우던 차량을 학교 내 주차장에 세울 수 있도록 대안을 함께 제시한 경우가 한 예이다.

다가치학교 조성을 위해 구청장이나 구청 교육지원과장과 면담할 때 기억에 남은 아픈 이야기가 있다. 구청장과 과장은 '예전에 학교가 요청해서 학교에 적지 않은 예산을 투자해서 시설을 조성해 줬는데 교장이 바뀌면 끝이더라, 그러니 지자체로서는 교육청이 해야 할 일을 대신하는 거 같아서 믿음이 안 간다'라고 했다.

제도적 측면에서는 교육청과 지자체가 별도 조직이라 생기는 문제지만, 실제 현실을 보면 지자체의 지적에 대해 변명하기 어렵다. 지자체가 학교와의 관계에서 안 좋은 경험이 쌓이면서 갖게 된 불신을 해소할 방법은 달리 없었다. 이럴 땐 원칙으로 돌아가 진솔하게 답변하는 것이 최선이다. '우리도 그런 심정을 잘 알고 있다, 그러니까 이번엔 제대로 좋은 사례를 같이 만들어 보자, 말로만 약속하면 지키기 어렵다, 필요한 시스템을 만들어서 사람이 바뀌어도 유지될 수 있도록 하자'고 여러 차례 설득했다. 지자체도 통학로를 만드는 사업에서 오류중학교가 결단하여 학교 화단을 내놓은 양보했던 경험을 통해 신뢰가 쌓인 상태였다. 거기에 지역 의회 의원 및 지역 교육기관의 적극적인 측면 지원 등이 합쳐서 다가치학교 조성에도 지자체가 협조할 수 있게 되었다.

지역의 인적 네트워크를 활용하여 장학금도 조성했다. 오류중학교는 가정형편이 어려운 학생들이 많아서 늘 장학금이 부족한 상황이었다. 전임 교장도 이런 상황을 안타깝게 생각해서 임기를 마치며 종잣돈이 되기를 부탁하며 일정액의 장학금을 기탁하고 떠났다. 하지만 장학금은 행정적으로 1년 동안 계속 관리될 뿐 종잣돈으로 기능하지 못했다. 교직원들이 근무 학교 학생들을 대상으로 추가로 장학금까지 조성하는 것은 어려운 일이라고 생각했다. 부임하여 1년간 관리하다가 학생을 선정하여 지급하고 장학금을 해소하기로 했다. 그리고 외부에서 안정적인 장학금을 다시 조성할 방안을 고민했다.

청년 시기 구로지역에서 같이 활동했던 '한벗독서회'[14] 회원들이 회비를 모아서 의미 있는 곳에 쓰기로 하면서 구로지역의 한 아동센터에 장학금을 주고 있었다. 오류중학교에도 장학금을 지원해 줄 것을 요청하여 장학금 지급이 시작되었다. 가까운 지인도 장학금 지원에 흔쾌히 참여했다. 이렇게 조성한 월 40만 원의 장학금을 총 4명의 학생에게 매달 10만 원씩 지급했다. 한벗독서회의 장학금 일부는 필자가 임기를 마치고 나온 뒤인 현재까지 계속 지원되고 있다.

교장 임기를 마치면서 장학금을 계속 지원하기 어렵게 되는 점이 안타까웠다. 사정을 알게 된 다른 지인이 목돈으로 1,000만 원의 장학금을 기탁했다. 게다가 형편이 매우 어려웠으나 졸업으로 오류중에서 장학금을 받을 수 없게 된 시설에 있는 한 학생의 사정을 듣고 고등학교 졸업 때까지 매달 수십만 원의 장학금을 지원하겠다 자청했다. 참으로 고마운 일이었다. 이 모든 장학금은 지역의 어려운 학생들이 잘 성장하기를 바라는 지역의 네트워크를 적극적으로 연결한 결과이다.

---

14. '한벗독서회'는 노동운동 활동가들이 1988년에 서울 구로지역에 만든 공간으로, 많은 도서를 구비하여 지역의 노동자와 주민들, 학생들이 활용할 수 있게 하였다. 시대 변화에 따라 1997년 '구로시민센터'가 생기면서 내용적으로 통합되었다. 활동 기간 중 총 1,200여 명 회원이 도서 대출은 물론 독서토론반, 기타반, 풍물반, 편집부 등의 여러 소모임에서 활동했다. 30주년을 계기로 후원금을 조성하기 시작하여 국내외 필요한 곳에 지원해 오고 있다.

학교와 지자체와 지역사회의 어른들이 마음을 모아 함께 교육을 지원한 덕분에, 학생들은 훨씬 더 안전한 교육환경에서 더 좋은 교육을 받을 수 있게 되었다. 한 아이를 기르기 위해 온 마을이 필요한 이유이다.

학교가 지역을 잘 알아야 하는 이유

오류중학교가 소재한 구로지역은 필자가 청년 시기부터 살아서 골목골목을 잘 알고 있는 지역이다. 노동운동을 하던 20대 초반부터 구로구에 살기 시작했다. 구로지역에서 남편을 처음 만났고 구로지역에서 결혼하고 살면서 두 아이를 낳고 기르다가 교사가 되었다. 두 아이의 본적도 구로동이고 초등학교 저학년 때까지 구로지역에서 살았다. 개인적으로 구로지역은 제2의 고향과 같고 지역에 인적 네트워크도 많다. 교사일 때도 교장이 되어서도 구로지역 인적 네트워크는 일을 추진할 때 많은 도움이 되었다.

교장이 되어 지역과 함께 하는 여러 일을 속도감 있게 추진할 수 있었던 것은 개인적 능력이 탁월해서만이 결코 아니다. 젊은 시절부터 구로에서 살았고 오류중학교에서 6년간 교사로 근무하며 학교와 지역을 잘 알고 있던 점이 여러 일을 추진할 때 큰 도움이 되었다. 뒤에 소개할 학교 주변 통학로 안전 문제와 학교 뒤편 야외학습장 설치 모두 교사로 근무할 때부터 느꼈던 문제라서 부임하자마자 신속하게 추진할 수 있었다. 사회자본이론은 신뢰, 규범과 함께 네트워크를 주요 사회자본으로 들고 있다. 한 지역에서 오래 살고 생활한 경험으로 볼 때 매우 타당하다고 생각한다.

지역에 오래 살면서 학교와 지역을 잘 아는 관리자나 교사라면 학교와 학생들의 상황을 더 잘 파악할 수 있어서 학생 교육과 학교 운영에 큰 도움이 된다. 상황 파악하는 데 시간을 많이 쓰고, 조금 일하려다 떠나는 악순환의 고리에서 벗어나 안정적이고 장기적인 관점에서 필요한 일을 진행할 수 있다.

필자는 평소 학교의 안정적 교육활동을 위해 교원의 짧은 주기 순환 근무제와 교사 희망 위주의 중등교사 배치 문제를 개선해야 한다고 주장해 왔다. 여기서는 교사 전보에 대한 문제는 논의로 한다.

2부

교육과정 전문가로서의 교장,
학교의 모든 것은 교육과정

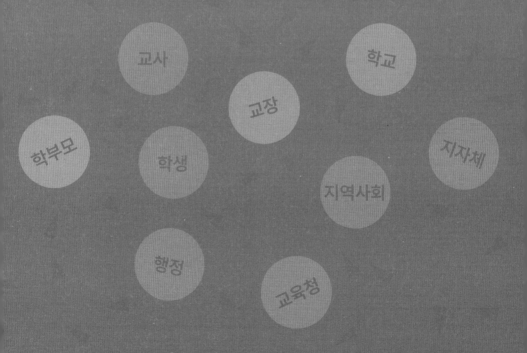

4장
학교의 모든 것은 교육과정

아이들이 학교를 옹호하는 것은 가정으로부터 해방되고자 함이며,
학교의 학생이 되는 것은 곧 해방의 행위가 될 것입니다.
_얀 마스켈라인·마틴 시몬스(2020)

진짜 배울 수 있는 교육과정이 필요

교사가 앞에서 열심히 뭔가를 설명하고 있다. 학생들도 비교적 바른 자세로 앉아 열심히 듣고 있다. 학생들은 교사가 가르친 대로 진짜로 배웠을까? 아이들을 가르쳐 봤거나 자녀를 키워 본 사람이라면 그렇지 않다는 것을 알 것이다. 그래서 가르치는 일은 가르칠 지식을 아는 것을 넘어, 가르치는 것 자체에 대한 교수 역량이 필요한 전문적인 일이다. 교사양성대학인 교육대학과 사범대학이 일반 대학과 별개로 존재하는 이유이기도 하다.

2020년 코로나19로 학교는 말 그대로 대혼란이었다. 여러 차례 개학이 연기된 후 4월이 되어서야 한 번도 경험하지 못한 온라인개학과 온라인수업을 진행했다. 마침 오류중학교는 2019년 9월에 미래학교로 지정되어 디지털 학습기기 활용 수업을 위한 준비를 거의 마친 상황이었다. 다른 학교보다 온라인수업을 시작하기에 상대적으로 유리한 여건이

었다. 교사들은 온라인수업을 위한 영상 자료를 스스로 제작해서 학생에게 제공했다. 수업 교사가 자신의 육성으로 직접 만든 영상물이라 학생들도 처음에는 관심이 컸다. 교사들도 다행이라 생각하며 더 열심히 정성을 다해 수업 영상을 만들어 제공했다.

그러다가 1/3 순환 등교가 시작되어 직접 마주한 학생들의 학습 수준을 보고 교사들은 크게 당황했다. 그동안 교사들은 많은 시간과 공을 들여 영상물을 제작해서 올렸고 학생들은 모두 수업 영상을 학습한 상태였지만, 학생들은 거의 '배우고' 있지 않았다. 이런 모습을 보고 점차 교사들은 굳이 힘들게 온라인수업 영상물을 만들 필요가 있겠는가, 기존 영상물을 활용해도 별 차이가 없을 거 같다고 생각하며 학생이 제대로 배우게 될 방법을 고민하게 되었다.

이런 현상은 온라인수업에서만 나타날까? 대면 수업 장면도 심각성은 덜 하지만 질적으로 다르진 않다. 교사가 학생들과 직접 소통하며 좀 더 챙길 수 있을 뿐이다. 만약 교사가 가르친 대로 학생들이 배우고 있다면 학생 대부분은 목표한 학업성취에 도달할 것이다. 하지만 학습 부진 문제는 여전히, 오히려 점점 더 학교와 교육청의 큰 숙제가 되고 있다.

가르치는 대로 배우지 않는 이유

아이들이 어른이 교육하는 대로만 학습하지 않는 원인은 근본적으로 교육과 학습의 원리가 같지 않기 때문이다. 교육 원리와 학습 원리의 차이는 다음의 표와 같다.

교육은, 진리로서 학문에 입문하는 것을 목표로 교사가 주도하며 주로 인지 능력을 평가한다. 학습은, 구성적 진리 체득을 목표로 하며 학

[표 1] 교육의 원리와 학습의 원리

영역	교육 원리	학습 원리
학습 목표	진리로서 학문에 입문	구성적 진리 체득
학습 소재의 선택 기준	사회적 요구	학습자의 필요와 요구
학습 방법	교사 주도적	자기 주도적
학습 평가의 내용	인지 능력	수행 능력

홍제남, 2019[1]

습자의 필요와 요구로 학습자가 자기 주도적으로 배우는 것이며 실제 수행 능력이 중요하다. 학습자가 제대로 배우기 위해서는 자신의 필요와 요구에 의해 스스로 학습할 수 있어야 한다. 이것은 교육을 학습자의 관점에서 바라볼 필요가 있다는 것을 의미한다. 가르침에서 배움으로 관점이 전환되어야 하는 이유이다.

학습자의 배움 과정의 특징을 강조하여 김신일 교수는 "규범적 관점에서 탈피하여 '좋은 학습'과 함께 '나쁜 학습'도 교육연구의 대상에 포함시켜야"김신일, 2005[2] 한다고 주장했다.

이것은 교사가 가르치는 교육 내용과 학습자가 배우는 학습 내용이 같지 않으며, 학습자는 교수자가 의도한 교육 행위와 다르게 배우거나 전혀 배우지 않을 수도 있음을 교육자들이 알아야 한다는 것을 의미한다.

학생들이 배우는 잠재적 교육환경

학습[3]은 '알게 된다'는 인식 과정 전체를 가리키는 말이라 할 수 있

---

1. 홍제남(2019), 「지역사회협력 청소년 자치배움터의 학습과 실천에 대한 의미 분석: 학습자 배움중심교육과 학습권 실현 조건 탐색을 중심으로」, 한국교원대학교 대학원 박사학위 논문.
2. 김신일(2005), 「학습시대의 교육학 패러다임」, 『학습사회의 교육학』, 학지사.

다. 학습심리학의 경계 내에서, "학습은 유기체가 그를 둘러싸고 있는 환경과의 상호작용을 통해 행동에 변화가 일어나는 것의 전부를 일컫는 말로 규정"되어 왔다.한승희, 2005[4] 학습은 학습자가 주변 환경에 참여하는 과정일 뿐만 아니라, 주변 환경에 노출되면서 학습자의 행동이 변화되는 과정이다.박성익, 1998[5]

학습자는 자신을 둘러싼 환경 속에서 능동적으로 배우고 있는 존재이다. 학습자는 자신을 둘러싸고 있는 환경의 영향을 받으며 그 속에서 배우고 있다. 그 결과 배운다는 것이 반드시 사회적으로 '좋은' 배움만을 의미하지는 않는다.

학교에서 학생들을 지도하다 보면 크게 고민이 되는 경우가 있다. 어쩔 수 없이 학생을 교정보호 시설로 보내야 할 때가 대표적이다. 10여 년 전 학교를 옮긴 첫해에 2학년 담임을 맡았다. 3월 첫날인데 한 학생이 학교에 오지 않았다. 이전 학교에서 폭력사건에 연루되어 강제 전학을 오게 된 학생인데 징계 과정상 당시 등교를 할 수 없는 상태였다. 4월이 되어 등교하기 시작했는데 얼마 뒤에 청소년 교정 시설에 입소하라는 조치를 받았다. 입소하기까지 두 달 정도의 시간이 있었는데 담임교사, 생활지도부교사, 상담교사가 정말 많은 관심을 가지고 촘촘하게 신경을 썼다.

---

3. 학습이라는 말은 보통 배운다, 공부한다, 배워 익히다의 뜻으로 이해된다. 배운다는 말은 무엇을 알게 되는 인간 행동의 한 부분이다. 영어의 learn(배우다, 학습하다)은 know(알다)에 가까운 의미로, study(공부하다)가 적극적인 학습 행동으로 쓰이는 데 비해 learn은 수동적인 행위로 묘사된다. 또한 영어의 study에 해당하는 '공부하다'라는 말은, 가르친 것을 배우는 차원을 넘어서 자신이 계획하고 선택하고 학습하고 익히는 과정을 가리키는 포괄적인 개념이다(한승희, 2005).
4. 한승희(2005), 「학습연구의 다층성과 학습주의의 위상」, 『학습사회의 교육학』, 학지사.
5. 박성익(1998), 『교수·학습 방법의 이론과 실제 I』, 교육과학사.

이 학생은 가정적으로 불행한 일을 겪은 후 심리적으로 매우 힘든 상태에서 친구들이 저지르는 학교폭력을 방관하고 수동적으로 참여했다. 심각한 사건이라 처벌조치가 높게 나온 상태였다. 학생이 교정보호시설에 가서 진짜로 더 나쁜 걸 배우면 어쩌나 모두 걱정이 컸다. 실제 주변의 교사들로부터 비슷한 일을 겪은 학생들이 행동이 더 나빠져 돌아왔다는 얘기를 듣곤 했다. 비슷한 예는 적지 않다. 어릴 때 가정폭력을 당한 아이들이 성인이 되어 자신도 모르는 사이 가정폭력을 행사하는 경우가 많다는 점은 교육환경의 중요성을 알려 준다. 부모를 통해 몸에 밴 경험으로 폭력적 갈등 해결 방법을 체득한 것이다. 반복적 체험이 매우 강력한 학습 방법임을 보여 주는 '나쁜 학습'의 예이다.

"학생들은 학교에서 경험하는 모든 것에서 배우고 있다." 교장으로 근무하며 교직원들에게 교육과정과 관련해서 강조한 말이다. 학교의 모든 교직원은 교사라는 생각으로 모든 일에 임해야 하고, 학교 교육환경이 매우 중요한 교육과정이며, 학교는 앎과 삶이 일치하는 교육활동을 해야 한다고 누차 강조했다. 학교 운영을 총괄하는 리더로서, 학교의 모든 문제를 이 기준에서 검토하고 진행할 수 있도록 노력하고 지원했다.

교육과정, 실제 배우는 것에 주목하기

교육과정은 무엇을 가르치고 배울 것인가에 대한 문제로 교육활동의 핵심이다. 학교의 교육활동을 총괄하는 학교장은 교육 목표를 달성하기 위해 학생이 학교에서 무엇을 배워야 하고, 실제로 배우고 있는 것이 무엇인지를 세심히 관찰하고 평가하여 교육 목표에 맞도록 구조화하고 관리해야 한다.

신학년 준비 워크숍 때면 교장으로서 학교 운영과 교육과정 운영 방향에 대해 먼저 설명하는 시간을 마련했다. 교육과정을 늘 강조하고 아래와 같은 원칙에 따라 교육활동으로 구현하고자 노력했다.

첫째, 학생이 생활 속에서 접하는 모든 것이 교육과정이다. 루소가 세 가지 스승으로 자연, 사물, 사람을 제시한 바대로, 학교교육과정을 구성할 때 학생이 속한 학습환경에서 실제로 배우고 있는 것이 교육과정임을 인식해야 한다.

둘째, 교과통합·융합교육과정 재구성으로 학생들의 삶과 연계된 교육과정을 만들어야 한다. 중등 교육과정은 초등학교보다 교과수업이 훨씬 더 분절석이다. 학생 입장에서는 분리하기 어려운 내용인데 다른 교과로 수업을 받게 되어 내용이 겹치기도 하고 연계성이 떨어지기도 한다. 예를 들어 가정 교과의 '임신과 출산' 단원은 과학 교과의 '생식' 단원과 많은 내용이 같다. 수학과 과학은 순차적 배열의 위계성이 달라서 수학 시간에 아직 배우지 않은 수식이 과학 교과에서 먼저 나오는 경우 어려움을 겪는다. 통합교육이 필요한 이유 중 하나다. 교과수업뿐 아니라 학교교육계획에 있는 여러 교육활동이나 행사도 최대한 교과수업과 연계하여 정규 교육과정 안에서 진행할 수 있게 관심을 기울었다.

셋째, 앎과 삶이 연계된 교육과정을 구현해야 한다. 학교에서 자주 하는 자조적인 표현이 있다. "도덕 시험 성적은 100점인데 생활 태도는 0점이다." 앎과 삶이 연계되지 못하는 우리나라 교육과정 운영 현실을 꼬집는 말이다. 학교에서 행하는 여러 일이나 교육활동 중에 상당히 많은 부분이 실제 생활과 불일치하고 있다. 성찰하며 일치시켜 가는 노력이 필요하다.

넷째, 유연한 교육과정을 운영해야 한다. 학년 초에 1년 단위로 계획한 교육과정은, 시시각각 달라지는 교육환경을 제대로 반영하지 못한다. 연초에 세운 교육계획으로 이후 1년간 벌어지는 다양한 상황을 온전히 감당할 수 없기 때문이다. 삶과 연계된 교육과정, 앎과 삶이 같이 가는 교육과정이 되려면 교육과정을 유연하게 운영하여 달라진 교육환경을 반영해야 한다.

다섯째, 학습자 주도 맞춤형 교육과정을 운영한다. 학습자 배움중심 교육을 실현하기 위해서는 학습자 주도의 개별 맞춤형 교육과정을 운영해야 한다. 우리나라 중등학교는 단단한 국가교육과정에 이미 모든 것이 제시되어 있고 진학에 영향을 주는 시험과 연계되어 있어서 학생 주도 교육과정을 전면적으로 운영하기엔 한계가 명확하다. 그러나 교과 수업뿐 아니라 창의적체험활동, 자유학기, 학기 말 교육과정, 학교 행사 등에서 가능한 최대로 학습자 주도 교육과정을 운영해야 한다.

이런 운영 원칙을 실제 교육활동으로 구현할 수 있도록 계획 단계부터 학교 구성원이 함께 고민하고 논의하면서 진행했다. 논의한 1년간의 모든 교과 교육과정 운영계획 및 학교 교육활동을 학교 운영에 반영하여 학교교육계획서를 작성한다. 학교교육계획서에서 교과별 교육과정계획이 부서별 교육계획보다 앞에 오도록 배치했다. 교육과정 운영과 수업을 중심에 두고 학교 교육활동을 진행한다는 학교 운영 방향을 보여주자는 취지이다.

학교 교육환경, 교육과정의 기본 요소

학생은 교사가 가르치는 교과서 내용에서만 배우지 않는다. 학생이 접하는 모든 것이 교육과정이다. 학생들이 매일 장시간 생활하는 학교의 공간 또한 중요한 교육과정으로 작용한다. 이 관점에서 교육환경을 적극 개선해야 한다. '깨진 유리창 이론Broken Window Theory'은 교육환경의 중요성에 대해 많은 시사점을 준다. 1982년 범죄학자 윌슨과 켈링은 깨진 유리창이 많은 지역일수록 범죄율이 높은 이유는 깨진 유리창이 '아무도 관심을 갖지 않으니 당신 마음대로 해도 좋다'는 메시지를 전달하기 때문이라는 이론을 발표했다. 쓰레기 투기, 벽 낙서 금지, 벽에 발자국 안 찍기 등을 아무리 교육해도 이미 더러워진 상태로 있는 곳에서는 이런 일들이 더 쉽게 발생한다. 뉴욕시는 이 이론을 적용해 지하철 낙서를 모두 지웠는데 그 결과 지하철 범죄가 절반 가까이 줄었다고 한다.

교육환경을 단순한 환경이 아닌 교육과정으로 인식하고 조성해야 하는 이유이다. 교장이 되어 환경을 개선한 몇 가지 사례를 소개한다.

위험한 통학로 응급처방

오류중학교는 학교 경계의 두 면이 주택가 골목 도로에 접해 있다. 두 면 모두 인도가 없고 골목에 오가는 차량이 많아서 매우 위험했다. 특히 등교 시간은 출근 시간대와 겹쳐 운행 차량이 많아서 더욱 위험했다. 차량과 학생들이 마구 뒤섞인 상태로 학생들이 등교했다. 오류중에서 교사로 근무하던 10여 년 전에도 비슷한 상황이었는데, 통행 차량이 많아지면서 더 심각해졌다.

실제로 교사로 근무할 때 가슴이 철렁하는 일을 직접 겪기도 했다. 출근하던 어느 날 학교 정문 앞 양방통행도로에서 출근 차량이 뒤엉켜서 한동안 멈춰 서 있었다. 학생들이 차 사이를 이리저리 가로질러 가며 등교하던 상황에서 서 있던 차량이 움직이기 시작했다. 이때 차 앞으로 지나려던 학생의 발이 차바퀴에 살짝 깔리는 사고가 발생했다. 다행히 가벼운 타박상 정도로 그쳤지만, 그때의 아찔했던 기억은 여전히 선명하다.

교장으로 부임하면서 반드시 해결해야 할 시급한 과제였다. 근무를 시작하면서 행정실에 구로구청장과의 면담 주선을 요청했다. 구청과의 면담을 준비하며 학교 시설을 자세히 살펴보았다. 학생들이 정문까지 위험한 길을 더 내려오지 않고 바로 학교 담장의 작은 쪽문으로 들어올 수 있다는 사실을 파악했다. 그 문은 새벽에 쓰레기 수거 작업자가 쓰레기를 꺼내 가는 용도로 사용하는 작은 문이었다. 우산을 활짝 편 상태로 드나들기 어려울 만큼 작아서 한 사람만 통과할 수 있는 정도였다. 급한 대로 우선 이 쪽문을 통학로로 개방하기로 했다. 골목 위쪽에서 내려오는 학생들이 재학생의 반 이상이었다. 마을버스를 타고 오는 학생들까지 이곳으로 바로 들어올 수 있어서 2/3에 가까운 학생이 정문까지 위험한 도로를 더 걸어야 하는 상황을 개선할 수 있었다. 게다가 이 쪽문으로 들어오면 교실 건물이 바로 옆이라 접근성도 더 좋았다.

교사들과 쪽문 개방을 의논하여 결정한 후 2019년 4월 1일부터 쪽문을 통학로로 개방하기 시작했다. 그날 쪽문 앞에 서서 학생들을 안내하며 등교 지도를 했다. 학생들은 깜짝 놀라며 기뻐했다. "여기에 이런 문이 있었나요?" "와! 엄청 좋아요. 고맙습니다." 학생들의 반응 중에 가장 기억에 남는 말이 있다. "정말 고맙습니다. 근데 혹시 이거 만우절이라서 오늘 하루만 여는 건가요?" 그 아이의 말에 우리는 그날이 만우절임을 새삼 깨닫고 한참을 같이 웃었다. '절대 아니니 걱정하지 말라'고 답해 주었다. 이렇게라도 우선 위험한 상황을 줄이고자 노력했지만, 이것은 일시적이고 부분적인 처방일 뿐이었다. 근본적으로는 위험한 학교 주변 도로에 안전한 통학로를 조성할 필요가 있었다.

학교 화단의 변신은 무죄, 안전한 통학로 조성

얼마 후 구청장과 면담 날짜가 확정되었다. 교장, 교감, 교사 대표, 학부모회와 학운위 대표가 같이 구청 측과 만난 자리에서 안전한 통학로 조성을 요구했다. 구청도 구청장을 비롯해 관계 부서장, 실무자들이 같이 면담에 임하며 진지하게 학교 의견을 경청하며 기록했다. 이번 기회에 학교 주변에 안전한 통학로를 반드시 만들어야 한다고 생각하면서 현재의 위험한 상황을 구체적으로 보여 줄 수 있도록 자료를 준비했다. 매일 아침 등교 시간에 학교 배움터지킴이 직원이 학교 담장이 꺾이는 주택가 골목 사거리에서 교통안전을 지도한다. 등교 시간 30분 동안 골목 사거리를 지나는 차량 수를 세어 보았다. 무려 120대가 넘는 차량이 통과하고 있었다. 구청과 면담하기 2주 전에 학교 정문 바로 앞 도로에서 고양이가 로드킬을 당한 사고가 있어서 구청 직원이 와서 처리해 간 기록도 준비했다. 더불어 교사로 근무할 때 직접 겪었던 일도 같이 이야기하여 문제의 심각성을 구체적인 자료로 전달했다.

학교 뒤편 도로의 한 면은 학교 담장과 접하여 거주자우선주차구역이 조성되어 주민들 차량 8대가 세워져 있었다. 등하교 시간에 마을버스를 이용하는 학생들은 일방통행로를 다니는 차량을 피해 차 뒤로 숨어서 등교하는 상황이었다. 학교는 학교 담장 옆면과 뒷면 두 면에 안전한 통학로를 조성해 달라고 요구했다. 학교 뒤편의 거주자우선주차구역을 이전하여 그곳을 인도로 조성하고, 정문에 접한 양방향 도로변에도 학교 담장 옆으로 인도를 조성해 달라고 했다.

뒤편의 주차구역을 옮길 곳이 마땅치 않으면 방과 후에 해당 차량에 한정해 학교 주차장을 개방한다는 대안도 함께 제시했다. 복잡한 주택지 안에서 거주자우선주차구역 장소를 새로 찾기가 쉽지 않을 구청의 어려움을 같이 고민하는 차원이었다. 학교에 주차 등록된 차량만 통과하는 시스템 구축 문제는 구청이 해결책을 찾아 달라고 했다. 구청 직원들은 학교가 구청의 어려움을 이해하고 먼저 대안까지 제시한 부분에 고마움을 표현했다. 문제 해결을 위한 협상을 할 때 상대방의 어려움을 공감하며 대안을 같이 고민하는 모습은 매우 중요한 지점이다.

면담 과정에서 구청장은 즉시 통학로 상황을 점검하라고 지시했다. 면담 다음 날 구청 직원들이 나와서 꼼꼼히 점검했고, 며칠 후 구청에서 연락이 왔다. 뒤편의 거주자우선주차구역은 다른 곳으로 이전하고 보도를 조성하겠다, 하지만 정문 쪽 양방도로는 양방통행을 유지해야 하는데 도로 폭 규정상 인도를 조성할 넓이가 안 되어 어려우니, 대안으로 양방통행 도로변에 접한 학교 화단 울타리를 화단 안쪽으로 물리고 학교 화단을 보도로 조성하면 어떤지 검토해 달라는 답변이었다.

당혹스럽고 고민되는 답변이었다. 화단에 인도를 조성해도 학교로서는 불편한 점이 거의 없긴 했다. 도로에 접한 화단이라 사람들이 지나다니며 쓰레기를 투척해서 관리도 쉽지 않고 으슥한 느낌마저 드는 공간이었다. 그러나 주민까지 같이 이용하는 보도를 만들면 실제로는 학교 땅이 아니라 동네 땅으로 내놓게 되는 상황이었다. 학교는 구청이 지자체 예산으로 학교 화단을 구입해서 보도로 조성하는 게 가장 좋은 방안이라고 판단하고 답을 보냈다. 이에 대한 구청의 답변은 구매할 예산이 없다는 것이었다. 공은 다시 학교로 넘어왔다.

교장으로서 최종 결정을 해야 했다. 지역교육청과도 상황을 의논했다. 학교가 결정하면 그 뒤에 행정적으로 교육청과 구청은 토지 사용에 관한 협약을 맺으면 가능한 일이었다. 학교로서는 그 화단을 내놓아도 교육활동에 전혀 문제가 없다. 반면에 통학로가 없어서 발생하는 곤란함은 매우 컸다.

교육청과 교직원의 의견을 종합하여 최종적으로 학교 화단을 인도로 내놓고 학교 울타리를 화단 안쪽으로 물리는 결단을 내렸다. 인도 조성에 들어가는 예산은 물론이고 이 과정에서 발생하는 학교 시설 이전 등의 모든 비용은 구청이 부담하기로 했다. 울타리도 기존의 연두색 펜스형 울타리를 없애고 학교가 선택한 디자인을 고려한 주물 울타리로 새로 설치했다. 쓰레기장도 다른 위치에 나무 소재로 깔끔하게 새로 제작하여 쾌적해졌다.

이렇게 학교와 지자체가 협력하여 학생은 물론이고 마을 주민도 위험하지 않게 이동할 수 있는 안전한 통학로이자 보도가 만들어졌다. 여름이면 오래된 거목들이 시원한 그늘을 만들어 주는 쾌적하고 아름다운 마을의 새 길이 생겼다. 나무들은 학교 화단에 있던 여러 그루의 이팝나무, 느티나무 등인데, 인도를 조성할 때 나무를 그대로 살려서 자연스럽고 걷기 좋은 길로 만들어 달라는 학교 요구를 구청이 전폭 수용하여 원래 자리에 남은 것이다.

길을 조성하면서 학교와 구청은 긴밀하게 소통하며 모든 과정을 함께 의논하여 결정했다. 울타리를 새로 만들면서 학생들이 학교로 바로 드나들 수 있게 기존의 쓰레기 수거용 쪽문보다 더 폭을 넓게 해서 다시 만들었다. 안전한 길이지만 많은 학생이 바쁜 아침 시간에 정문까지 내려왔다가 다시 건물 쪽으로 올라가는 수고를 줄이자는 의도였다. 학생들이 매우 좋아했다.

정문 옆길 공사 전후　　　'오구오구 더불어길' 안내판

학교 뒤편 거주자 우선 주차구역 공사 전후

모퉁이 사거리 공사 전후

　지금도 등하교 시간에는 이 쪽문을 열어서 학생들이 편하게 이용할 수 있다. 오류중학교는 각종 투표장으로 활용되곤 하는데, 투표일에도 이 쪽문을 열어서 동네 주민들이 좀 더 편리하게 투표장에 접근할 수 있도록 했다.

　이 길 울타리에는 학교의 요구로 구청이 '오구오구 더불어길' 표지판 을 제작해서 걸었다. 이것은 학생회가 새로 조성한 통학로에 붙인 이름이다. '오구오구'는 오류중학교-구로구의 합작을 강조하는 말로, 안전한 통학로를 학교와 구로구청이 같이 만들었다는 의미를 담고 있다.

거리가 매우 쾌적하게 바뀌었고 시야도 탁 트여서 차량과 주민 모두 훨씬 안전해졌다. 주민들은 이 길을 걸어 뒤이어 조성한 학교 뒤편 소공원, 이어진 능골산으로 반려견을 데리고 산책을 오간다. 화단의 변신으로 만들어진 아름다운 길을 보며 덕분에 더 살기 좋은 동네가 되어서 집값이 올라가는 거 아닌지 걱정이라며 같이 웃곤 했다.

교육청과 구청 모두 국가의 세금으로 운영되는 기관이며 모든 부지는 국가 소유이다. 사용 용도에 따라 학교 부지와 지자체 도로로 나눈 것뿐이다. 두 기관 모두 공공성을 지향하는 곳으로, 부지 사용 또한 유연하게 열린 사고로 접근할 필요가 있다. '오구오구 더불어길'은 공공성의 취지에 맞게 학교와 지자체 두 기관이 협력해서 만들어 냈다. 학생뿐 아니라 마을 주민, 차량 운전자 모두가 더 안전해진 모범적인 좋은 상생 사례로 평가받고 있다.[6]

구청과 협력한 두 번째 공간 조성 사업은 학교 밖 야외학습장인 소공원 조성이다. 이것도 오류중학교에 교사로 근무할 때부터 지녔던 문제의식에서 시작되었다. 사업을 추진할 때 청년 시절부터 구로지역에 오랫동안 살면서 형성된 인적 네트워크가 큰 도움이 되었다.

지자체와 협력 2탄, 학교 밖 야외학습장 조성

오류중학교는 학교 뒤편이 작은 산인 능골산과 가까이 연결되어 있

---

6. 「[인터뷰] 인도(人道) 없는 등굣길부터 해결한 홍제남 교장, "내부형 공모교장이라 가능했지요"」, 『에듀인뉴스』(2020. 7. 15).

다. 능골산과 학교 사이에는 300~400평 정도의 지자체 소유 공터가 학교 담장과 접해 있다. 2020년에 구로구청과 협의해서 이곳에 오류중학교와 인근 학교 학생들이 학교 밖 야외학습장으로 사용할 수 있는 소공원을 조성했다.

오류중학교는 학교에서 소공원으로 바로 출입할 수 있는 계단과 쪽문을 새로 만들어서, 언제든 편하게 이곳으로 나와 소공원과 능골산을 야외학습장으로 활용할 수 있게 되었다.

1년 전 학교 주변에 안전한 통학로를 만든 데 이어 두 번째로 지자체와 협력하여 진행한 사업이었다. 지자체 부지에 학생을 위한 야외학습장을 만드는 일은 훨씬 더 어려웠다. 그럼에도 학교가 먼저 학교 화단을 지역이 함께 사용하는 보도로 내놓았던 것이 구청이 결단할 수 있는 명분이 되어 줘서 가능한 일이었다고 생각한다.

이전에 오류중에서 과학 교사로 근무할 때 수업 시간에 학생들을 데리고 능골산에 가곤 했다. 갈 때마다 교문으로 나가 인근 지역을 빙 돌아가야 해서 시간도 걸리고 도로를 지날 때 안전 문제도 신경이 쓰였다. 다른 교과도 능골산의 숲이나 체육시설, 산에 있는 고인돌 유적지를 활용하여 수업을 진행하는 지역의 좋은 야외학습장인데 접근성이 떨어지는 게 문제였다. 교장으로 다시 오게 되면서 이 문제를 해결하고자 추진했다.

오류중학교는 경사 지형을 깎아서 만든 지형이라 교사동 건물과 뒤편 도로의 단차가 크다. 그래서 계단을 담장 벽면에 붙여 새로 만들어서 뒤편의 울타리 쪽문과 연결했다. 새로 조성한 소공원은 학생들이 이용하는 마을버스 정류장, 주변 인도와 바로 연결되어서 안전한 통학로로도 활용하게 되었다. 소공원에는 구청과 협의하여 학교 운영 시간에는 학생들이 우선적으로 사용한다는 안내판을 설치했다.

> 이 공원은 청소년들의 야외학습장 조성 및 안전한 통학로 확보와 더불어 주민들의 편안한 휴식공간 제공을 위해 만들어진 공간입니다. 야외학습 시간에는 원활한 수업이 진행될 수 있도록 우선 배려하여 주시고, 학교와 맞닿아 있으므로 교육활동에 방해가 되지 않도록 사용해 주시기 바랍니다. 미래 세대인 지역의 청소년들이 공원 내에서 자연을 배우고 익히면서 건강하고 멋진 꿈을 키워 나갈 수 있도록 어른들의 따뜻한 배려와 지속적인 관심 부탁드립니다. 감사합니다.

이 문구로 안내판을 세우는 과정은, 통학로 간판 문구를 만들 때와 달리 쉽지 않았다. 학교가 보낸 문구 초안에 대하여 구청과 학교 사이의 의견 차이가 있었기 때문이다. 구청은 지자체 부지에 지자체 예산으로 만든 시설이라 지역 주민이 우선적으로 사용하는 장소로 만들고 싶어 했다. 그래서 학교가 보낸 초안과 달리 안내판 문구에 지역 주민의 휴식 공간이라는 점을 먼저 쓰고, 뒤이어 학생들이 야외학습장으로 사용할 수도 있다고 안내하려 했다. 학교는 학생과 학부모도 지역 주민이라는 점과 어린이와 청소년이 우선적으로 사용할 지역 내 공간이 너무 없다는 점을 재차 강조하며 설득했다.

결론적으로 학교와 구청이 한 보씩 양보하며 협의를 마쳤다. 학교는 이 공원의 이름을 '오구오구 더불어길'에 이어 '오구오구 더불어공원'으로 짓자고 제안했으나 구청은 의회를 통과해야 하는 점 등의 어려움을 호소하던 차였다. 학교는 별도 이름 없이 소공원으로 하자는 구청의 제안을 받아들이고, 구청은 학교가 요청한 학생 사용을 앞세우는 내용으로 안내판 문구에 동의했다. 소소한 일이라 생각할 수도 있지만 소공원의 정체성을 결정하는 중요한 문제였다. 소공원이 만들어진 후 거의 1년이 지나서야 합의한 문구를 넣어 안내판을 설치했다.

현재 이곳은 오류중학교는 물론 인근 초등학교나 유치원에서도 많이 활용하는 학교 밖 야외학습장이 되었다. 수업이 없을 때나 휴일은 마을 주민의 소중한 휴식 공간이다. 코로나 시기에는 갈 곳이 없어진 마을의 어르신들이 연일 소공원으로 나와 바람을 쐬며 대화를 나누는 만남의 장이었다. 학교 주변에 안전한 통학로를 조성한 것, 또 학교 밖 야외학습장을 조성한 것 모두 지자체-학교-마을이 상생하여 만들어 낸 좋은 사례이다.

공원 이용 안내문

구청과 두 건의 큰 협력사업을 진행하면서 많은 것을 배웠다. 협의할 때는 명확한 논거로 자신감과 확신을 가지고 설득에 임할 것, 설득할 수 있는 논거를 구체적으로 제시할 것, 무작정 일방적으로 우기지 말고 서로 한 발씩 양보할 대안을 제시하며 진행하기, 학부모는 물론이고 지역 정치인 및 지역의 인적 네트워크를 적극 활용해서 측면 지원을 받을 것 등이다.

썰렁한 발코니의 변신, 끼가 넘치는 교육 공간으로

오류중학교는 식당을 새로 지어 2019년 3월부터 식당 배식을 시작했다. 2층 식당에서 운동장 방향으로 문을 열고 나가면 넓은 야외 발코니가 이어져 있다. 썰렁하게 비어 있던 이곳을 학생 쉼터이자 버스킹, 소공연을 할 수 있는 공간으로 조성했다. 작은 무대와 빔프로젝트용 흰색 칠판, 음향시설과 조명장치, 운동장을 바라보는 카페식 일자형 원목 탁자와 의자, 피아노, 자유 칠판, 게시판 등을 설치했다. 학생들이 목공으로 이동 의자도 만들어 배치했다.

이 공간을 만들고 나서 점심 식사 후 학생들의 행동이 크게 달라졌다. 전에는 식사를 마치고도 식당 안에서 친구를 기다리느라 우왕좌왕하는 학생이 많았다. 교사들은 학생들이 밖에 나가서 기다리도록 지도하느라 신경을 많이 써야 했다. 코로나 상황이라 더 예민할 수밖에 없었다. 발코니를 새롭게 꾸민 후에는 식사를 마친 학생은 자연스럽게 식당 밖으로 나가서 그곳에서 즐겁게 시간을 보내며 친구를 기다렸다.

무대에서는 춤이나 노래를 비롯해 버스킹과 작은 공연이 자주 펼쳐졌다. 밥을 먹는 학생들도 발코니에서 벌어지는 풍경을 바라보며 식사를 하게 되었다. 점심시간에 방송반 학생이나 음악 교사가 음악을 틀기도 하고, 교사들이 교육활동으로 만든 동영상을 틀어 학생들이 활동 결과를 공유하기도 했다. 학생회 행사를 비롯해 홍보가 필요한 일도 이곳을 많이 활용했다. 기증받아 한쪽에 자리한 클래식 피아노를 치는 친구가 있으면, 피아노 연주를 듣는 학생들이 주변에 모여들었다. 그러다 피아노에 흥미를 느끼고 배우는 학생도 생겨났다.

2022년 가을 즈음 이곳에서 교사와 학생이 함께 준비한 작은 음악회가 열렸다. 공연팀은 짧은 점심시간이라 얼마나 관객이 모일지 걱정했으나, 오히려 너무 많이 모여 걱정될 정도로 많은 사람이 함께 호응하면서 끝까지 관람하며 앙코르를 연호했다. 나도 앞사람들 머리 사이로 겨우 공연을 볼 수 있었다. 모두가 정말 신나고 행복한 시간이었다.

앎과 삶이 함께 가는 교육과정

학교에서 가르치는 지식이 학생이 살고 있는 현실의 삶과 다른 경우 학생의 성장을 제대로 지원할 수 없다. 학교교육과정은 학교에서 배우는 '앎'이 학생의 '삶'과 연계될 수 있도록 연구·계획·실행되어야 한다. 교육과정을 총괄하는 교장으로서 이런 문제의식으로 교사들과 앎과 삶이 연계되는 교육과정에 대한 탐색을 계속하며 방향을 함께 정립했다.

삶을 중심으로 한 교과통합·융합교육과정

학생 중심의 앎과 삶이 연계되는 교육과정을 만들기 위해 학년별로 교과통합·융합교육과정을 교육계획으로 수립했다. 신학년 준비 워크숍에서 학교 운영 방향에 맞게 학년별 중점 교육 목표를 정하고, 교과별로 학년 중점 교육 목표를 반영하여 연간 교과수업계획을 작성한다.

이때 다른 교과 및 행사와 연계하는 계획도 같이 수립한다. 동학년 담당 교사들이 각 교과의 교육과정을 펼쳐 놓고 협력해서 할 수 있는 교육 내용과 방법, 시기를 논의하여 결정한다. 아래 예시는 2022학년도 오류중학교 학교교육계획서[7]에 수록된 국어과, 수학과 교육계획의 일부이다.

학년 중점 목표와 교과수업 연계 계획(국어과)

학년	학년 중점 교육 목표	내용
1학년	타인과 소통하며 자기 자신의 주인 되기	친구들의 정보를 탐색하고 면담하여 친구 소개하는 발표하기
		글로 자신의 생각을 표현하고 글을 공유하며 소통하기
2학년	창의적으로 생각하기	자기 삶의 가치와 신념을 정하고 이를 표현하는 발표하기
		독서의 가치를 알고 독서를 통해 자신의 삶의 문제 해결하기
3학년	소통하고 협력하기	문학 작품을 주체적이고 능동적으로 감상하고 이를 학급 친구들과 공유하기
		동일한 화제를 다룬 서로 다른 관점의 글을 읽고 토론하기

타 교과, 학교 행사 등과 교과수업 연계 계획(국어과)

학년	연계 교과 혹은 행사	내용
1학년	사회	사회 교과에서 찾은 문제 내용을 바탕으로 글쓰기 단계에 맞추어 문제를 소개하는 글 쓰기
2학년	영어	국어와 영어의 속담, 격언, 관용 표현 비교하기
3학년	역사	계유정난에 관해 학습하고 사육신의 시조 감상하기
	미술	본인이 좋아하는 시 구절이나 노래 가사 캘리그라피로 표현하기

타 교과, 학교 행사 등과 교과수업 연계 계획(수학과)

학년	연계 교과 혹은 행사	내용
1학년	체육	나만의 정이십면체 축구공 만들기
	정보	수학 데이터 수집 및 표현하기
2학년	역사	훼손된 문화재 복원하기
	보건	코로나19 감염재생산지수를 통해서 확진자 수 유추하기
3학년	사회	저출산 초고령사회 진입 시기를 계산해 보기
	체육	체질량지수 측정 및 평균 파악하기
	미술	황금비 원리 이해하여 황금비가 들어 있는 작품 분석하기
	학급 뮤지컬	공간의 효율적 활용을 위해 동선 계산해 보기

표와 같이 학년별로 모든 교과가 통합·융합교육과정을 구성하여 수업으로 진행한다. 미래학교를 운영하면서 개별 학생에게 디지털기기가 제공되어 여러 교과가 협력하는 수업은 더 활성화되었다. 교사나 학생 모두 태블릿PC를 사용하면서 공동 작업이 훨씬 편리해졌기 때문이다. 필요한 경우 자료나 앱을 바로 활용하여 풍성하고 수준 높게 수행과제를 진행할 수 있다. 예를 들어 국어 시간에 문학 수업으로 작성한 시를 태블릿에 저장하면 저장된 시를 활용하여 미술 시간에는 시화 수업을, 음악 시간에는 작곡 수업을 진행하는 방식이다.

코로나 시기에 매우 인상 깊었던 수업은 체육과에서 온라인수업으로 진행한 1학년 학생들의 달리기 기록을 통계 수업으로 활용한 수학 수업이었다. 학생들이 매일 올린 달리기 기록은 달린 시간, 거리, 반별 참여 학생 수와 남녀 비율 등의 여러 원 데이터가 들어 있다. 수학 교사는 1학년 수업에서 통계에 대한 기본 설명을 한 후, 반별 달리기 기록에서 알아보고 싶은 통계를 수학 앱을 활용하여 분석하도록 했다. 학생들은 자신이 알고 싶은 반별 달리기 빠르기, 성별 비교 등 다양한 통계를 표나 그래프로 생성하여 분석했다.

통계가 왜 필요한지 학생 자신이 달린 기록과 연결하여 진행한 좋은 통합수업이었다. 필자는 학생 시절에 통계가 수학에서 제일 어렵고 흥미가 없었다. 수업 참관 후, 통계를 이렇게 스스로 수행한 달리기 기록을 활용해서 배웠다면 정말 재밌고 좋아했을 거 같다고 피드백했다.

---

7. 필자가 근무하던 2022학년도에 작성한 교육계획서의 내용인데, 현재까지 유지되고 있다.

고학년이 우선인 학교문화에서 약자 배려?

학교생활에서 앎과 삶이 일치할 때 교육은 목표를 달성할 수 있다. 학교 수업 시간에 약자를 배려하고 양보하라고 배우는데 학교생활에서 반대로 경험한다면 학교에서 가르치는 지식은 말뿐인 거짓 지식이다. 시험 정답 맞히기용 교과서 속의 지식일 뿐 앎과 삶이 철저히 분리된, 지식 따로 삶 따로인 '거짓 지식'이다.

대부분의 학교는 급식 순서, 운동장 사용, 교실 배치 등에서 대체로 고학년을 먼저 배려하는 관행이 있다. 효율성 측면과 함께 어차피 고학년이 되면 순서가 오니 결국 평등하다는 논리가 작동한 결과다. 그런데 이런 논리와 과정 자체에 이미 많은 메시지가 녹아 있다. 수업 시간에 약자를 먼저 배려해야 한다고 배우지만 현실 모습이 정반대라면 그 교육은 설득력을 잃는다.

고학년 우선의 학교문화에서 학생들이 경험을 통해 실제로 배우게 되는 것은, 현실 삶에서 양보하고 기다려야 하는 사람은 늘 사회적 약자라는 사실이다. 그 영향 탓인지 청소년 시기 학교 선배는 대개 학교 선생님보다 무섭고 권위적인 존재로 기능한다. 중등 교사라면 누구나 겪었을 에피소드로 나 또한 계면쩍고 민망한 경험이 많다. 복도에서 저 앞에 학생들이 어쩐 일로 인사를 깍듯하게 했다. 기특해서 칭찬이라도 하려고 가까이 다가온 학생의 얼굴을 보고야 깨닫는다. 시선이 교사인 필자가 아닌 뒤쪽을 향하고 있어 뒤돌아보면 어김없이 고학년 학생이 있었다.

이런 상황에서 학생문화에 직접적으로 큰 영향을 미치는 학생 생활 문제는 잠재적 교육과정 차원에서 세심하게 검토하며 진행해야 한다. 이와 관련한, 학생문화 개선 사례 몇 가지를 소개한다.

나중에 먼저 먹게 되니까 참아라?

첫 번째 사례는 점심시간에 급식 먹는 순서이다. 오류중학교는 2019년 식당 배식을 시작하면서 급식 먹는 순서를 고학년부터 하지 않고 학년별로 동일한 일수만큼 돌아가며 먹는 것으로 하고 있다. 3학년이 빨리 먹고 자리를 비켜 주는 게 효율적이라는 신화 때문인지 고학년부터 먹지만, 전체 학생이 급식을 다 마치는 데 필요한 총 시간은 배식 순서와 상관없이 동일하다.

설령 학년별로 먹는 속도가 다소 차이가 난다 해도 총 시간이 같은 여건에서 학년별 속도를 기준으로 배식 순서를 결정할 문제인지 교육적인 성찰이 필요하다. 본질은 누가 늘 양보를 하고 있으며 그 과정에서 학생들이 무엇을 배우고 있는가이다.

오류중학교는 2019년 3월부터 급식이 교실 배식에서 식당으로 바뀌게 되어, 그 전에 배식 순서를 정해야 했다. 한번 학교문화로 자리 잡으면 중간에 바꾸는 일은 훨씬 더 어렵다. 운영하면서 이미 이득을 본 그룹과 참고 기다린 그룹이 생겨서 해결해야 할 여러 가지 이해관계가 복잡해지기 때문이다.

2월 교직원과의 만남에서 순환 배식 의견을 공유하며 학생회 안건으로 숙고하도록 했다. 학생회도 취지에 공감하여 순조롭게 급식 순환 배식을 학교문화로 정착시킬 수 있었다. 고학년은 후배인 저학년을 배려한다는 자부심을, 저학년은 선배들이 후배를 배려하는 따뜻한 마음을 느낄 수 있는 방식이라 설득했었다.

순환 배식으로 진행하면서 생각했던 대로 학생들이 서로 배려받고 양보하고 있다고 느끼는구나 확신했다.

백 마디 말보다 현실의 체험이 강력한 법이다.

"어? 2층 교실은 3학년의 특권이었는데요!"

선후배 간 수직적 관계 인식을 잘 보여 주는 또 다른 사례는 학년별 교실 배치 문제이다. 중학교는 신입생이자 저학년인 1학년을 분리된 곳에서 보호한다는 취지로 고층인 4층에 배치하고, 저층에 3학년을 배치하는 경우가 많다. 고층은 고학년이 일부러 올라가야 하는 반면 저층은 통행상 자연스럽게 통과하게 되는 곳이라 고학년이 고의로 저학년 교실에 올라가는 것을 방지하자는 '선한' 취지이다.

2021학년도 말, 저학년을 배려하는 문제-무거운 책가방, 저학년의 높은 활동성, 선배들 때문에 아래층으로 이동하기 불편함 등-로 긴 논의 끝에 1, 3학년을 반대로 배치했다. 문제의 시작은 4층에 분리 배치한 1학년 학생들이 쉬는 시간 복도에서 '난리법석을 떠는' 것이 발단이었다. 2021년 신입생은 코로나 때문에 초등 6학년 때 학교를 많이 다니지 못했는데, 오류중학교는 2021년에 전면 등교를 하고 있었다. 1학년 학생들은 초등 6학년을 답답하게 보낸 후라 자유와 에너지 분출 욕구가 더 컸으리라 생각한다.

쉬는 시간마다 복도에 우르르 몰려나와서 떠들고 장난치는 그룹과 이로 인해 불편을 호소하는 학생들 간에 갈등이 1년 내내 끊이지 않았다. 쉬는 시간 10분 안에 4층에서 밖으로 나갔다 돌아오긴 쉽지 않다. 2, 3층은 '호랑이보다 무서운' 3학년 교실이라 4층 복도가 1학년 학생들에겐 친구들과 만나는 '만남의 장소'가 되었다.

1970년대에 지어진 오류중학교는 신축 학교처럼 복도가 넓지 않아 복도에 학생 휴게 공간을 만들 수가 없다. 쉬는 시간 복도 점령 그룹 때문에 빚어지는 학생 간 문제는 학급회의 시간에 주요 안건으로 다루어졌다. 근본적인 해결책은 없었고 문제는 점점 더 악화되어 갔다. 코로나 상황이라 모든 것이 조심스러웠지만 문제 해결을 위해 별도로 같은 층에 반 칸 교실 공간을 1학년 휴게실로 제공했지만 별 도움이 되지 못했다.

해결을 고심하며 1학년 학급회의록을 살펴보다가 깜짝 놀라고 미안한 마음이 들었다. 쉬는 시간에 운동장으로 나가고 싶어도 '3학년 선배들이 계단에 앉아 있어서 거기를 통과해서 가기가 겁난다'고 했다. 전혀 생각지 못한 부분이었다. 이번 기회에 근본적으로 문제를 해결해야 한다고 판단했다.

평소에도 필자는 저학년이 저층을 쓰는 것이 합리적이라고 생각해 왔다. 원칙상 학교에서 사회적 약자인 저학년을 배려하자는 것이고, 구체적인 이유로는 체력이 약한 저학년이 무거운 가방을 짊어지고 낑낑대며 높은 계단을 걸어 4층까지 오르는 것의 문제, 발달 단계상 더 활동적인 저학년이 야외로 이어지는 건물 밖으로 쉽게 나갈 수 있어야 한다는 점, 교육은 교과서가 아닌 현실 생활이 더 강하게 영향을 준다는 점 때문이었다.

학년 말에 교직원 및 1. 2학년 학생회에 회의 안건으로 제안했다. 특히 2학년 학생들은 이미 2년간 4층에서 지내다가, 이제 겨우 3학년이 되어 저층으로 내려올 수 있는 시기라 저항이 예상되었다. 1학년도 마찬가지였다. 1학년 때 이미 4층에서 생활했고 2학년 때도 4층인데 3학년 때도 고층에서 지내야 하는 상황이었다. 오류중학교는 미래학교로 지정되면서 개축이 결정된 상태라 예산이 들어가는 사업을 하는 것도 많은 고심을 하게 했다. 교실 배치를 옮기면 학년부 교무실과 비어 있는 교실 환경을 다시 만들어야 하는 일이라 예산도 고려할 사항이었다. 하지만 개축이 예상보다 늦어지고 있는 상황에서 학생들이 계속 불편함을 감수하도록 놔둘 수는 없었다.

오류중학교는 2024년 현재 일반 학급이 14학급 정도로 줄어들어 빈 교실이 많다. 학급 수가 줄 때마다 학년부 교무실이 있는 층에 학급을 배치하다 보니 저층은 주로 특별실이나 창고처럼 사용되었다. 앞으로 몇 년간은 개축이 진행되지 않을 것으로 판단하고 1학년뿐만 아니라 2학년까지 최대한 저층에 학급 교실을 만들자는 방향으로 추진했다. 학생들에게 취지를 설명하고 최대한 많은 교실을 저층으로 배치하겠다고 약속했다. 학생들에게 '기존의 기득권을 계속 유지한다면 변화는 불가능하다는 점, 누군가는 한번은 약간의 희생이 필요한데 지금이 바로 그렇다, 여러분이 양보해서 앞으로 더 좋은 학교가 될 것이 확실하다, 후배들도 선배의 양보와 희생에 고마워할 거다'라고 이야기하며 설득했다. 학생들에게 이해를 구하고 교직원 회의에서 1, 2, 3학년 담임교사들의 의견을 최종 취합하여 교실 이동이 어렵게 결정되었다.

이 과정은 제안자인 학교장이 실무적으로 총괄해서 진행했다. 학기 말이라 교사들은 생활기록부 업무 등으로 매우 바쁜 시기였고 안건을 제안한 당사자인 교장이 직접 주관하는 것이 합리적이라고 판단했다. 교장이 실무를 주관한다는 것은 여러 갈등 상황을 직접 겪으며 해결해야 한다는 것을 의미한다. 10년이 넘게 혁신학교를 민주적으로 운영해 온 학교문화에서 필수적으로 학교 구성원의 동의 과정을 거쳐야 했다. 의견이 분분했으나 학년부 담임교사의 투표를 거쳐 저학년을 저층에 배치하는 것으로 결정되었다.

의견이 다른 교사도 한번 새롭게 시도해 보자는 마음으로 찬성하지 않았을까 싶다. 고마운 마음이 들었다.

교실 배치를 바꾼 다음 해인 2022년 스승의 날 즈음에 교장실에 들른 졸업생과 이야기를 나누면서 2층으로 내려온 1학년 교실 앞을 지나게 되었다. 졸업생이 깜짝 놀라며 "어? 1학년 교실이 2층으로 내려왔네요. 이거 3학년의 특권이었는데요!"라고 했다. 옆에 있던 졸업생도 "맞아요"라며 맞장구를 쳤다. 이 말을 듣고 '역시 그렇게 생각했구나!' 싶어 새삼 놀랐다. 졸업생의 입을 통해 직접 확인하니 잠시 씁쓸한 마음이 들었지만, 바꾸길 잘했다고 재차 확신하게 되었다.

졸업생의 말은 잠재적 교육과정으로 사회적 강자가 특권을 누린다는 것을 학습했다는 의미로 해석할 수 있기 때문이다. 학교 운영의 모든 것을 중요한 교육과정으로 인식해야 하는 이유이다.

선후배 분리보다는 잘 만나게 도와야

2018년 교사로 근무할 때 일이다. 이 학교는 본관과 별관 교사동 두 건물이 ㄱ자로 연결된 구조다. 본관과 별관은 2층에서 별관 건물 외벽에 덧대어 만든 통로로 이어져 있다. 나중에 별관 바로 옆에 정보관 건물이 별도로 지어졌는데 도서관, 체육관, 소강당, 특별실이 있다. 정보관은 별도로 지은 건물이라 정보관 건물 1층을 통해서만 들어갈 수 있었다.

2학기에 1학년 담임으로 별관 교무실에서 근무하게 되었다. 1시간은 자유학기 담당으로 도서관에서 독서수업을 하게 되었다. 학생들과 도서관으로 이동할 때마다 별관의 1층으로 내려가서 다시 정보관의 2층 도서관으로 올라가야 했다. 별관동에서 처음 근무하게 되어 알게 된 불편함이었다. 본관동에 있는 학생들은 본관 1층으로 내려와 야외로 만들어진 이동통로를 통해 별관동을 지나 정보관동으로 이동해야 했다. 날

씨가 궂은 날이면 눈비를 맞는 불편함도 있었다. 불편함은 개선책을 찾으면 된다.

개선책으로 본관과 별관을 이은 통로처럼 별관과 정보관을 잇는 4미터 정도의 구름다리 통로를 2층에 설치하자고 제안했다. 그러면 본관 학생도 밖으로 나가지 않고 별관 2층 복도를 통해 바로 정보관동으로 이동할 수 있었다. 예산은 교육청이나 지자체에 요청하면 가능하다고 판단했다.

이 제안에 대한 반응은 의외였다. 교사들은 앞서 학년별 교실 분리 배치와 같은 맥락에서 우려를 표현했다. 1학년 교실이 있는 별관 2층 복도를 고학년 학생이 통과하면서 1학년 학생을 해코지하지 않을지, 선배들이 지나다니면 1학년 학생들이 기가 죽지 않을까 걱정했다.

학교에서 1, 2, 3학년 학생 모두는 같은 학교에서 공동체 생활을 하는 구성원이다. 학생들은 학교라는 사회생활에서 같이 살아가는 방법을 배워야 한다. 발생하지도 않은 구성원 간의 갈등을 미리 예단하며 학생들을 분리하는 것은 '나쁜 학습'김신일, 2005이 될 수 있다. 공교육기관인 학교는 '좋은 학습'이 일어나도록 적극적으로 대응해야 한다. 선후배 간에 서로 협력하고 도우며 같이 잘 생활하면서 공동체적 사회생활을 배우는 것이 대원칙이 되어야 한다. 통제하는 방식은 학생 간에 서로 배울 기회를 학교가 먼저 차단해 버리는 것이다.

이 과정에서 학생들이 잠재적 교육과정으로 배우게 되는 것은 무엇일지 생각해 볼 일이다. 후배를 괴롭힐 마음이 전혀 없는 선배 학생은 자신이 잠재적 문제 학생 취급을 받는다고 느끼며 억울함과 학교를 불신하는 마음이 생길 수 있다. 이 정도는 아니더라도 학교에서 선후배 사이는 멀리하는 게 좋다는 것을 배울 것이다. 학교 안의 선후배 분리 조치는 만약 어떤 일이 발생했을 때 학교는 책임을 다했다는 면피용 방안이 아닐까 싶다. 학교에서 고학년과 저학년을 '분리 수용'하는 것으로 선후배 간의 괴롭힘 문제를 예방할 수 있다고 생각하는 것 자체가 너무 편협한 생각이다. 학교의 책임과 의무는 선후배의 만남을 통제할 것이 아니라 서로 잘 지낼 수 있도록 교육하는 것이다.

그해 학년 말에 학교가 필요하면 예산을 줄 수 있다는 지역 의회 의원의 말을 듣고 구름다리 설치를 학교에 다시 제안했다. 그리고 예산을 받아 2019년에 구름다리를 설치했다. 설치 후 편리하고 좋다는 이야기를 많이 들었다. 반면에 이로 인해 애초에 우려한 선후배 간에 문제가 생겼다는 이야기는 듣지 못했다. 일어나지도 않은 상황에 대한 불안이 현재의 필요성을 억압하거나 왜곡하는 상황을 어떻게 바꿀 수 있을까?

피터 센게는 『학습하는 조직』2006에서 헌신적인 사람의 특징을 활력, 열정, 흥분 등을 동원하여 일하며, 게임의 규칙에 따라 움직이지 않고, 게임 규칙이 비전 달성에 방해된다면 규칙을 바꿀 방법을 '어떻게든 찾아낸다'라고 설명했다. 이것이 리더가 갖춰야 할 진취적인 자세라 생각한다.

학교 벽 발자국은, 행위자가 같이 고민해야

학교는 평소 공공장소나 물건을 훼손해서는 안 된다고 가르친다. 교장으로 다시 오류중학교에 온 첫해인 2019년 교실 복도를 돌아보는데 한숨이 절로 나왔다. 실제는 휴대폰으로 찍은 사진보다 더 발자국이 빈틈없이 겹겹이 찍혀 있어서 참담할 지경이다. 교실 벽 또한 별로 다르지 않았다.

불과 1년여 전 전임 교장은 '색깔 있는 학교 만들기' 사업으로 큰 예

벽 발자국

산을 들여 실내외의 벽을 층별로 아름답게 조성해 놓았다. 새로 칠한 지 2년도 안 지났는데 이 상태가 된 것이다. 도저히 이대로 둘 수가 없어서 겨울방학에 예산이 크게 들지 않는 교실 내부 벽면 밑 부분부터 새로 칠했다. 복도 벽은 면적이 넓어 비용도 크게 들고 칠한 후 다시 더러워진다면 의미가 없는 일이다. 그렇다고 더러운 상태로 놔두는 것도 교육적이지 않았다.

반복되는 발자국 문제를 근본적으로 해결하기 위해서는 행위자인 학생이 자신들의 문제로 고민할 수 있도록 공론화할 필요가 있었다. 2020년 1학기 학생자치부와 의논하여 학급회의 안건으로 제안했다. 학급회의 당일, 제안자인 교장이 먼저 방송으로 안건 제안 배경을 설명했다. 더불어 이전에 페인트칠에 소요된 학교 예산과 새로 칠할 경우 예산 견적서를 방송 화면에 담아 구체적으로 공개했다. 이 돈은 부모들이 내는 국민 세금으로 교육활동을 위해 쓰여야 할 소중한 예산이라 설명하며 예산 사용의 중요성을 강조했다.

학급회의 결과는 칠하지 말자는 의견이 압도적으로 많았다. 이유는 교사들의 생각과 마찬가지로 칠해 봤자 금세 다시 발자국이 찍힐 거라 예산만 아깝다는 의견이었다. 예상한 결과였으나 예산의 소중함을 표현한 결과이기도 했다. 하지만 이대로 방치하는 것은 비교육적이었다. 다시 칠하고 발자국을 찍지 않도록 교육하는 것이 진짜 살아 있는 교육이고 학교의 역할이라 판단했다.

이런 사실을 교사들과 논의하고 학생들에게도 알렸다. 1학기 하순 장마가 오기 전에 페인트칠을 깨끗하게 다시 하고, 바로 이어서 '발자국 없는 학교 벽 지키기' 프로젝트를 진행했다. 1주일간 벽에 발자국이 찍히지 않으면 전교생에게 교장 선생님이 아이스크림을 쏘는 프로젝트였다.

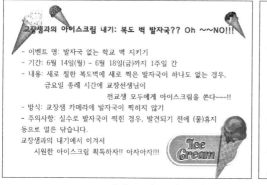

발자국 없는 학교 벽 지키기 프로젝트

이 행사의 목적은 전교생이 벽의 발자국을 '인식'하고, 고의로 찍지 않고, 발견할 경우 먼저 지우기를 실천하는 기회를 만들자는 취지였다. 결과는 대성공이었다. 성공 요인은 말로 하는 훈계에 그치지 않고 1주일 동안 몸으로 인식하고 실천할 기회를 만든 것이다. 여름철에 맞게 성공할 경우 교장 선생님이 전교생에게 아이스크림을 쏜다는 프로젝트를 함께 진행한 행사는 흥미진진한 게임과 같았다.

전교생이 같이 참여해야 성공하기 때문에 서로서로 신경을 쓸 수밖에 없었다. 실제 프로젝트에 관심이 있어 쉬는 시간에 복도에서 발자국이 있나 없나 살펴보는 학생들, 찍힌 발자국을 휴지로 지우며 속상해하는 학생들이 보였다. 필자 또한 수업 시간에 휴지를 챙겨서 복도를 돌면서 발자국을 발견하면 학생들 모르게 살짝 닦았다. 고의가 아니라 복도 벽에 등을 붙이고 놀다가 자신도 모르게 실수로 찍는 경우가 있기 때문이다. 청소직원에게도 보이는 대로 닦아 달라고 부탁했다.

이렇게 한 이유는 적발과 징벌보다 학생들이 성공 경험을 통해 뿌듯함과 자부심을 느끼는 것이 교육적인 방법이면서 교육 효과도 더 크리라 여겼기 때문이다. 스스로 노력해서 전교생에게 영향을 미치는 큰 성공의 경험을 갖는 것, 이것이 가장 큰 성공 요인이라 생각했다.

아이스크림은 성공 경험을 현실로 느끼면서 공식화하는 차원이었다. 성공하면 반별로 미리 나눠 줬던 예비쿠폰을 교장실로 가져와서 교장 선생님의 확인도장을 받고 미리 말해 놓은 학교 앞 가게에서 취향에 맞게 아이스크림을 고를 수 있도록 했다. 이렇게 계획한 이유는 프로젝트 모든 과정에 학생들이 주체로 참여할 수 있도록 하기 위해서다. 확인받으러 오는 과정은 그간의 노력에 대해 교장 선생님의 칭찬과 격려도 함께 받는 시간이었다. '교장 선생님이 돈을 너무 많이 쓰셔서 어쩌냐'며 걱정하는 학생들을 보면서 고맙고 기특한 마음이 들었다. 학교 예산인 교장실 운영비를 사용해서 학생의 직접적 교육활동을 공적으로 지원하는 것은 의미가 크다.

프로젝트를 마무리하면서 이후에도 실수로 찍힌 발자국은 해당 복도의 학급이 지우기로 했다. 청소직원에게도 '깨진 유리창 법칙'이 나타나지 않도록 각별히 신경 써 달라고 부탁했다. 다음 해 신입생이 들어왔을 때 2, 3학년 학생들은 신입생이 몰라서 발자국을 찍었다며 1학년 학생들에 대한 교육이 필요하다고 먼저 제안하는 모습을 보였다. 놀라운 변화였다.

만약 그때 '다시 더러워질 테니 하지 말자'는 회의 결과대로 페인트칠을 포기했다면, 학생은 발자국으로 뒤덮인 더러운 벽으로 둘러싸인 비교육적인 환경에서 생활했을 것이다. 또는 칠을 한 후에 말로 하는 훈육으로만 끝났다면 예산 낭비는 반복되고 이런 변화는 쉽지 않았을 거다.

학교 리더는 교육적 원칙을 유지하면서 실제적인 효과가 있는 대응 방안이 무엇일지 세심하게 상황을 분석하여 대안을 제시하는 노력이 필요하다.

유연한 교육과정 운영으로 예측 불가능한 미래 대응

연초에 세운 교육계획이 연말까지 학생들에게 최선의 교육을 제공하기는 어렵다. 하멜과 프라할라드는 "창조적 전략이 형식적으로 진행되는 연간 기획에서 나오는 경우는 거의 없다"라면서, "다양한 위치에서 상호작용을 주고받는 사람들 사이에서 불현듯 솟아오르는 경우도 있다"라고 했다.[8]

실제 상황에서 가장 좋은 교육을 실행하려면 시시각각 변하는 상황을 학교교육과정에 잘 반영할 수 있도록 유연하게 운영할 필요가 있다. 교육계획을 수립할 때 항상 이 점을 이야기했다.

예를 들어 국어과 '독서교육'에서는 구체적인 도서명보다는 '소설책 읽기와 독후감' 정도로 수립하도록 강조했다. 실제 독서교육을 하는 시점에서 학교와 사회의 여건을 고려하여 가장 알맞은 도서를 택하면 되

8. 『학습하는 조직』(피터 센게, 2006)에서 재인용.

기 때문이다. 연초 계획에 도서명을 명시하면 평가와 관련 있는 경우 다시 수정 계획을 제출해야 한다. 절차상의 어려움은 변화에 대한 유연한 반영을 어렵게 만든다.

우리가 사는 세상은 하루하루 엄청나게 많은 사건이 발생한다. 2023년에는 이스라엘의 팔레스타인 공격, 일본 오염수 방류 시작, 서이초 사건, 마약 투여 조사 과정에서 유명 연예인의 죽음 등 전혀 예상할 수 없는 일들이 생겼다. 학생이 생활하는 지역이나 학교 또한 함께 생각해야 할 일들이 계속 생겨난다.

우리가 지향해야 할 좋은 교육은, 학생들이 자신의 삶 속에서 일어나는 일들을 제대로 해석하는 관점과 부딪치는 문제를 실제로 해결할 수 있는 역량을 기르는 것이어야 한다. 이를 위해서는 학교교육과정을 유연하게 운영해야 한다. 유연한 교육과정 운영, 학사 운영과 관련한 사례 두 가지를 소개한다.

급식 노동자 파업에 학생들이 응원 편지를?

2021년 10월 20일 학교급식조리원 파업이 결정되고 오류중학교 직원들도 파업에 참여하는 예상치 못했던 일이 생겼다. 이에 따라 당일 정상 수업 여부, 급식 제공 시 간편 메뉴, 학부모 대상 안내 등 새로운 상황이 발생했다. 노동자 파업에 대한 우리 사회의 인식에 비춰 보건대 불편함의 토로가 예상되었다. 이런 파업 상황에 대한 이해와 더불어 학생들에게 노동교육의 기회가 되었으면 좋겠다고 교사들에게 제안했고, 1학년 사회과 계기 수업으로 진행되었다. 학생들에게 노동자 파업은 뉴스에서나 접하던 '무섭고 불편하게 느껴지던' 일이었다. 그렇지만 동시에 학교급식조리원 파업은 매일 맛있는 급식을 만들어 주시는 '우리 학교 급식조리 선생님의 파업'이고 급식을 하루 못 먹게 되는 일이라 학생 자신과 밀접한 문제였다.

학생들은 사회과 계기 수업을 통해 노동법, 노동자의 권리, 노동3권, 급식조리원 파업 배경 등을 배웠다. 마지막 차시 수업 시간에 학생들은 '급식조리 선생님들께 응원의 한마디'를 작성하고 종이로 출력하여 급식조리 여사님들께 전달했다.

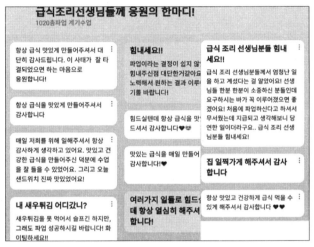

급식조리 선생님들께 응원의 한마디!

이 응원 글을 받은 급식 여사님들은 가슴이 정말 뭉클했다며 고마워했다. 파업 전날 점심시간에 학생 배식을 도우면서 보니, 학생들이 배식하는 급식 여사님들께 '내일 잘 다녀오세요', '그동안 급식 맛있게 해 주셔서 고맙습니다'라며 다정하고 따뜻한 인사말과 격려를 전했다. 여사님들은 마음이 찡하다고 눈물을 글썽이며 고마워하셨다.

급식조리원들은 파업 참여 결정 과정에서 여러 시선을 의식할 수밖에 없었을 것이다. 그러다 생각지도 못한 응원과 격려 메시지를 받으니 안심되고 고맙고 기쁜 마음이 들었을 것이다. 너무나 따뜻한 장면이었다. 파업 당일 학교는 간편식을 마련하여 제공했다. 학생들은 오히려 더 맛있다며 마치 소풍 나온 것처럼 나무 그늘에 나가 앉아서 먹기도 하면서 전혀 불만을 표현하지 않았다. 이런 학생들이 집에 가서 학부모에게 급식조리원 파업 상황을 어떻게 전했을지는 미루어 짐작할 수 있다. 학교 구성원 간에 갈등 상황이 생길 수도 있는 이슈였지만 오히려 공동체성을 강화하는 계기가 되었다.

2024년 서울시교육청이 지향하는 '공동체형 학교', '더불어 공존교육'을 실천적으로 구현한 의미 있는 교육 사례라 생각한다.

또 다른 사례는 2019년 연초 학교교육계획에 없었던 학생회의 학생운동회 제안을 교육과정으로 수렴한 교과통합수업이다. 혁신학교인 오류중학교는 3주체의 의견을 최대한 수렴하여 학교를 운영한다. 1학기 학기 초에 전교직원회의에서 학생회 대표가 학생운동회 개최안을 정식으로 제안했다. 논의 결과 교사들은 학생회의 제안을 받아들이기로 했다. 학교 행사도 교육과정의 일부라는 관점에서 가능한 교과와 연계하여 정규교과 통합수업으로 진행하기로 했다. 국어과 반별 응원가 가사 만들기, 영어과 반별 영어 응원 구호 및 팀 시그니처 로고 만들기, 미술과 반별 포스터 만들기, 체육과 학생운동회 준비 등으로 정규 교과수업과 연계하여 진행했다.

여러 교과수업과 연계하여 진행한 학생 주도 운동회는 매우 의미 있고 좋은 시간이었다. 학생은 자신들이 학기 운영 중에 제안한 행사가 실제로 이루어지는 것을 봄으로써 자신들이 학교 운영의 한 주체라는 주인의식과 자부심을 높이는 기회가 되었다. 교사들 또한 계획에 없었던 학생회 행사를 정규 교과수업과 연계하여 진행하면서 학생들의 삶과 연계된 교육과정을 구현했다.

이처럼 여러 교과가 변화에 유연하게 대응할 수 있는 것은, 연초 계획에 너무 얽매이지 말고 실행 시점에 맞게 유연하게 학교교육과정을 운영하자는 원칙과 학교문화가 정착되어 있기 때문이다.

학교생활 리듬에 맞는 유연한 학사 일정

교육과정 운영은 학사 운영과 밀접한 관계가 있다. 교육과정과 학사 운영이 자연스럽고 조화롭게 운영될 수 있도록 학사 일정을 구성해야 한다.[9] 오류중학교의 2022년 학사 일정표를 보면, 3월 개학하는 첫 1주는 학생 적응 및 학교생활 기본 교육을 위해 오전 수업으로 운영한다.

교육과정이 파행되기 쉬운 학기 말도 마찬가지로 시간 단축 없이 45분 수업으로 운영하여 오전 수업으로 마친다. 이런 학사 운영은 2020년부터 시작해서 2024년 현재까지 변동 없이 유지되고 있다.

이런 학사 운영이 가능한 것은 일반적인 다른 중학교와 달리 오류중학교는 7교시 수업을 주 3회 운영하기 때문이다. 중학교의 경우 규정된 수업시수를 맞추기 위해 보통 주 5일 중 3일은 6교시, 2일은 7교시 수업으로 운영한다. 그런데 오류중학교는 효율적이고 유연한 교육과정 운영을 위해 창의적체험활동(자율, 동아리, 봉사, 진로-자동봉진: 이후 창체로 표기)을 매주 금요일에 진행하면서 7교시 수업을 3일 실시한다. 이렇게 바꾼 이유는 교과수업과 창체수업을 모두 안정적이고 실효성 있게 운영하기 위해서다.

---

9. 중학교의 경우 연간 수업일수는 최소 190일 이상, 수업시수는 연간 교과 1,020시간, 창의적체험활동 136시간 이상으로 총 1,156시간 이상을 하도록 국가교육과정에 규정되어 있다.

주	월		화		수		목		금	
1			1	삼일절	2	비급식	3	비급식	4	비급식
						시업식 및 입학식		적응교육		적응교육 동1
2	7	비급식	8	비급식	9	대선	10		11	
	적응교육 동1		적응교육 스포츠01조직					자유1-2		(6)자(학급회장선거)
3 3	14		15		16		17		18	창체 없음
			스포츠02 자유1-1					자유1-3		학부모총회
4	21		22		23		24		25	
			스포츠03 자유1-2					자유1-4		(6, 7)동2
5	28		29		30		31		1	
			스포츠04 자유1-3					자유1-5		(6, 7)자2
18	27		28		29		30		1	
			스포츠16 자유2-7					자유2-8		(6, 7)동8
19	4	비급식	5	비급식	6		7		8	
7	기말고사(2, 3년)		기말고사(2, 3년)					자유2-9		(6, 7)자6
	1년-교과 연계 체험		1년-자유(진로탐색)							
20	11		12		13		14		15	
			스포츠17 자유2-8							(6, 7)동9
21	18		19	비급식	20	비급식	21	비급식	22	비급식
			(1-4)수업		전일제 진로		(1-4)수업		회장선거 및 방학식	

수업일수 97일/고사일 2일/방학식 7월 22일(금)/여름방학(7월 23일~8월 17일)/개학식 8월 18일(목)

이전에는 다른 중학교들처럼 창체수업을 월 1회씩 전일제 창체수업일에 한꺼번에 몰아서 운영했다. 그날은 원래 시간표 요일의 교과수업을 못 하는 것은 물론이고, 창체도 월 1회라 의미 있게 운영하기 어려웠다. 그날은 학교가 종일 어수선하고 파행적으로 운영되었다. 이런 상황을 개선하기 위해서는 많은 고민과 교육적 관점의 합의가 필요했다.

2019년 말 이 문제로 교감 선생님과 대화했다. 교감 선생님은 전 학년 모든 반의 교과창체를 동일한 시간에 고정시키고 7교시를 하나 더 만들면 늘어난 주당 1시간을 활용해서 학사 일정을 더 유연하게 운영할 수는 있다는 의견을 냈다. 교과창체를 동일한 시간으로 고정하는 일도 주당 1시간을 늘려 7교시 수업을 하루 더 만드는 일도 구성원의 동의를 구하기 쉽지 않은 사항이었다. 교과창체는 취지와 별개로 교과별 교사 수업시수 평균을 맞추는 용도로 이용되고 있는 상태였다. 교감 선생님도 '그냥 이런 방법도 있지만 시도해 봤자 시끄럽기만 할 거니 안 하는 게 낫겠다'고 했다.

필자는 이렇게 할 경우, 일석이조를 넘어 여러 가지 문제를 개선할 수 있는 좋은 방안이라 판단했다. 교과창체 시간도 창체수업과 마찬가지로 파행적으로 운영되는 경우가 더 많은 실정이라 개선이 필요했다.

교과창체 시간은 대개 수업시수가 적은 교과부터 배당하고 교육과정은 담당 교사가 자율적으로 구성한다. 국가교육과정상의 취지는 이 시간에 교과수업에서 하기 어려운 창의적 교육과정을 자유롭게 운영하라는 것이다. 그러나 학생들은 별도 평가가 없는 이 시간을 놀아도 되는 시간처럼 인식하는 경우가 많았다. 교사도 여러 여건상 수업을 알차게 운영하기 어려웠다. 일부 혁신학교는 개선의 필요성을 반영하여 교과창체수업의 내실화 방안을 시도하고 있었다.

오류중학교도 2011년에 혁신학교를 시작하면서 일부 개선을 시도했다. 교과창체를 맡은 교사들이 6차시 정도의 커리큘럼을 만들어서 반을 돌아가며 지도했다. 과학 교사인 필자는 학교 뒤 능골산의 식물 탐색을 주제로 진행했다. 학생들은 6주를 주기로 새로운 교사와 새로운 주제로 교과창체수업을 받게 된다. 각 교사가 1년을 단위로 끌고 가는 것에 비해 훨씬 더 알차게 운영되었다고 평가했다. 그 이후에는 나이스 기록 불일치 등의 행정적인 어려움 때문인지 다시 기존으로 돌아간 상태였다.

새로운 운영 방안에 동의를 구하기 쉽지 않을 거라 예상했지만, 여러 장점이 많은데 논의에 부치지도 않고 포기하는 것은 너무 패배적인 관점이며 구성원에 대한 예의가 아니라고 생각했다. 신학년 준비 워크숍에서 정식 안건으로 제안했다. 정식 안건으로 제안하기에 앞서 부장교사를 비롯해 구성원의 생각을 미리 들어 보았다. 제안하고 토론하기 전에 미리 의견을 들어 보는 과정은 중요하다. 가능성을 타진하는 것은 물론이고, 문제점 파악에도 도움을 받는 경우가 많다. 사전에 안건에 대한 검토가 이루어진 상태라 실제 토의도 더 활발하게 이루어진다. 이 주제는 학교 구성원 모두가 많은 영향을 받을 것이라서 전체 합의가 필요한 사항이었다. 회의 결과 시도해 보는 것으로 결정했다.

이것은 굉장히 높은 수준의 합의이다. 연초에 정해지는 수업시수는 1년간 또는 최소 한 학기 동안 적용되는 것이라 1시간 수업 차이는 서로에게 예민한 문제이다. 이런 결론이 난 것은 개인주의를 넘어 더 높은 차원의 공유 비전을 위해 헌신하는 기풍이 학교문화로 만들어져 있어서 가능한 일이기도 하다. 이타적 유전자가 이기적 유전자보다 우세하다는 것을[10] 보여 주는 실증이라 할 수 있다.

회의 결과에 따라 구체적으로 금요일 6교시에 3개 학년의 교과창체를 고정시키고, 금요일 7교시에 1시수를 더 만들었다. 그리고 매주 금요일 6, 7교시를 쉬는 시간 없는 블록 수업으로 만들어, 자동봉진 모든 창체활동을 실질적으로 더 잘 운영할 수 있었다. 7교시를 하루 더 늘려 주당 1시수가 늘어난 것은 운영상 필요한 시기, 예를 들어 학년 초 적응 기간이나 학기 말 또는 수능일 전날 등에 45분 수업으로 운영하면서 상황에 맞게 수업시수를 조정할 때 쓸 수 있는 여유 시수가 되었

---

10. 최정규(2004), 『이타적 인간의 출현』, 도서출판 뿌리와이파리.

다. 예전에는 이런 경우 35분 수업 또는 더 짧게 수업을 운영해서 교과 수업을 제대로 진행하기 어려웠다. 이후에는 여유 시수가 있어 45분 수업으로 진행할 수 있어서 정상적 교과수업이 가능해졌다. 2020년 1년은 7교시를 매주 3회로 운영했고, 2021년부터는 여유 시수와 구성원의 부담을 고려해 월 1회 금요일은 창체 없이 5교시로 종료했다. 이날 오후 시간은 교사나 학생 모두에게 자율적으로 쓸 수 있는 모처럼의 여유 있는 시간이었다.

이런 방식은 교육과정 운영 측면에서 1석 5조의 효과가 있는 방안이다. 먼저 창체전일제로 인해 파행되었던 전일제 해당 교과수업이 안정적으로 운영되었다는 점과 월 1회 실시하던 자동봉진 창체수업을 매주 실시하여 활성화되었다는 점이다. 세 번째는 교과창체수업이 정규 교육과정의 목적에 맞게 내실 있게 운영된다는 점이다. 교과별 수업시수를 맞추던 용도에서 자동봉진 창체를 활성화하는 역할로 기능했다. 네 번째는 여유 시수를 활용하여 1년 학사 일정을 학교생활 리듬에 맞춰 유연하게 운영하게 되었다. 다섯째는, 학교 구성원이 공유 비전을 우선으로 학생배움중심의 교육과정을 실질적으로 운영하는 데 함께 참여했다는 것이다. 높은 수준의 공동체 문화가 실현되는 모습이다. 이런 구성원의 동의가 없었다면 앞의 네 가지 이점은 불가능했다.

학기 초나 학기 말 또는 학교 운영상 필요한 경우 시간 단축 없이 유연하게 학사일정을 조절·운영하면서도, 오류중학교는 연간 규정 수업시수인 1,156시간 이상의 수업시수를 편성하여 운영했다.[11] 학교공동체

---

11. 2022학년 학년별 수업시수는 1학년 1,173시간, 2학년 1,162시간, 3학년 1,162시간이다(출처: 〈2022학년도 오류중학교 교육계획서〉).

가 더 높은 차원의 공유 비전에 동의하고 실행했기 때문에 가능한 일이다.

교장은 유연한 학사 운영으로 탄력적인 교육과정 운영을 뒷받침하고, 구성원의 사회적 생활 리듬에 맞게 학교가 운영될 수 있는 시스템을 개발하는 노력을 기울여야 한다.

학습자 주도 맞춤형 교육과정: 학습자가 배우는 조건

교육은 학습자의 배움으로 귀결되어야 그 목적이 달성된다. 학습자가 학습의 전 과정 즉, 학습자가 필요로 하는 교육과정, 학습 방법, 학습 결과 성찰에 주체가 되어 스스로 실천할 때 가장 효과적인 배움이 실현될 수 있다.

[그림 5] 학습자 주도형 교육과정과 타 영역과의 관계 조윤정 외, 2017

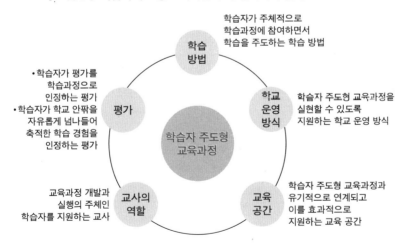

조윤정 외[2017]는 학습자가 학습 과정에서 주체가 되는 학습자 주도형 교육과정과 타 영역과의 관계를 [그림 5]와 같이 제시했다.[12]

필자는 혁신학교 실천 과정에서 교육혁신의 지향점이자 교육의 최종 목적인, 학습자의 성장을 실제적으로 지원하는 학습권 실현 조건 탐색을 주제로 박사 논문을 작성했다. 이 연구에서 도출한, 학습자가 학습권을 실현하기 위한 일곱 가지 요소는 다음과 같다.[13]

1. **학습 주체** 학습자가 주체적으로 주변 세계와 상호작용하며 학습을 진행할 수 있어야 한다.
2. **교육과정** 학습 내용은 학습자의 필요와 요구에 토대해야 한다.
3. **학습 시기** 학습자가 필요로 하는 시기에 학습자의 속도에 맞게 이루어져야 한다.
4. **학습 장소** 학습자의 학습이 실현되기에 적합하며 학습자가 원하는 장소라야 한다.
5. **학습 방법 및 평가** 학습의 전 과정에 학습자의 참여와 선택이 보장되어야 한다.
6. **학습 목적** 개인과 집단의 능력과 자율성을 확장할 수 있어야 한다.
7. **학습 제도** 교육자원에 접근할 권리와 평등한 기회가 보장되어야 한다.

12. 조윤정·김아미·박주형·정제영·홍제남(2017), 『미래학교 체제연구: 학습자 주도성을 중심으로』, 경기교육연구원.
13. 홍제남·김혜원(2021), 「학습자 배움중심교육을 위한 학습권 실현 조건 탐색: 의정부 몽실학교 사례를 중심으로」, 『학습자중심교과교육연구』 제21권 23호.

학습자의 학습권이 실제적으로 실현되기 위해서는, 이러한 학습권 실현의 각 구성 요소에 따른 학습 조건이 충족되고 학습자가 쉽게 접근할 수 있는 여건이 마련되어야 한다.홍제남·김혜원, 2021

학습권 실현의 일곱 가지 구성 요소 간의 관계는 [그림 6]과 같다.

[그림 6] 학습권 실현의 구성 요소들 간의 관계

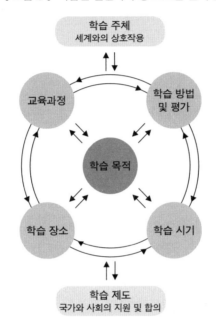

학습자가 학습 목적을 실현하기 위해서는 학습자가 주체가 되어 자신에게 필요한 교육과정을 구성하여 자신에게 적합한 속도로 학습하기 알맞은 학습 공간에서 학습자가 주체가 되는 학습 방법 및 평가가 이루어져야 한다. 그리고 이러한 조건들은 제도적으로 뒷받침되어야 한다.

현재 우리나라 교육 여건에서 이러한 일곱 가지 요소를 학교에서 모두 통제할 수 있는 상황은 아니다. 하지만 제도적인 한계에도 불구하고 학교장은 현재 상황에서 할 수 있는 최대로, 학습자가 학습권을 실현할 수 있는 학습자 주도 맞춤형 교육과정 운영을 위해서 노력을 기울여야 한다.

오류중학교에서 실행한 몇 가지 사례를 소개한다.

동아리, 우리가 만들고 우리가 운영해요

첫 번째로, 학생들이 구성하고 운영하는 정규 교육과정 동아리 활동이다. 우리나라는 학생은 물론이고 교사도 교과 교육과정을 자율적으로 편성할 권한이 거의 없다. 교사는 수업이나 평가 방식을 조금 다르게 하는 정도일 뿐 교과수업은 국가교육과정을 벗어나지 못한다. 그러나 교과와 달리 창체 교육과정은 교사는 물론이고 학생도 주도적으로 할 수 있는 영역이다.

교장으로 부임한 1년 후 신학년 준비 워크숍에서 정규 동아리를 온전한 학습자 주도 교육과정으로 운영하자고 공식적으로 제안했다.

제안하게 된 계기는 이전에 근무하던 학교에서 3학년 한 남학생의 이야기를 듣고 신선한 충격을 받았기 때문이다. 1학기에 지방에서 서울로 전학을 온 이 학생은, 전학 오기 전에 다녔던 학교도 혁신학교라서 좋았다고 이야기했다. 어떤 점이 좋았냐는 물음에 "제가 하고 싶은 동아리를 만들어서 한 게 정말 너무 재밌고 좋았어요"라고 답했다. 자신에게 필요한 교육과정을 스스로 구성해서 할 수 있었던 게 좋았다는 것은 학습자가 주체가 될 때 학습에 대한 흥미와 효과성이 높다는 것을 의미한다.

중학교에서 정규 동아리 교육과정은 대부분 교사가 만든다. 학생들이 만든 소위 상설 동아리가 소수 있기는 하지만 대부분 방송반, 밴드부, 댄스동아리 등으로 제한적이다. 정규 동아리를 구성할 때 학생 희망 사전 조사를 하지만 그걸로 끝이다. 실제로는 교사들이 개설한 동아리에 학생들이 가위바위보를 해서 들어오는 방식이다. 하기 싫은 동아리에 억지로 배정된 학생은 동아리 활동에 별 관심이 없어서 시간이 빨리 가기만을 기다린다.

부임 첫해인 2019년은 이미 교육계획이 수립되어 있어서 다음 해부터 시도하게 되었다. 2020년 정규 동아리 활동은 학생들이 교육과정-계획 수립-운영-발표회 및 평가의 전 과정을 주도하도록 계획을 수립했다.

검토 단계에서 대안 모색이 필요했던 부분은 첫째, 학생들이 제안한 동아리 수가 교사 수보다 많은 경우 지도교사 문제였다. 이는 이미 시행했던 초등학교도 고민했던 문제인데 한 교사가 2~3개의 동아리를 지도했다. 동아리 성격을 고려하여 기존에 담당했던 동아리 학생 수만큼을 지도하는 것을 기본 원칙으로 하고, 나이스에 두 개 동아리 지도교사로 기록하면 해결되는 문제였다. 둘째, 동아리를 스스로 제안하거나 찾지 못하는 소극적인 학생에 대한 대책이 필요했다. 이 문제는 학생들이 만들기 어렵거나 교육적으로 필요성이 인정되는 텃밭 동아리 등 몇 개를 교사가 개설하는 것으로 했다. 교사 제안 동아리도 학생 제안 동아리와 마찬가지로 희망 학생이 없으면 개설하지 못한다. 셋째, 학생 제안 동아리가 교육적인가에 대한 판단 여부의 필요성이다. 되도록 허용하되 학교가 미성년자를 교육하는 곳임을 감안하여 예를 들어 도박처럼 일반적인 기준에서 문제가 될 소지가 있는 동아리는 제한하기로 했다. 넷째, 특정 동아리로의 쏠림 현상이다. 인원은 최소 5명에서 동아리 특성에 따라 최대 인원을 정하고, 희망자가 넘치는 경우는 조정하는 과정을 몇 차례 거쳤다. 다섯째, 예산 지원 문제였다. 동아리마다 특성이 달라서 합리적인 기준을 세울 필요가 있었다. 예산이 많이 필요한 공연 동아리 등은 논의 과정을 거쳐 더 지원하는 것으로 했다. 이것 외에도 진행하면서 생각지 못했거나 생각과 다르게 나타나는 문제들은 그때그때 수정·보완해 갔다.

기존 방식보다 구성은 좀 더 어려웠지만 학생도 교사도 즐거운 과정이었다. 새로운 방식을 학생들에게 미리 알려서 하고 싶은 동아리를 미리 생각해 볼 수 있는 기간을 줬다. 그리고 정규 동아리 구성 시간에 자유롭게 반을 이동하며 함께 할 학생들이 모여 동아리 운영계획서와 포스터를 만드는 작업을 진행했다. 포스터는 학교 게시판에 나란히 부착했다. 신이 난 학생들의 활기로 학교가 살아 있는 듯했다.

동아리 모집 홍보 게시판

학생 주도 동아리를 시작한 첫해인 2020년은 코로나로 등교일이 적어서 1학기 말에야 겨우 동아리를 구성했다. 공개적인 홍보 부스 운영 등을 계획했으나 코로나로 진행할 수 없어서 방송 영상으로 대체했다.

2학기 동아리 활동도 코로나 때문에 대부분 온라인 활동으로 운영하는 등 아쉬움이 많았으나 학년 말 학생들의 평가는 놀라웠다. 자신들이 하고 싶은 동아리를 제안하고, 동아리 모집 포스터 제작과 모집, 예산 사용과 활동 운영 계획을 자신들이 계획하고 주도하여 운영한 동아리 활동이 '너무나 좋았다'고 평가했다.

두 번째 해인 2021년은 전면 등교를 실시했기 때문에 좀 더 취지에 맞게 구성하고 운영할 수 있었다. 각 동아리 지도교사는 기존과 달리 학생이 주도하는 동아리 활동을 지원하고 촉진하는 것이 주된 역할이었다. 2022년의 정규 교육과정 동아리 구성을 보면 총 27개의 동아리 중 학생 개설 동아리 19개, 방송반 등 상설 동아리 3개, 교사 개설 동아리 5개이다. 27개 동아리 중 학생들이 개설한 것이 22개였다. 학생 수 비율로 계산하면 전교생 353명 중 308명으로 87.3%의 학생에 해당한다.

동아리 활동은 격주로 금요일 6, 7교시에 진행하는 것으로 편성했다. 기존에 교사가 개설한 영화반 등이 주를 이뤘던 것에서 학생이 모든 과정을 주도하는 방식으로 완전히 전환되었다. 동아리 활동 결과는 학년 말 동아리 발표회 때 부스를 만들어 공유하도록 했다.

학생이 전 과정을 주도한 정규 교육과정 동아리 수업은 현재 학교 여건에서도 가능한, 학습자가 주도하여 교육과정 계획과 운영, 활동 평가와 발표까지 진행한 '학생 주도 맞춤형 교육과정의 모범적 모델'이라 판단된다.

서울미래학교 운영, 디지털이 지원하는 학생 주도 맞춤형 배움

두 번째 사례는 디지털 기반 프로젝트 활동 및 학습자 맞춤형 수업이다. 오류중학교는 서울미래학교를 운영하게 되면서 학생들이 개인별 디지털기기를 원활하게 활용하게 되었다. 이것을 계기로 그간 혁신학교를 운영하며 지향했던 학생 주도 맞춤형 교육활동이 더욱 활성화되었다.

오류중학교는 2019년 디지털기기로 아이패드를 선정하고, 미래학교 시작 때부터 학생들이 3년 내내 계속 같은 기기를 자신의 것으로 사용하도록 결정했다. 이런 방식의 장점이 매우 많다고 판단했기 때문이다. 매번 새로 접속해야 하는 번거로움이 사라졌고, 3년간 자기 것으로 사용할 거라 더 신경을 써서인지 염려했던 파손도 거의 발생하지 않았다.

수업 전에 반별 기기함을 교실로 이동하고 방과 후에 다시 테크센터에 반납하는 방식으로 운영한다.

학생들은 수업 시간에 개인별 아이패드를 활용하여 교사가 안내한 수업 주제에 따라 모둠별로 또는 학습자 맞춤형으로 다양한 수업에 참여할 수 있다. 공간의 한계도 없다. 코로나 시기에 확진 학생은 등교할 때와 동일하게 집에서 원격으로 수업 시간에 참여했다. 교사와 모둠원들과의 소통도 교실에 있을 때랑 전혀 차이가 없어서 수업 결손으로 인한 학력격차 우려 문제를 해소할 수 있었다.

오류중학교에선 학생들이 수업 시간에 교실이 아닌 학교 안 여기저기에서 삼삼오오 또는 개인적으로 자유롭게 프로젝트를 수행하는 모습을 흔하게 볼 수 있다. 교사는 사전에 이런 상황을 전체에게 알리면 된다.

교실 안 수업도 학습자 수준에 맞게 피드백이 이루어지는 디지털 학습 프로그램 앱을 활용하여 개별 학습, 반복 학습, 심화 학습이 가능해졌다. 이전 과학 교사로 근무할 때 수업하면서 수업자료 영상을 보여 주는 경우가 종종 있었는데, 그때 학생마다 집중도나 이해도가 달라서 어려움이 많았다. 그런데 교사가 태블릿에 영상을 탑재하고 안내하면 학생은 각자 자신의 속도로 필요한 만큼 시청하게 되어 이 문제가 해결되는 상황을 보면서 놀라웠다. 처음에 소리 때문에 서로 방해가 되지 않을까 우려했으나 전혀 아니었다. 자신만 들을 정도의 소리로 듣거나 개인 이어폰을 가져와서 듣기도 했다. 주변의 소음은 집중력에 도움이 된다는 백색소음 수준이었다.

학생 주도 수업에서 교사의 역할은 전체적인 안내나 진행상 필요한 경우로 제한되고 학생들이 스스로 학습을 주도하고 있다. 학습자 주도 수업은 혁신학교의 학교문화에 더해 교실 수업 공개에 대한 교사들의 부담을 줄여 주어 교사학습공동체를 강화하는 선순환의 역할도 하고 있다.

트리하우스 '오동통통', 쓸 사람이 만들자

학교 안 학생 야외쉼터인 트리하우스 만들기 프로젝트를 학생 주도로 진행했다. 오류梧柳중학교의 뜻은 '오동과 버들'이다. 2011년에 당시 학교장이 학교 이름에 맞게 작은 오동나무 한 그루를 교사동 앞 화단 끝부분에 심었다. 10여 년이 지나니 교실 4층 높이에 닿을 정도로 우람하게 자라났다. 옛말에 딸을 낳으면 오동나무를 심어서 시집갈 때 장롱을 해 준다는 말이 실감 났다. 이곳 오동나무를 활용하여 학생 주도 프로젝트로 2층짜리 트리하우스를 지었다. 트리하우스는 오류중학교에 필자가 교사로 근무할 때 함께 근무하던 어느 선생님 아이디어였다. 교사동 앞쪽 화단 중간쯤에 수령이 매우 오래되어 4층 높이까지 자라는 칠엽수가 있다. 이 나무를 활용해서 트리하우스를 지으면 좋겠다고 했고, 필자 또한 당시 그 의견에 동의했다.

2019년 교장으로 부임한 첫 학기에 관련 예산을 확보하고 교과수업에서 삶과 연계된 교육과정 프로젝트로 진행하길 희망했다. 그러나 이미 학기가 시작되어 계획된 교육과정을 진행 중이라 교과수업과 연계하기가 어렵다는 의견이었다. 아쉽지만 교장이 희망 학생을 모집하여 프로젝트로 진행하기로 했다. 본인이 벌인 일이니 스스로 마무리하는 것이 맞다. 이전 학교에서 학교 일로 알게 된 지역 목공 전문가에게 도움을 요청하자 흔쾌히 함께 해 주셨다.

프로젝트 참여 학생은 공개 모집했다. 프로젝트를 시작할 때 학교생활을 어려워하는 2학년 여학생 2명을 설득하여 참가시켰다. 평소 학교 부적응이 심해서 수업 참여를 어려워하며 결석이 잦은 학생들이었다. 2학년부 교사들과 미리 의논하여 트리하우스 프로젝트에 참여하면 출석으로 인정하기로 했다. 이렇게 해서 두 여학생이 첫 참여자가 되어 추진계획을 세우고 모집공고문을 만들어 붙이고 학생 대상 설문도 진행하도록 지도했다.

최종적으로 1, 2학년 학생 7명으로 프로젝트팀을 구성하고 트리하우스 자료 조사, 장소 선정, 쉼터 디자인 아이디어 등 전체 과정을 진행했다. 장소는 처음에 생각했던 교장실 앞 칠엽수에서, 설문조사 결과에 따라 오동나무 아래로 변경했다. 높이도 1층으로 하려던 계획을 학생들이 활동 결과로 제안한 2층 구조로 바꾸기로 했다. 예산과 안전 문제, 공사 기간 때문에 고민했지만 학생들이 몇 달간 진행한 프로젝트 결과를 최대한 반영하는 것이 맞다고 판단했기 때문이다. 한번 만들면 오랫동안 사용할 공간이라 학생이 잘 활용할 공간으로 만드는 것이 가장 좋다고 판단했다. 다행히 미래학교 예산에서 공간혁신 예산을 사용할 수 있어서 프로젝트팀의 제안대로 2층으로 만들 수 있었다.

2층 예쁜 나무 의자는 프로젝트 길잡이 교사인 목공 전문가의 지도로 학생들이 만들어 설치했다. 의자를 제작하는 과정에서 학생들이 치수를 잘못 재서 완성된 의자를 다시 가져가 고치는 실수도 있었다. 치수를 쟀던 1학년 남학생이 깜짝 놀라서 당황하던 귀여운 모습이 생각난다. 실수 때문에 어려움을 겪었지만 그 대신 그 학생은 많은 것을 배웠을 것이다.

트리하우스의 이름은 공모전을 거쳐 '오동통통'으로 정했다. "오동나무 아래에서 친구들이 서로서로 통한다"라는 뜻으로 학교 구성원에게 공모해서 선정한 이름이다. 트리하우스에 걸린 '오동통통' 팻말 디자인과 안내 문구 초안도 모두 참여 학생이 디자인했다. 안내 문구에는 제작 과정과 참여자의 이름도 써 놓았다.

오동통통 트리하우스는 설치 공사를 제외하면 거의 모든 과정을 학

오동통통

생들이 진행했다. 설계 과정에서도 학생들이 함께 설계안을 검토했다.

2020년 10월 햇볕 좋은 점심시간에 오동나무 아래에서 학생회 주관으로 작은 음악회를 곁들인 '오동통통' 개소식을 했다. 그때 학생이 연주한 〈10월의 그 어느 날에〉 바이올린 연주 소리가 지금도 생생하다. 모두가 행복하고 멋진 시간이었다. 개소식 때 프로젝트에 참여한 학생들이 앞에 나와 인사했는데 자부심과 자신감이 넘치는 모습이었다.

평가, 교육과정-수업과 같이 가기

교육과정은 학생에게 수업과 교육활동으로 구체화되어 제공된다. 평가는 학생이 교육과정 목표를 얼마나 달성했는지 알기 위한 것이다. 학습자는 평가를 통해 학습 목표 달성을 위해 필요한 피드백을 받을 수 있어야 한다.

평가를 위한 평가가 아니라 학습과정의 관점에서 평가가 이루어져야 평가목적에 부합한다.

시험 끝났는데 왜 공부해요? 배움보다 커진 평가

대부분의 학교에서는 시험을 마치고 점수가 나오면 그것으로 '올스톱!'이다. 시험일이면 교실 쓰레기통에 시험지가 넘쳐난다. 다음 날 시험 문제 풀이를 하려고 하면 학생들은 시험이 끝났는데, 게다가 이미 시험을 치른 문제를 왜 다시 공부하느냐며 볼멘소리로 아우성이다.

학기 말에 기말고사를 마치고 나면 교사들은 정상적인 수업을 진행하기가 쉽지 않다. '시험에도 안 들어가는데 왜 공부를 해야 하느냐',

'여태까지 시험 보느라 힘들었다', '쉬지도 못하고 너무하는 거 아니냐', '쉬고 싶다', '영화 보고 싶다' 등등. 그렇다고 교과 관련 좋은 영화나 영상을 보여 주어도 별 흥미를 보이지 않는다. 학부모들은 왜 학교에서 수업을 안 하고 영화나 보여 주며 애들을 놀리느냐며 민원을 넣기도 한다. 우리나라 중·고등학교의 일반적인 모습이다. 기말고사를 최대한 늦춰 방학까지 남은 기간을 단축하고 싶어도 성적 처리와 학생 확인 작업을 거쳐 성적표까지 주려면 방학 전에 최소 2주 정도 시간은 필요하다.

이런 이유로 1학기는 방학 1주 전에 시험을 보고, 학생의 성적 확인 작업까지만 마친 후 성적표는 개학 후에 보내기도 했다. 하지만 평가 결과를 보고 방학 기간에 학습을 보완하려면 방학할 때 성적표를 같이 보내는 것이 가장 효율적이다. 2학기는 더 심각하다. 3학년은 입시와 연동되어 있어서 성적 처리를 겨울방학 2달 전에 마쳐야 한다. 2022년 오류중학교는 11월 4일에 기말고사가 끝났다. 겨울방학 시작은 2023년 1월 6일이었다. 시험을 마치고 꼬박 두 달이 지나야 방학이다. 이 기간은 교육청, 학교, 학부모, 학생 모두가 문제의식을 느낀다. 교육청과 학교 모두 뮤지컬 공연 등 여러 대책을 마련해서 진행하고 있지만 평소와 비교하면 파행적인 운행은 불가피하다. 그래서 학기 말에 교실 복도를 지날 때마다 마음이 편하지 않았다.

고등학교는 더욱 심각하다. 수시의 경우 3학년 1학기 성적까지만 내신에 반영하는 대학이 대부분이고 정시는 수능 성적만으로 결정한다. 고3 학생의 2학기 수업이 매우 파행적인 것은 공공연한 사실이다. 교사들은 2학기에는 정상적인 수업을 할 수가 없는 지경이라고 한다. 수능시험을 보지 않는 과목은 듣는 학생이 한 반에 많아야 1~2명이라고 한다. 아예 없으면 자습이라도 시키는데 '심한 경우 한 명의 학생과 눈을 맞추며 수업을 하는 모습에 너무나 참담하고 자괴감이 든다'고 했다.

이런 상황이 벌어지는 이유는 모두가 너무나 잘 알고 있듯이 우리나라 교육의 최종 목표가 되어 버린 5지 선다형 한 줄 세우기 대학입시 때문이다. 그래서 고등학교에 가까이 갈수록 교육은 본질에서 멀어지고 점점 파행적으로 이루어진다.

필자 또한 두 아이를 기르면서 이 과정을 지나왔다. 소신껏 원칙에 충실하려 했지만 사회 시스템은 개인이 어찌하기 어려운 문제였다. 큰아이는 고등학교 2학년 2학기에 디자인계열 진학을 결심했다. 다니는 인문계 학교에 미술반이 따로 없어서 입시미술학원을 다녀야 했다. 수능시험이 끝난 후에는 종일 '자율학습'이었지만 학교 수업을 7, 8교시까지 마친 후 미술학원에 가서 늦은 시간까지 실기를 준비해야 했다. 학교에서 지루하게 '시간을 죽이며' 7, 8교시를 채우고 다시 학원에서 밤늦게까지 실기 준비를 해야 하는 것은 고역이었다. 실기시험을 준비해야 해서 어쩔 수 없는 선택이었다. 일부 학부모들은 여러 변칙적인 꼼수를 찾기도 한다. 학교도 짐작은 하나 상황이 이러니 모른 척 넘어갈 수밖에 없다. 이도 저도 할 수 없는 학교도 난감하긴 마찬가지다.

작은아이는 중3 기말고사가 끝나고 한 달이 지났을 무렵 친구들과 점심 식사 후에 무단으로 학교를 이탈했다. 평소 말썽 없이 생활하던 학생이어서 담임선생님도 필자도 깜짝 놀랐다. 무단으로 나간 이유를 묻자, 아들은 "아무것도 안 하며 보내는 학교생활이 너무 지루하고 견디기 힘들었어요"라고 했다. 야단을 치고 며칠간 체험학습을 시켰다. 아이는 1주간의 체험학습을 마치고 등교해서 다시 3주의 시간을 더 견디고 나서야 겨울방학을 맞았다.

전국의 모든 학교에서 비슷한 상황이 벌어지고 있다. 얼마나 많은 시간, 예산, 에너지가 낭비되고 있을지 생각하면 너무나 심각한 문제라 마음이 답답하다. 그런데도 공정한 평가를 위한다는 명분으로 이런 상황은 수십 년째 계속되고 있다. 선진국이라는 OECD 국가 중에 공정성의 문제로 여전히 모든 수험생이 같은 날 같은 시간에 동일한 5지 선다형 찍기 시험으로 대학입시까지 치르는 나라는 우리나라가 유일하다. 찍기식의 객관식 시험이 가장 공정하다는 공정성 신화가 평가의 본질을 집어삼켰다. 서술형 평가를 했을 때 이어질 학부모의 '악성 민원'에 대한 교사들의 공포는 5지 선다형 객관식 시험을 더욱 강화시킨다.

교사의 평가 전문성을 인정하지 못하는 사회 분위기는 객관식 시험에 대한 신화를 더 강화시킨다. 악순환의 연속이다. 학생들은 '배움보다 커진 평가'가 학교교육을 왜곡하고 있다고 해결해 달라고 하소연하고 있다.홍제남, 2019 어려운 여건이지만 원칙을 바로 세워야 한다.

혁신학교부터 평가의 본질에 맞는 평가를 실행해야 하는 이유이다.

과정중심평가, 중간고사 말고 중간 피드백

한 학기에 정기고사를 반드시 두 번 보아야 하는 이유가 있을까? 몇 번의 평가를 하는 게 가장 바람직할까? 예전에는 월말고사가 있어서 매달 시험을 보고 성적표를 받았다. 평가 결과는 예나 지금이나 한 줄 세우기가 핵심이다. 중학교 시절 교실에서 수업받는 장면을 찍은 사진이 있다. 아마 당시 담임선생님이 찍어 주셨나 싶다. 사진을 보면 웃을 일이 아닌데 웃음이 나온다. 두 명씩 짝인데 한 줄은 1등부터 시작해서 순서대로, 다른 한 줄은 꼴찌부터 시작해서 순서대로 앉혀 놓았다. 1등 학생과 꼴찌 학생이 짝이 되고 2등 학생과 꼴찌에서 두 번째인 학생이 짝이 되는 식이다. 사진을 보면 시험등수를 바로 알 수 있다. 이렇게 앉힌 이유는 긍정적으로 해석하면 아마도 서로 가르치고 배우라는 의미였나 싶다. 지금 기준이면 인권침해, 아동학대 신고감 수준이다.

평가가 본래 기능인 피드백을 통한 학습으로서의 평가가 되기 위해서는 수시 평가가 이루어져야 한다. 평가 방식은 교육과정 목표와 수업 방법에 적합해야 한다. 프로젝트 수업인데 평가가 5지 선다형이라면 제대로 평가하기 어렵다. 학생 주도 수업, 프로젝트 수업은 과정중심평가를 통해 즉각적이고 지속적인 피드백이 있을 때 학습 목표를 효과적으로 성취할 수 있다. 수행과정에 대해 평가-수행-평가-수행의 과정이 수시로 이루어져야 한다.

오류중학교는 이런 지향에 맞게 과정중심평가를 확대했다. 2020년부터 학사 일정에 중간고사 시험 날짜가 따로 없다. 모든 교과가 수업 과정에서 수시로 평가하는 100% 과정중심평가를 하고 있기 때문이다. 기말 평가도 지필고사를 보는 4~5개 교과 외에는 모두 100% 과정중심평가이다. 학부모에게는 중간고사 지필평가 성적표 대신 학생의 학습과정을 공유하는 중간 피드백으로 진행했다. 과목별로 학기 중간까지 이루어진 학습 내용 및 학습활동, 활동 결과물을 학생별로 하나의 QR코드로 생성하여 공유한다.

미래학교라서 대부분의 학습지가 아이패드에 파일 형태로 집적되어 있어서 활동지와 교과 교사의 일상적 피드백 내용까지 자세히 볼 수 있다. 종이 학습지를 사용하는 교과는 학습지 파일을 집으로 보내 확인하도록 했다. 학부모는 기존의 시험점수만 있던 성적표보다 자녀의 학습과정을 더 자세하게 알 수 있다.

이러한 과정중심평가와 중간 피드백은 학생의 성취도를 파악하면서 더불어 부족한 부분을 보완하는 '학습으로서의 평가'에 부합한다.

학부모와 함께 가기, 학교교육과정 설명회

학교는 졸업과 입학으로 해마다 학부모가 1/3씩 계속 바뀐다. 교육혁신이 장기적인 관점에서 지속되고 발전하기 위해서는 학부모들과 끊임없는 소통이 필요하다. 2020년 코로나19로 중간고사 지필평가가 정책적으로 중지되었다. 다시 제한이 풀리면서 대부분의 학교는 원래대로 돌아갔다. 오류중학교는 학생 주도, 프로젝트 수업에 적합한 과정중심평가를 점차 확대하던 상황이라 그대로 유지하기로 했다. 과정중심평가를 확대할 수 있는 좋은 계기였다.

일부 학부모는 아직 대부분 학교에서 중간, 기말고사를 지필평가로 보고 수능시험도 5지 선다형으로 치르고 있는 상황에서 우리 학교만 '중간고사를 안 보면' 학생들이 '공부를 하지 않아서 학력이 저하되지 않을까?' 불안해했다. 중간평가를 안 하는 게 아니라 '일제고사 방식이 아닐 뿐 과정중심평가'로 오히려 더 자주 수시로 평가하는 거라고 설명했다. 그러나 학부모들의 불안감은 쉽게 가라앉지 않았다.

학부모가 동의하지 않는 교육혁신은 지속하기 어렵다. 이런 상황에서 학교가 대응할 방법은 둘 중 하나이다. 학부모의 요구를 받아들여 과거 방식으로 되돌아가거나, 아니면 학부모와 공감대를 형성하는 노력으로 교육혁신의 길을 계속 추진할 것인가이다.

전체 회의에서 이 문제를 토론했다. 근본적인 질문은 '교육전문가란 누구인가'였다. 학생과 학부모는 교사와 함께 교육의 3주체이다. 그러나 교육의 전문가는 교사이다. 우리는 이 경계를 잘 인식해야 한다. 갈등 상황이 생겼을 때 교육 주체와 전문가의 관점을 함께 고려하면 대응해야 할 방향의 판단이 쉬워진다. 이 문제는 세 지점을 고려하여 대응 방향을 정했다.

첫째, 교육혁신은 교육의 한 주체인 학부모의 이해와 공감이 있어야 지속해서 추진할 수 있다.

둘째, 교육의 전문가는 교사이다. 따라서 교육과정과 수업은 물론 평가 또한 교사가 전문가이다.

셋째, 교육전문가로서 옳은 방향이라면 학부모에 대한 적극적인 설득 과정이 필요하다.

토론을 통해 위의 세 원칙을 명확히 재정립하였다. 앞의 두 가지 원칙을 기본으로, 세 번째 원칙에서 과정중심평가가 우리 학교 수업혁신 방향에 맞는 것이기 때문에 학부모들을 좀 더 적극적으로 설득할 필요가 있었다.

우리가 맞으니 무조건 따라오라고 하는 것은 옳지 않을 뿐 아니라 가능하지도 않다. 같이 가기 위해서는 교육전문가로서 설득력 있게 설명해야 한다. 학교가 무엇을 가르치고자 하고, 어떻게 수업을 하고 있고, 평가가 달라져야 하는 이유는 무엇이고, 실제로 수시 평가를 어떻게 진행하고 있는지 구체적으로 안내할 필요가 있었다.

이를 위해 학부모 대상 교육과정 설명회를 진행할 필요가 있다고 제안했다. 제안에 따른 의사결정 과정은 앞에서 소개한 바 있다.

2022년 7월 학부모 대상으로 교과수업에 대한 교육과정 설명회를 처음으로 진행했다. 평일 저녁 시간이고 생업으로 바쁜 학부모가 많은 환경임에도 불구하고 전교생 350여 명인 학교에서 80여 명의 학부모가 참석했다. 어머니뿐 아니라 아버지도 많이 참석했다. 결론적으로 설명회는 놀라울 정도로 성공적이었다.

학교교육과정 설명회는 학부모들이 좀 더 쉽게 참여할 수 있도록 퇴근 후인 저녁 7시에 시작해서 1. 2부로 나눠 진행했다. 1부는 교장이 전체 학부모를 대상으로 학교 미래교육의 방향에 대해 30분 정도 설명했다. 발표 자료는 당연히 직접 만들었다. 평소에도 외부 손님 대상 학교 설명회는 교장의 주 업무라고 생각하고 발표 자료를 만들어 설명했다.

2부는 학년별로 장소에 달리하여 각 교과 교사가 교육 목표, 수업 방법, 평가 목표와 진행 상황을 공유했는데 2시간 가까이 진행되었다. 행사 후 실시한 설명회 만족도 조사에서 '만족' 이상이 97.5%였고, '매우 만족'이 77.5%에 달했다. 또한 학교장이 설명한 학교교육 방향에 대해서도 동일한 만족도를 보였다. 더 의미가 있는 결과는 설명회를 통해 학교교육과정에 대한 생각에 긍정적인 변화가 있었는가에 대해서 '매우 그렇다' 75%, '그렇다'까지 포함하면 97%의 학부모가 긍정 답변이었다.

2부 학년별 설명회에서 만족했던 영역에 대한 복수 응답에서 '교과 학습 목표'가 80%로 가장 높았고 '평가 관련 내용' 62.5%, '학생의 결과물' 65%, '모두 다'가 2.5%로 나타났다. 학부모들이 수업과 평가 방법보다 수업 목표에 높은 관심을 보이는 점이 새로웠다. 학부모도 자녀가 무엇을 위해 공부하는가를 가장 중요하게 생각하고 있다고 느껴져서 반가웠다.

교육 목표를 중요하게 생각하는 설문 결과를 보면서 학부모가 교육의 한 주체가 맞는구나 싶어 마음이 든든했다.

학부모들이 만족도 조사에 남긴 메시지 몇 개를 소개한다.

• 교장 선생님과 선생님들의 설명을 직접 듣고 나니 아이들을 맡긴 학부모로서 믿음이 가고 선생님들이 노력하시는 모습

에 감사드립니다. _1학년 학부모

- 코로나로 인해 전반적인 학교교육에 대한 정보 부족과 학교에 대한 이해도가 낮았었는데 오늘의 시간을 통해 학교에 대한 신뢰가 상승되었습니다. 쌤들과 아이들의 합이 잘 맞을 거 같은 기운이 팍팍 느껴졌습니다. 쌤들의 교육 방향과 과정을 통해 모든 아이들의 실력이 향상되기를 바랍니다. 오늘 배운 내용이 우리 아이에 대한 이해도도 높아졌고 지도해야 할 방향에도 도움을 받았습니다. 고맙습니다. _3학년 학부모

- 전에 학부모보다는 (요즘 학부모에게) 학생들의 만족도가 높다고 들었었는데 왜 그러한지 확인할 수 있는 자리였고 옛날 교육 방식과는 다른 발전된, 학생이 스스로 탐구하고 학습하며 소통하는 진짜 교육을 받고 있다는 느낌을 받아서 매우 만족합니다. _1학년 학부모

- 교과 교육과정 설명을 보면서 확실히 새롭고 아이들이 참여하고자 한다면 능력이 무한대로 늘어날 수 있겠다는 생각이 들었다. _1학년 학부모

- (아이)패드를 활용하여 아이들이 선생님, 친구들과 수업하는 과정이 실제로 어떻게 이루어지는지 궁금했는데 그 과정과 선생님들의 열의를 느낄 수 있는 시간이었던 것 같고, 이렇게 아이들이 수업에 잘 참여할 수 있게 애써 주시는 선생님들께 진심으로 감사드려요. _1학년 학부모

- 교장 선생님과 선생님들께서 얼마나 노력하셨는지 알게 되었습니다. 감사합니다. _3학년 학부모

- 너무 좋았으며 앞으로도 자주 부탁드립니다. _2학년 학부모

이 외에도 학부모들은 '매우 유익한 시간이었다', '아이가 학교 수업이 재밌다고 하네요', '아이들을 사랑하는 교직원들의 열정이 느껴졌다', '학습과정을 알게 되어 좋았다', '2학기도 기대한다' 등의 많은 메시지를 적어 주었다. 학부모가 얼마나 학교의 교과 교육활동에 대해서 구체적으로 알고 싶어 하고 궁금해했는지 알 수 있었다.

매해 3월이면 학부모총회가 열린다. 학부모총회는 학부모회 주관으로 학부모회 구성이 주요 안건이다. 학교는 부서별로 전반적인 학교 교육활동을 안내하는 정도이다. 학기 중간에 하는 학부모 간담회는 학교 운영 현안에 대한 것이 주를 이룬다. 반면에 학교교육과정 설명회는 학교의 핵심 활동인 교과교육이 중심이다. 학생이나 교사 모두 가장 많은 에너지와 시간을 쓰는 것이 교과 학습인데 중학교에서 학교교육과정 설명회를 개최하는 경우는 많지 않다.

교육과정 설명회를 실시한 후 학부모는 물론이고 교사들도 교육과정 설명회가 앞으로도 필요하며 매우 중요하다고 평가했다.

설명회 이후 중간지필고사를 보지 않은 것에 대한 학부모의 불안감은 사라졌다. 오히려 '이런 좋은 교육을 하는 학교에 오지 못하는 학생이 안타깝다'라며 학교의 교육활동에 대한 자부심을 표현했다.

이런 변화가 의미하는 바는, 학교의 교육에 대해 학부모들이 생각이 다르더라도 학교는 교육전문가로서 열린 자세로 진정성 있게 학부모에게 설명하고 설득하면서 교육혁신의 길을 함께 가야 한다는 것을 보여준다.

5장
학교 시설과 예산

인간은 상호 협력을 통해서
공유지의 딜레마로부터 벗어날 수 있다.
상호 협력은 공유지 사용자들이 주체가 된
제도화를 통해서 이루어져야 한다.
_엘리너 오스트롬(Elinor Ostrom, 1933~2012)

공립학교의 문제점 중 하나는 장기적인 관점에서 뭔가를 유지하기가 어렵다는 점이다. 예산이나 시설 또한 마찬가지다. 구성원이 바뀌면 시설을 새로 하거나 기존에 투자한 것이 방치되어 예산 낭비가 심하고 사업의 효율성도 떨어진다. 이것을 가장 잘 아는 사람은 예산을 다루는 행정실 직원들이다. 행정실장들이 자주 하는 말이 있다. "이렇게 해놓으셔도 교장 선생님이 바뀌면 어떻게 될지 알 수 없습니다." 이런 문제를 줄이기 위해 교육청이 일부 규정을 두어 제한하고 있지만 소소한 공사나 대부분의 물품 구입은 해당이 없다. 여러 학교에서 근무하면서 교장과 교사가 바뀌면 시설이나 물건들이 방치되다가 얼마 못 가 없애 버리는 것을 자주 보았다.

얼마 전 서울의 한 고등학교에서 코로나 시기 문을 닫은 매점 자리에 학교운영비 1,300만 원을 들여 실내골프연습장을 만들어, 구성원들도 잘 모르게 교장과 몇몇 교사가 사용해 왔다는 사실이 기사화되었다. 학생들이 청소하다 발견하여 제보했는데 TV 뉴스로 방송되면서 문제가 되었다. 수업을 위해 만들었다고 해명했지만 수업에 사용된 날짜는 며칠 안 되고 학교 구성원도 대부분 모르고 있었다.

교장은 예산과 시설의 총괄 책임자이다. 교장과 구성원들이 학교가 내 집이라고 생각한다면 예산을 좀 더 장기적인 관점에서 효율적으로 사용할 것이다. 귀한 국민 세금인 학교 예산이 낭비되지 않고 취지에 맞게 잘 사용되고 있는지 장기적 안목을 가지고 살펴야 한다.

학교 돈은 아깝지 않다?

2019년 2학기 서울미래학교로 지정되면서 공간혁신도 같이 하게 되었다. 그런데 예상했던 것보다 훨씬 큰 규모의 전면적 공간혁신이었다. 당시 공문에는 딱 한 줄, "◇예산 지원: 교육부 ◇학교 공간혁신 사업과 연계될 수 있음"이라는 문구가 적혀 있었다.[1] 공문을 보고 다들 교육부에서 공간혁신사업을 추진하던 중이라 공간혁신과 관련된 예산을 일부 지원하려나 보다 생각했다. 선정된 후 설명회에서 교사동 전체 리모델링 사업이라는 엄청난 사실을 알게 되었다. 선정된 세 학교 모두 전혀 생각지 못한 일이라 크게 놀랐다. 학교별로 약 100억 원 정도의 예산이 필요할 거라는 설명이었다.

또 리모델링? 말고 개축!

세 학교 중 두 학교는 40년이 넘은 오래된 학교였다. 많은 예산을 들여 학교를 리모델링해도 한계가 너무나 명확했다. 건물의 외형만 바꿀 수 있을 뿐 전체 틀은 그대로여서 '속이 썩어' 있는 것은 해결하기 어렵

---

1. 「2019 혁신미래학교 운영계획 안내」 공문(서울시교육청, 2019. 7).

다는 것을 겪어서 알고 있었다. 오류중학교는 2010년에 그린스쿨 사업을 진행한 지 채 10년도 안 된 상태였다. 그린스쿨 사업으로 창호 등을 바꾼 것 외에 누수와 방송, 기본 전력, 인터넷 상태 등은 전혀 개선되지 않아 계속 말썽이었다.

그린스쿨 사업으로 옥상에 큰돈을 들여 설치한 태양전지 시설은 본전만 회수하는 데도 100년이 넘게 걸릴 정도로 비효율적이다. 게다가 교장으로 다시 와서 보니, 한쪽의 패널은 바람에 부서진 채 방치되어 있었다. 그린스쿨 사업은 이명박 정부의 녹색 뉴딜 사업의 일환으로 4대강 사업과 같이 진행했던 것인데, 자칫 그 같은 상황이 재연되지 않을까 우려되었다. 세 학교 모두 리모델링이 아닌 개축이 필요하다는 의견을 냈으나 받아들여지지 않았다. 싫으면 포기하라는 답변이었다.

리모델링이라도 할 수밖에 없다고 생각하던 차에 2020년에 지원청 시설과장이 바뀌었다. 새로 부임한 시설과장이 마침 2010년 오류중학교 리모델링 사업 담당자여서 그때 상황을 잘 알고 있었다. 당시 60억 원을 들여 리모델링을 했는데 10년밖에 안 된 시점에서 속이 썩은 건물에 다시 100억 원을 들여 또 리모델링을 하는 것에 대해 문제의식이 같았다. 동지를 만난 듯 정말 반가웠다. 논의를 새로 시작하게 된 계기가 되었다.

학교는 교직원과 학부모 모두 개축이 필요하다는 의견서를 공동으로 제출했다. 교직원은 100%, 학부모는 80% 가까운 높은 동의율을 보였다. 지원청에서도 같이 노력해서 개축으로 방향을 선회했다. 오류중학교 뿐 아니라 40년이 넘은 다른 초등학교도 개축으로 진행하기로 했다. 개축은 생각보다 늦어져서 2024년 현재 설계 단계에 있다. 첫 삽이라도 뜨고 임기를 마치고 싶었는데 아쉬운 마음이다. 그래도 개축으로 방향을 선회해서 미래학교에 맞는 공간으로 새롭게 태어날 것을 생각하면 백번 잘한 일이라 생각되어 뿌듯하다.

리모델링에서 개축으로 선회할 수 있었던 것은 오류중학교 구성원의 의지와 예전 그린스쿨 사업 상황을 잘 알고 있는 교육지원청 시설과장의 공이 크다. 교원뿐 아니라 개별 학교 상황을 장기적인 안목에서 알고 있는 전문행정 인력이 필요한 이유이다.

교육기관이 '무자비하게' 없앤 생태연못

오류중학교는 2010 그린스쿨 사업 학교였다. 취지에 맞추려는 것인지 옥상 태양발전 시설, 빗물 저장고, 생태연못 등을 조성했다. 태양발전은 앞에 쓴 대로 대표적인 예산 낭비였다. 화장실 온수를 쓰려는 취지였다는데 공사를 마친 2010년 겨울 내내 온수가 전혀 나오지 않았다. 물을 틀어 한참 흘려보내야 살짝 미지근해는 듯하다가 다시 찬물이 쏟아졌다.

당시 이런 상황에 대해 관심 있는 교사들이 계속 문제를 제기했으나, 하청업자만 몇 차례 왔다 갔고 관심을 가졌던 교사들이 떠나면서 결국 해결하지 못했다. 공사비가 4억 3천만 원이었다니 현재 생산되는 월 35만 원 정도의 발전량으로는 100년이 넘어야 겨우 원가만 뽑는 수준이다. 물가상승을 생각하면 100년으로도 부족하다.[2] 교육이 목적이었다면 이런 큰 시설은 필요하지 않다. 예산만 낭비한 대표적 사업이다.

그래도 빗물 저장고와 생태연못은 의미 있는 사업이라 생각했다. 빗물을 모아 화단에 물을 주고 학교 보도블록 길을 청소할 때 사용한다.

2. 「'그린'만 붙이면 기후 교육의 미래?… 환경 과목도 찬밥 신세」, 〈KBS 뉴스9〉(2021. 3. 5).

교육용으로 활용하는 옥상 텃밭도 저장된 빗물을 활용한다. 지금까지 잘 사용하고 있는 시설이다. 당시 같이 조성한 생태연못에도 1년 내내 약하게 저장된 빗물을 틀어 놓아서 겨울에도 연못이 얼지 않았다. 겨울에도 얼지 않는 연못은 물고기를 비롯한 다양한 수생생물이 살아가는 매우 좋은 교육적 생태 공간이었다. 아령 모양의 연못 크기는 10평 정도로 적당했고 연못을 둘러싼 다양하고 커다란 암석은 좋은 학습자료였다. 연못 가까이에 화단도 아름답게 조성되어 있었다.

과학 교사로 근무하던 필자는 2010년 바짝 말랐던 연못에 처음으로 물을 채우고 실험 시간에 관찰하던 금붕어 새끼를 풀어 놓았다. 시간이 지나면서 금붕어가 새끼를 낳았다. 금붕어가 치어일 때는 색이 붉은색이 아니라는 것도 그때 알았다. 시간이 지나면서 주민들이 다른 물고기도 풀어 놓았는지 미꾸라지를 비롯하여 다양한 물고기와 치어들이 언뜻 보아도 1,000마리가 훨씬 넘었다. 수생식물도 검정말이나 해캄 등의 물속 식물은 물론 부레옥잠, 부들, 꽃창포 등 다양하게 자라났다. 학생들과 연못물을 한 방울 떠서 현미경으로 관찰하면 물벼룩 등 연못 속 여러 작은 생물을 관찰할 수 있었다. 가을이면 물속에 있던 잠자리 유충인 수채가 부들이나 창포를 타고 올라와 우화하는 모습을 볼 수 있는 정말 훌륭한 교육적 생태공간이었다.

생태연못 주변엔 벤치나 정자 등의 휴식 공간이 잘 꾸며져 있었다. 연못 한편에 버드나무가 늘어져서 일과 중에는 학생과 교직원의 휴식 공간이었고 주말에는 지역 주민의 쉼터이기도 했다. 그런데 이 훌륭한 공간이 2018년 체육관 공사 과정에서 물고기가 살아 있는 채 그대로 흙을 채워 없애 버렸다.

없어진 이유는 후문에서 체육관으로 바로 연결되는 차량 통행로를 만들기 위해서였다. 연못을 우회할 경우 운동장 귀퉁이를 약간 차량 통행로로 내주어야 하는 상황이었는데 한 체육 교사의 반대가 극심했다고 한다. 오류중학교는 오래된 학교라 운동장이 매우 크다. 귀퉁이 부분을 약간 줄여도 체육활동을 하는 데 전혀 지장이 없다. 게다가 체육관도 생기는 상황이었다.

생태연못이 생긴 뒤로는 과학 교과는 연못에서 얻을 수 있는 검정말이나 해캄 등의 실험재료를 따로 구입할 필요가 없었다. 수업 시간에는 현미경을 들고 나가 연못 생물을 관찰했다. 특수반 학생들은 자주 이곳에서 야외수업을 했다. 그런데 한 체육 교사의 반대로 연못을 그렇게 무자비하게 없앴다는 이야기를 듣고 너무 어이가 없고 마음이 아팠다. 생명의 소중함을 가르치는 교육기관인데, 연못을 없애더라도 최소한 살아있는 물고기들은 구제했어야 하는 것 아닌가?

2019년 3월 교장으로 근무를 시작하면서 바로 공사 관계자를 불렀다. 연못 틀이 남아 있으면 회복할 방법이 있을지 찾아보려 했다. 그러나 틀 자체를 제거하는 것이 원칙이라 새로 만들지 않는 한 방법이 없다는 대답이었다. 궁금해서 만약 그때 연못을 그대로 두고 연못 위에 구름다리 모양으로 연못 위를 지나는 아치형 다리를 만들었으면 어땠을까 의견을 물었다. 충분히 가능하다는 답변이었다. 이 대답을 들으니 더 속상하고 안타까웠다.

문제가 발생했을 때 놓치지 말아야 할 기준은 원칙이다. 우선 원칙을 중심에 두고 포기하지 않으면서 길을 찾아야 한다. 운동장 한쪽 귀퉁이를 1~2미터 내놓아도 수업에는 전혀 지장이 없으면 연못을 없애지 않는 것이 맞다. 공공재인 학교에서 목소리 큰 한 교사의 고집을 용납해서 벌어진 참극 수준의 행태다. 만약 운동장을 그대로 놔둬야 한다면 집단지성을 발휘하여 아치형 다리와 같은 다른 대안을 찾았어야 했다. 그렇게 못한 이유는 원칙 자체를 버렸기 때문이다. 유사한 일이 반복되는 것이 공립학교의 문화이다. 당시 근무하던 사람들만의 문제가 아니다.

그러기에 더욱 교장이 공공재인 학교 시설에 대하여 명확하게 인식하고 관리할 필요가 있다. 더불어 구성원이 자주 바뀌는 공립학교 상황에서 학교 공간과 시설, 기자재의 문제는 교육청이나 별도 단위에서 전문적으로 컨설팅하며 관리하는 시스템이 필요하다.

학교 정원 관리도 교육과정 운영의 연속이다

학교 정원 관리는 교장의 큰 고민거리 중 하나이다. 고민이라도 하는 교장이면 교육환경을 교육과정이라 인식하고 신경 쓰는 것이니 그나마 다행이다. 관심조차 없는 경우도 많아서 같은 학교라도 근무하는 교장이나 교사 상황에 따라 정원 관리는 크게 달라진다. 4년 교장으로 근무한 경험상 학교 정원 관리는 교장 자격연수에서 필수 주제로 들어가야 한다고 생각한다. 교육과정과 기후 환경문제 차원 모두에서 매우 중요한 주제이다. 학교 운동장과 학교 정원에 대한 새로운 접근으로 경남교육감의 공약사항으로 생태운동장을 조성한 밀양 밀주초등학교 사례 등이 주목받고 있다.[3]

오류중학교는 개축이 결정되어 있어서 큰 규모로 학교 정원을 바꾸기는 어려운 상황이었다. 꼭 필요한 부분을 중심으로 개선해야 했다.

먼저 학교 내 안전한 보도 환경을 만드는 일이었다. 교사동과 학교 정원 사이를 지나는 보도블록 인도가 한 사람만 지날 정도로 좁아 다

---

3. 경상남도교육청(2024. 1. 15), 〈경상남도교육감 공약사업 이행 결과〉.

들 불편해했다. 두 사람이 동시에 걷지 못해 대화 중에도 한 사람이 뒤로 따라 걷거나 화단 경계석 위 또는 화단으로 들어가 나무를 피하며 걷기도 했다. 큰 예산이 들어가는 일이 아니라서 두 사람은 걸을 수 있을 정도로 폭을 넓히는 공사를 진행했다. 이후 편안하게 대화하며 걸을 수 있게 되었다.

두 번째는 화단의 수목을 관리하는 일로, 교실을 가리는 너무 큰 나무는 적절하게 전지하고 큰 화분과 화단은 다양한 계절 꽃을 구입해서 심었다. 학생들이 평소 먹는 과일나무를 관찰할 수 있도록 운동장 주변 화단에 사과나무와 감나무, 대추나무, 블루베리 나무를 심었다. 모든 나무와 화초에는 명패를 달아 자연스럽게 이름을 알 수 있게 했다. 어른들은 학생들이 수목이나 화초에 별 관심이 없을 거라 오해하는 경우가 많은데, 관심을 표현하는 학생들이 생각 외로 많았다. 옥상 텃밭 동아리도 늘 학생이 넘쳐서 조정해야 했다. 겉으로 관심을 표하지 않더라도 아름다운 자연환경 속에서 지내는 학생에게는 잠재적 교육과정으로 좋은 교육이 이루어지고 있다고 생각한다.

세 번째는 학교 주변을 쾌적하게 관리하기 위해 세심히 살폈다. 앞서 소개한 '오구오구 더불어길'과 '학교 밖 야외학습장'은 주민들이 같이 사용하는 곳이라 관심이 더 필요했다. 반려견과 산책할 때 펫티켓을 지켜 줄 것을 주민들에게 홍보했다. 야간에 안전을 확보하고 비행 행동을 줄이기 위해 지자체와 협의하여 가로등과 CCTV를 추가로 설치했다. 학생 등교를 지도하며 보이는 대로 쓰레기를 치우기도 하고, 심한 경우엔 지자체에 연락해서 치우도록 했다. 일상적으로 있는 일이라 늘 신경을 써야 하는 부분이었다.

네 번째는 다가치학교 건물 옥상 녹화사업을 신청해서 2023년에 조성을 마쳤다. 정보관 건물은 이전부터 천체관측 등을 진행하는 공간인데 옥상의 울타리가 높아서 안전한 곳이다. 이곳에 지자체가 지원하는 생태 정원을 신청해서 휴게 공간 및 에너지 절약에 기여하는 녹색 정원을 조성했다.

다섯 번째는 등나무 아래에 있는 긴 계단식 스탠드를 보수했다. 이 장소는 야외 수업이나 체육대회 등의 행사 때 학생이 앉는 용도로 만든 것이다. 시간이 오래되어 시멘트 구조물도 망가지고 그 위의 나무계단도 많이 낡은 상태였다. 추후 이루어질 개축을 고려해 전면 보수가 아닌 위험 우려가 있는 부분만 전체적으로 보수했다.

그 외에도 새로 건립한 체육관 주변의 1층 화단은 풀만 무성한 상태라 이이제이以夷制夷, 이초제초以草制草, 풀은 풀로 잡자는 입장에서 금계국과 토끼풀 씨앗을 뿌려서 자라게 했다. 또 새로 조성한 차량 통행로 옆의 시멘트를 걷어내고 작은 화단으로 조성해서 여러 가지 교목과 화초를 심어 계절별로 갖가지 꽃이 피어나도록 했다.

학교 정원에 관심이 있는 교사가 있어서 자발적으로 정원에 신경을 써 주면 학교로선 정말 고마운 일이다. 하지만 정원 관리는 교사에게 줄 업무가 아니고 관리자와 행정실이 관심을 가지고 신경 쓸 일이다. 주의할 일은 학교 공간은 개인 공간이 아니라는 사실을 염두에 두고 장기적인 관점에서 조성하고 가꿀 수 있어야 한다. 그런 관점에서 교장이 바뀌면서 조성되어 있던 정원이나 생태연못, 생태 논이나 텃밭 등 교육과정으로 잘 활용되던 교육 공간을 없애는 일은 신중해야 한다. 단순히 공간을 없애는 차원을 넘어 학교교육과정 자체를 바꾸는 일이라는 점을 잘 인식할 필요가 있다.

더불어 시설과 마찬가지로 교장이 조경 전문가가 아니라는 점에서 교육청 차원의 주기적인 컨설팅이 필요한 부분이다.

아끼다가 사라지고 감액당하는 학교 예산

시설과 함께 교장이 익숙하지 않은 일 중 하나가 예산 관리이다. 교장이 되어 자세히 보니 교사로 근무할 때 황당하고 어이없게 느껴졌던 예산 사용 부분이 더 잘 이해되었다. 가장 대표적인 것이 학기 중에는 예산이 없어서 안 된다 했는데 연말에 보니, 예산이 너무 많이 남아 다음 해 예산이 삭감된 경우이다. 학교 예산은 시도교육청별로 세부적 기준은 조금씩 다르지만, 일정 액수 이상으로 남기면 남긴 비율에 비례해서 다음 해 예산이 감액된다. 교사로 근무할 때 어느 해인가 행정실장과 교장이 예산이 부족해서 뭐든 못 해 준다더니, 연말에 보니 무려 7,000만 원이라는 큰 액수가 남아 있었다. 이 예산은 반납해야 함은 물론이고 이로 인해 다음 해 교육청에서 받는 학교 예산이 감액까지 되었다. 이 사실을 알고 모두가 너무나 황당했었다.

이런 일이 발생하지 않으려면 평소에 예산 사용에 계속 신경을 써야 한다. 초기에 학교 예산을 편성할 때 부서별로 의견을 수합하고 예산이 부족한 경우 조정하는 과정을 거친다. 이때 부서별로 예산이 필요한 곳에 잘 계획되어 있는지 살필 필요가 있다. 지나치게 적게 편성되면 교육활동이 위축되고, 많으면 예산이 낭비되거나 남을 수 있다. 예산편성을 마치고 사용할 때는 예산사용률이 시기에 따라 적절한지 관심을 가지고 살펴야 한다. 에듀파인에 들어가서 전체 예산을 살펴볼 수도 있고 이것이 보기가 쉽지 않으면, 학기 중간에 몇 차례 행정실을 통해 예산 사용 현황을 보고받으면 된다.

특히 주의할 것은 연말에 남는 예산을 한꺼번에 사용하지 않도록 해야 한다는 것이다. 감사 때 지적사항이 되기도 하지만 학기 중에 교육활동이 잘 이루어지도록 쓰이는 것이 예산 사용 취지에 맞다. 중간에 예산 사용 현황을 교직원에게 공지하여 사용을 촉진하거나 필요한 경우엔 예산액을 조정하여 예산이 효율적으로 사용될 수 있도록 살펴야 한다. 연초에 수립한 예산계획 또한 교육과정 운영 상황에 따라 변화가 필요하면 유연하게 추가경정예산을 편성하여 사용하면 된다.

학교에 주어지는 예산은 기본 운영비뿐 아니라 목적사업비도 있다. 목적사업비는 목적에 맞게 사용하고 남을 경우 반납하는 것이 원칙이다. 교사가 동의하는 경우에만 목적사업을 유치하는 것을 원칙으로 하되, 유치할 경우에도 교사 업무 부담이 되지 않도록 노력해야 한다. 앞서 소개한 다가치학교를 조성할 때 받은 예산을 비롯하여 교장이 가져온 예산은 교사에게 전혀 업무부담을 주지 않고 관리자와 행정전담 직원이 관리했다.

학교는 교육청에서 받는 기본 운영비만으로는 예산이 부족하다. 특히 낡은 시설을 보수해야 하지만 교육청의 순서는 언제 올지 기약이 없는 난망한 경우가 많다. 2019년 2학기에 서울시의회 교육위원이 주관하는 학교환경시설개선 관련 토론회에 참석했다. 초등학교 한 학부모의 눈물 어린 호소에 가슴이 아팠다. 요지는 학교가 너무 낡아서 예산이 많이 필요한데, 교장 능력에 따라 학교별 시설 차이가 너무 크다, 그러니 교육청이 교장에게만 맡기지 말고 학교별 차이가 나지 않도록 관리를 해야 한다는 것이었다. 일면 타당한 지적이라 생각한다.

교장에게는 교육과정은 물론이고 시설과 예산 확보까지 많은 책무가 맡겨져 있다. 학교 시설과 교육환경이 교장의 관심과 능력에 따라 너무 차이가 나지 않도록 하는 컨트롤 타워가 필요하다. 교육청의 역할 중 하나이다.

학교 공간은 누구의 것인가?

공립학교는 사유재산이 아닌 공공재이다. '공유지의 비극'[4]과 비슷한 일들이 종종 벌어진다. 내 집이라면 나의 정원이었다면 내 아이에게 필요한 시설이어도 과연 그랬을까 싶은 일들이다. 학교 예산 사용 문제도 같은 맥락에 있다. 학교 공간 조성 및 사용에서 근시안적 시각, 무책임성, 중복 예산 낭비 등이 발생한다. 공공재의 정체성이 흔들리는 모습들이다.

매점 앞 마루 테크, 기울어져도 상관없다?

전에 근무했던 학교는 학교협동조합 매점으로 유명한 학교이다. 2016년 창체부장으로 근무할 때이다. 예산이 확보되어 교사동 뒤편에 협소한 가건물 협동조합 매점을 쾌적하고 편리한 곳으로 옮기게 되었다. 당시 학생자치 담당 부장으로 매점 이전과 관련한 업무 추진에 참여했다.

매점 공간은 운영하는 학부모, 사용하는 학생들, 물건차량 이동 동선, 학교 공간 상황을 고려하여 정했다. 정보관 1층 교무실을 다른 곳

---

4. 공유지의 비극은 1968년 생태학자 개릿 하딘이 발표한 논문의 제목이다. 하딘은 '모두에게 열려 있는' 목초지를 예로 든다. 목동은 될 수 있는 한 많은 가축들을 초지에 내보내려 한다. 공유지는 누구나 자유롭게 사용할 수 있다고 믿고 각자 자신의 이익만 추구하여 모두가 파국을 향해 달린다(Hardin, 1968). (출처: 국토연구원)

으로 옮기고 교실 한 칸 크기로 매점을 만들기로 했다. 측면의 벽돌벽을 뚫어 출입문을 만들어서 학생들이 밖에서 바로 매점으로 출입할 수 있도록 설계했다. 그 출입문 앞부분을 옆 건물 계단과 연결하여, 평평한 마루 테크를 설치하는 것으로 설계했다. 안전한 이동통로를 확보하고 탁자와 의자를 놓아서 만남의 장소이자 휴식 공간을 만들자는 의도였다.

공사 장소가 다른 건물이라 일부러 가서 보지 않으면 공사 상황을 자세히 알 수 없었다. 수업과 업무로 바쁘기도 하고 공사 관리는 관리자의 몫이라 생각하여 자주 가 보지 못했다. 벽을 뚫어서 출입문을 내고 마루 테크 공사가 진행되던 시점에 궁금해서 들러 보았다. 인부들이 철근으로 마루를 받칠 철제 틀을 설치하는 중이었다. 쇠를 자르고 용접을 해서 틀이 거의 형태가 잡혀 가는 것을 보고 깜짝 놀랐다. 철근 틀이 수평이 아니라 기울어진 형태였다. 맞은편 스탠드 계단에서 30센티 정도는 위로 올라가야 수평이 맞을 텐데 두 칸 아래로 설치하고 있었다. 일단 공사를 멈춰 달라고 이야기하고 그 이유를 물었더니 자신들은 작업하는 사람들이라 '설계 도면대로 하는 것'이라고 답했다. 그리고 공사를 계속했다.

만약 이대로 설치를 마친다면 4미터 정도의 폭에 30센티 정도 단차로 경사가 크게 생길 상황이었다. 그러면 테이블 설치도 어렵고 비가 오거나 서리가 내리면 미끄러워서 안전에도 심각한 문제가 발생할 게 뻔했다. 설계 도면대로 한다는 인부들에게 더 따질 문제가 아니라 생각했다. 교감 선생님에게 문제 해결이 필요하다고 상황을 전했다. 그런데 더 당혹스러웠던 점은 이미 이 상황을 교장, 교감, 행정실장이 모두 알고 있었다는 사실이다. 그런데도 그대로 진행하는 이유는 행정실장이 '바로잡으려면 설계 변경이 필요한데, 그러면 변경사유서 등을 제출해야하고 이후 행정적인 책임을 지게 될 거라 불가하다' 해서 어쩔 수 없었다고 했다. 부연하면 그때 교장, 교감 선생님 두 분 모두 교사들이 존경하는 합리적이고 민주적인 분들이었다.

상황을 듣고 기가 막혔다. 행정실장에게 다시 말해 봤지만 일개 교사의 말이 먹힐 리 없었다. 행정실장이 안 나선 이유는 명확하다. 설계 자체가 잘못되었다는 것을 인정하게 되면 혹시라도 자신에게 불리한 일이 발생하지 않을까 염려하여 피하고 싶었을 것이다. 당시 교장 선생님은 정년퇴임을 1년 6개월 앞두고 초임 발령을 받았는데 당시 퇴임을 6개월 앞둔 상황이었다. 교감 선생님도 교장 발령이 얼마 남지 않아서 조용히 지나고 싶지 않았을까 짐작된다.

그냥 이대로 공사를 마친다면 그 이후는 불을 보듯 뻔하다. 일단 불편하게 사용하다가, 혹시 안전에 문제가 생기면 후임 교장이 와서 다시 뜯고 공사를 하는 식이다. 이 책임을 지는 사람은 아무도 없다. 공사를 책임졌던 행정실장도 교장도 교감도 교사도 모두 떠나고 없다. 새 예산을 편성해서 공사하면서 '처음에 왜 이따위로 했지?' 한마디 하면 끝이다. 나중에 문제를 인식하고 공사를 다시 해야 하는 상황이라면 예전 공사 책임자에게 책임을 물어야 한다. 그래야 이런 일이 반복되지 않는다. 그러나 책임지는 사람은 아무도 없다. 그래서 학교는 계속 '공사중 학교'가 된다.

이 글을 읽는 분이 당사자라면 어떻게 판단하실지 궁금하다. 너무나 비상식적인 상황을 그대로 넘어가게 둘 수는 없었다. 학부모들의 지원을 받는 방법이 가장 빠르다고 생각했다. 학부모는 매점을 운영할 당사자이고 이후 안전 책임에서도 자유롭지 못할 수 있다. 학부모들이 와서 보고 시정이 필요하다고 강하게 문제 제기를 했다. 절대 안 된다던 행정실장이 어떻게 가능했는지 틀을 다시 해체해서 제대로 수평을 맞춰 공사를 마쳤다. 그렇게 기울어질 뻔한 마루 테크는 수평을 잘 맞춰 완성되었다.

그곳에 이쁜 원목 탁자와 의자를 제작해서 놓았고 운동장을 바라보는 쪽으로는 기다란 카페식 탁자와 의자도 설치했다. 이곳에서 아이들은 삼삼오오 모여서 맛난 간식과 아이스크림을 먹으며 '하하호호' 즐거워했다. 기울어진 마루라면 이런 모습은 불가능했을 것이다.

만약 학교가 아니라 자신의 집이라도 그대로 진행했을지 '그들에게' 묻고 싶다. 그리고 그들이 될지도 모르는 우리 모두에게도.

학교에 모든 주차는 정당하다?

프랑스의 문학가 폴 부르제는 "생각하는 대로 살지 않으면, 사는 대로 생각하게 된다"라는 말을 남겼다. 생각 따로 삶 따로인 삶을 꼬집는 말이다. 보통 사람인 우리가 지행합일, 언행일치의 삶을 사는 것은 말처럼 쉽지 않다. 끊임없이 우리의 삶의 과정을 성찰해야 할 이유이다.

공립학교 전보 대상 교사는 2월 초에 학교 발령을 받는다. 오류중학교 근무를 마치고 발령을 받아 짐을 옮기기 위해 근무할 학교를 방문했다. 이 학교는 평지에 지어져서 운동장과 교사동이 계단 없이 같은 높이다. 교사동 앞에 작은 화단과 널찍한 보도블록 그리고 운동장으로 이어진다. 차들이 화단 앞에 교사동을 향해 주차되어 있었다. 나 또한 무거운 짐을 내려야 하고 방학 중이라 그 옆에 차를 세웠다. 당시엔 겨울방학 중이고 전근 오는 교사들을 위해 일시적으로 주차를 허용하는 것이라고 상식적인 기준에서 생각했다.

개학을 하니 더 많은 차량이 교사동을 향해 줄줄이 빼곡하게 주차되었다. 알고 보니 계속 그렇게 주차해 왔다고 했다. 주차공간이 부족해서인가 싶어 학교를 둘러보니 학교 뒤편에 세워도 부족하지 않았다. 앞에 바로 대는 거에 비해 뒤편에 주차하기가 조금 불편했지만, 큰 불편이 아니라서 나를 포함하여 여러 명의 교사는 건물 뒤편에 주차하고 있었다.

교사동 앞 보도블록은 학생이 드나드는 통로이자 체육수업은 물론 쉬는 시간에 학생들이 뛰어노는 공간이었다. 그런데 화단 앞에 차를 붙여 주차한 탓에 화단이 차로 차단되어 있었다. 한마디로 별다른 의식 없이 학생 교육 공간에 관행적으로 주차를 하던 상황이었다. 체육 교사에게 물으니 운동장 수업을 할 때 많이 불편하지만, 교사들이 불편해할까 봐 눈치가 보여 말하지 못했다고 했다.

교장 선생님에게 정식으로 문제를 제기하고 다른 주차공간이 충분하다는 점도 확인했다고 말씀드렸지만, 대답은 너무나 실망스러웠다. 필요성은 인정하지만 '교사들이 불편해질까 봐'라며 말끝을 흐리고는 그것으로 끝이었다. 갓 전입 온 상황에서 교장이 어렵다고 하면 해결하기 어렵지 않을까 싶었다. 정식 회의 안건으로 다뤄 보지도 못했다. 정신없이 수업과 담임으로 1년을 보내고 2년 과정 대학원 파견 후에 복직하면서 창체부장을 맡았다. 그동안 바뀐 교사가 많았고 교장도 교감도 새로 오신 분들이었다. 민주적이고 합리적인 분들이라는 평판을 받고 있었다.

주차는 여전히 그대로였다. 3월 중순 부장회의 시간에 주차 문제를 3년 만에 다시 이야기했다. 이때 교장 선생님의 반응이 놀라웠다. "홍부장님. 정말 감사합니다. 제가 작년 9월에 처음 부임했을 때 이런 주차가 문제가 있다고 생각하고 바꿔야지 했는데 경황없이 지내다 한 학기가 지나면서 잊고 있었습니다. 학생 입장에서 이렇게 다시 말씀해 주셔서 정말 고맙습니다." 교장이 바뀌니 학교가 바뀌는구나 싶은 마음이 들었다. 교사들이 교장 선생님이 합리적이라고 생각하는 이유를 공감할 수 있었다.

이후 교감 선생님이 주차이동 안내 메시지를 보내자 대부분의 교사가 다른 곳에 주차했다. 그래도 두 교사가 계속 그곳에 주차해서 제안자로서 직접 정중하게 취지를 설명하고 부탁했더니, 그분들도 흔쾌히 동의하며 다른 곳으로 차를 옮겼다. 모든 차가 다른 곳에 주차하는데 2주 정도 걸렸다. 하지만 관성의 힘은 매우 크기 때문에 새로운 문화가 안정적으로 정착되려면 세심한 주의가 필요하다. 즉시 배움터지킴이 직원에게 도움을 요청해서 방치되어 있던 원형 주차금지 표지판을 세웠다. 그리고 한동안 주차 상황을 살피며 신경 썼다. 체육 교사도 학생도 주차된 차가 없으니 너무 좋다며 즐거워했다.

사람이 바뀌어도 유지될 수 있게 장기적으로 시스템으로 구축해서 주차 문제를 해결할 필요가 있었다. 교장, 교감 선생님과 상의한 후 주차장으로 이용되던 교사동 앞 단풍나무 밑에 학생들이 편히 쉴 수 있는 나무 평상과 의자를 만들어 설치했다. 주차하기 어려운 조건으로 바꾸려는 조치였다.

이런 모습은 비단 이 학교만의 문제가 아니다. 작년에 교육청에 근무하면서 옆에 있는 학교를 방문할 일이 종종 있었다. 그 학교는 교직원 주차 문제가 위의 학교 사례보다 더 심각했다. 교사동 앞의 모든 화단이 주차된 차로 막혀 있었다. 그런데 이 학교는 지하철에서 불과 100여 미터 거리로 도보로 3분 거리에 있다. 학교 주변에 버스정류장도 많아서 대중교통이 매우 편리한 곳이다. 아침에 어린 자녀를 맡기고 오거나 대중교통이 크게 불편한 경우를 제외하면 대중교통을 이용하지 못할 경우는 많지 않을 것이다. 학생들의 교육 공간에 맞게 필수적인 경우 외에는 차량 2부제 등의 방안을 고민하고 시행하여, 학생에게 안전하고 쾌적한 공간을 돌려줘야 한다고 생각한다. 해외학교는 어린 학생들이 생활하는 학교 안에 주차 자체를 제한하고 있다고 한다. 타산지석으로 삼을 점이다.

학교가 누구의 공간인지 우리 모두 구체적인 관점에서 성찰해야 한다. 그리고 이 문제를 적극적으로 주도하며 해결해야 할 관리자의 역할이 중요하다. 교장이 바뀌면 학교가 바뀔 수 있는 이유이다.

위(Wee)센터와 특수학급… 다들 필요하다는데

다양한 교육활동을 위해서는 교과수업을 위한 공간 외에도 다른 많은 시설이 필요하다. 학교에서는 매일매일 여러 가지 일이 발생한다. 코로나 이후 특히 학생의 학습격차와 정서 행동 문제가 심각하다는 연구 결과가 줄을 잇고 있다. 작년에 교권 문제가 사회문제가 되면서 학교에서 문제행동을 일으키는 학생에 대한 대응 방안도 심각하게 논의되었다.

보통 학교에서 학교폭력이나 위기 학생 문제가 발생하면 학교 위클래스에서 심리상담을 진행한다. 그런데 전국적으로 전문상담교사가 배치된 비율은 46.3%, 초등학교의 경우는 26.8%에 불과하다. 배치된 경우에도 1,000명이 넘는 학생을 한 명의 상담교사가 감당하고 있어서 역부족이다.[5] 학교에서 하기 어렵거나 사안의 특성상 외부 상담이 필요한 경

---

5. 「서울·경기 초등학교 전문상담교사 배치율 '30%' [정서행동 위기 기획]」, 〈EBS 뉴스〉(2023. 10. 20).

우에는 교육청이 관리하는 위센터에 의뢰하여 상담을 진행한다.

교장으로 근무하면서 학생들이 거리가 먼 지역의 위센터를 이용하는 경우를 종종 보았다. 가까운 곳에 위센터가 없었기 때문이었다. 거리가 멀어지면 학생들이 위센터에 가는 출석률이 낮아져서 교육 효과도 당연히 떨어진다. 어린 학생들이 쉽게 다닐 수 있도록 가까운 곳에 위센터가 있어야 하는 이유이다. 현실적으로 교육청이 위센터를 가까운 곳에 만들고 싶어도 장소를 구하지 못해서 다른 지역의 위센터를 이용해야 하는 처지다.

작년에 교육청에 근무하게 되면서 이 문제를 해결하기 위해 위센터가 없는 지역에 위센터를 조성하고자 백방으로 노력했지만, 결국 장소를 구하지 못하고 1년이 지났다. 위치상 적합한 학교들이 이런저런 이유를 들어 위센터 조성에 난감함을 표했기 때문이다.

교육청이 활용할 수 있는 건물은 학교가 대부분이다. 그래서 위센터가 대부분 학교에 있는 것인데, 학교는 다른 시설에 비해 위센터를 반대하는 경우가 많다. 표면적 이유는 다양하지만 위센터이기 때문에 부담스러워한다는 것을 모르는 사람 또한 없다.

특수학급도 마찬가지다. 특수교육 대상 학생은 장애 학생이라 학교 접근성이 좋아야 하지만, 가까이 있는 학교에 특수학급이 없는 경우가 많아서 멀리 있는 학교에 다닐 수밖에 없는 실정이다. 멀리 가기 어려운 경우에는 보호자의 희망으로 일반학급에 배정하는데, 이런 경우 이 학급에서 여러 어려움이 생기는 경우가 자주 발생하고 있다.

특수교육 대상 학생은 어릴 때부터 특수교육을 제대로 받아야 더 잘 성장한다는 것이 특수교육 전문가들의 의견이다. 교육청은 학교마다 특수학급을 만들고 싶지만 학교가 반대해서 더 늘리지 못하는 실정이다.

작년에 교육청에서 교육지원국장으로서 가장 자주 한 회의는 당연직으로 주관하는 특수교육위원회 위원장 관련 업무였다. 매달 최소 1회 이상 특수교육 대상 학생 선정, 학생 배치 등의 업무를 진행했다. 이때 제일 어려운 것이 특수학급이 부족해서 생기는 학생 배치 문제였다. 어쩔 수 없이 특수학급이 있는 학교에 초과 배치하거나 멀리 있는 학교에 배치할 수밖에 없었다. 초과 배치로 발생하는 학교의 어려움도 크고 학부모들의 민원도 끊이지 않는다.

공공재인 공립학교에서 필수시설인 위센터와 특수학급을 설치하는 문제를 학교 구성원의 의사로 결정해야 하는지 의문이다.

사립학교는 이런 문제가 더욱 심각하다. 사립학교라도 운영 예산의 거의 대부분을 국가가 지원하고 있다. 그런데도 교육청의 요구를 잘 따르지 않는다. 특수학급 설치 문제는 물론이고 남녀공학이 필요한 지역인데도 계속 버티면서 따르지 않는다. 그 여파로 학생들은 가까이 있는 학교를 못 다니고 멀리 있는 학교까지 밀려나 다닐 수밖에 없다. 이 때문에 남녀 학생의 구성 비율도 불균형이 심하다. 오류중학교 인근의 여러 학교도 이런 경우로 여학생 비율이 2/3가 넘는다. 관내에 있는 한 사립 남중이 교육청이 계속 남녀공학으로 전환할 것을 요구하는데도 이를 무시해서 벌어지는 일이다.

학교가 존재하는 이유가 무엇이고, 학교가 누구를 위한 공간인지, 학교의 주인은 누가 되어야 하는지 다시 질문해야 한다. 학교 구성원은 학교가 모든 학생의 교육을 위한 공공재임을 먼저 인식해야 한다. 열린 자세로 모두를 위한 선택을 할 수 있어야 한다. 근본적으로는, 제도적으로 공공재에 맞게 학교 공간을 활용할 수 있는 방안이 마련될 필요가 있다.

학교장 또한 학교의 총괄자로서 공공재인 학교가 학생들을 위한 교육에 제대로 사용될 수 있게 만드는 책임 있는 역할이 요구된다.

교장승진제도 개선과
교장공모제 전면화 필요

학교가 바뀌려면 교장이 먼저 바뀌어야 한다. 어떤 교장이 오는가에 따라 학교의 모습은 크게 달라질 수 있다. 행정실무형 민주적 리더십을 지닌 교장이 교장으로 임명되어 일할 수 있도록 해야 한다. 변화에 대한 의지와 역량을 갖춘 교장이 임명되기 위해서는 먼저 현재의 교장승진제도에 대한 객관적이고 냉정한 평가가 필요하다.

우리나라 교장승진제도는 마일리지를 쌓는 과정과 비슷하다. 승진하고자 마음먹은 교사는 필요한 점수를 모으는 일에 집중하게 된다. 심한 경우 수업 시간에도 자습을 시켜 놓고 승진을 위한 보고서를 작성하는 모습을 흔치 않게 보았다. 점수를 모으기 위한 온갖 힘든 과정을 거쳐 교장이 되고 나면, 그간의 고생에 대한 보상심리가 생길 수밖에 없다. 학교 실무는 전혀 하지 않고 교장실을 지키며 교감을 통해 지시할 뿐이다. 정년까지 기간이 얼마 남지 않은 경우도 많아서 교육에 대한 열정을 발휘하기도 쉽지 않다. 현재의 이런 교장승진제도로는 학교 변화를 이끌 수 있는 역량 있는 교장을 양성하기는 어렵다.

교장으로 한 학교에서 근무할 수 있는 임기가 4년인데, 필자가 20년의 교사 생활에서 만난 교장은 열 명이 훌쩍 넘는다. 심한 경우 한 학교에 5년간 근무하는 동안 3~4번 교장 선생님이 바뀌기도 한다. 교장 발령을 대부분 50대 후반에, 정년이 얼마 안 남은 상태에서 발령을 받기 때문이다. 상대적으로 이른 나이에 임용되는 전문직 출신 교장은 2년만 지나면 학교를 옮기는 경우가 많다. 대체로 고등학교로 가거나 더 편한 학교로 이동하거나 다시 교육청으로 전직하기도 한다. 이렇게 짧게 근무하는 학교에서 교장으로서 학교 변화를 위해 긴 호흡으로 어떤 시도를 할 수 있을지 의문이다. 그래서 학교 발전을 원하는 학부모들은 4년의 임기가 보장되면서 젊은 교장이 올 수 있는 초빙교장이나 공모교장을 더 선호한다.

혁신학교 정책이 시행되면서 자율학교인 혁신학교에서 평교사도 공모교장으로 지원할 수 있는 길이 만들어졌다. 처음에는 신청 자율학교 중 15%가 지정되어 너무 낮았으나 문재인 정부 때 신청 학교의 50%로 확대되었다. 그 결과 이전보다 평교사 출신 공모교장이 늘어나면서 민주적 리더십을 갖춘 다양한 유형의 교장상이 만들어지고 있다.

다음 표와 그림은 21대 강민정 국회의원실이 교육부에서 제출받아 분석한 전국 초·중등 학교장의 구성원 만족도 조사 결과이다.[1] 평교사 출신의 내부형 교장에 대한 만족도가 초·중등 학부모와 교원 모두에서 전체 학교 교장 평균 만족도보다 더 높은 것으로 나타났다.

이 결과를 보면, 점수 쌓기식 승진교장제도보다 평교사가 지원 가능한 내부형 공모교장제도가 학교 발전에 더 부합하는 것으로 평가할 수

---

1. 강민정 의원, 「평교사 출신 교장이 학교 구성원 만족도 더 높았다」, 『에듀프레스』 (2020. 11. 10).
「교육부 조사 보니… 평교사 출신 교장, 일반 승진자보다 만족도 더 높다」, 『뉴시스』 (2020. 11. 11).

2019년도 전국 초·중등 학교장의 구성원 만족도 조사 결과 점수표

평가 주체	전체 학교	임명제 학교	공모제 학교	초빙형	내부형		개방형	
					자격 소지	자격 미소지	자격 소지	자격 미소지
초등-학부모	4.33	4.32	4.47	4.46	4.56	4.53	×	4.84
초등-교원	4.88	4.88	4.89	4.88	4.92	4.92	×	4.72
중등-학부모	4.30	4.29	4.37	4.32	4.26	4.47	4.41	4.28
중등-교원	4.73	4.73	4.69	4.77	4.65	4.82	4.72	4.48
평균	4.56	4.56	4.61	4.61	4.60	4.69	4.57	4.58

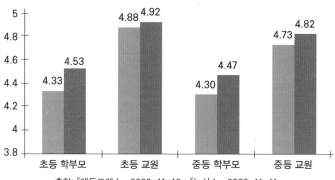

■ 전체 교장   ■ 평교사 출신 교장

출처:『에듀프레스』, 2020. 11. 10.;『뉴시스』, 2020. 11. 11.

있다.

그렇지만 평교사 출신 공모교장의 비율은 매우 낮다. 2020년 기준 평교사 출신 교장 비율은 전체 교장의 3.7%에 불과하다. 자율학교 중 50%라는 현재의 기준을 개선하여, 희망하는 모든 학교가 역량 있는 공모교장을 선출할 수 있도록 내부형 공모교장제도를 전면화할 필요가 있다. 더불어 학교가 공모교장제도를 더욱 쉽게 활용할 수 있도록 선출 과정을 효율적이고 합리적인 기준으로 개선해야 한다.

민주주의 사회에서 모든 선거 과정은 공개적이고 투명하게 진행된다.

반면에 교장공모제도는 공정성 시비와 민원을 우려하여 '눈 가리고 아웅'하는 식으로 후보자가 누구인지도 모르는 '깜깜이 선거'로 진행되고 있다. 절차 또한 매우 복잡해서 이것이 오히려 제대로 된 평가를 방해하고 있다. 심사 절차에서 1차 학교 심사 결과를 존중하고 2차 교육지원청 심사는 축소해야 한다. 1차와 같은 비중으로 진행하는 현재와 같은 교육지원청의 2차 심사는 문제 될 소지가 많아 교육지원청도 부담되는 일이다. 2차 심사는 후보자의 자격 및 절차상의 오류를 검토하는 역할만 하는 것이 합리적이다.

교장이 바뀌면 학교가 바뀐다. 교장으로 인해 학교가 바뀌는 방향이 학교교육에 도움이 되는 방향인지, 도움이 되지 않거나 오히려 방해되는 방향인지는 필요한 역량을 갖춘 교장인가 여부에 달려 있다.

교육 당국은 현재의 교장승진제도와 교장 리더십에 대한 현장연구를 바탕으로, 학교 발전을 실제로 이끌 역량을 갖춘 일하는 교장이 임명될 수 있도록 교장임명제도를 개선해야 한다.

학교현장에서 역량을 검증받은 교사가 진출할 수 있는 내부형 교장공모제도의 전면적 확대가 그 대안이 될 것이다.

업무 정상화 혁신 사례:
공문 처리 및 에듀파인

1. 공문 처리 과정 혁신의 개요

(1) 외부 공문 접수(행정실) → 교무 관련(교감), 행정실 관련(행정실 장)으로 분류하여 전달

(2) 교무 관련은 교감이 총괄, 행정실 관련은 행정실에서 총괄하여 공문 처리함

(3) 모든 공문(외부, 내부)의 기안은 교감의 총괄하에 교무행정사가 하도록 함

2. 외부 공문 처리 절차

(1) 공문 내용 파악 및 담당 부서 분류(담당자 분류): 교감 또는 교무 행정사

　　① 당일 접수한 공문의 제목, 담당 부서(담당자), 제출기한 등을 엑셀 파일에 기록

　　② 정리된 공문 파일은 모든 교직원에게 전체 메시지로 공유함 (양식은 별도 공유함)

(2) 공문 공람 및 편철: 교감 또는 교무행정사

　　① 모든 공문의 담당자를 교무행정사로 지정: 교감

　　② 공문 공람: 교감(또는 교무행정사)

　　③ 공문 공람 방식: 모든 공문을 전체 교사에게 공람하는 방법

또는 담당자에게 해당하는 공문만 공람하는 방식이 가능하며 장단점이 있음(*공람된 문서는 30일이 되면 자동으로 공람 완료 처리되어 공람 목록에서 사라짐).

- 모든 공문을 전체 공람할 경우

[장점] 교사들이 모든 공문에 쉽게 접근하고 교육활동 전체 흐름의 파악이 용이/ 공문의 담당자가 잘못 분류될 우려가 없음/ 담당 부서가 애매한 공문의 처리가 용이함/ 교감 및 행정사의 업무 경감

[단점] 담당 업무가 아닌 모든 공문이 공람되어 공람 공문이 많음

- 담당 공문만 담당자에게 공람한 경우

[장점] 담당 공문을 보다 쉽게 찾음

[단점] 공문의 담당자가 잘못 분류될 우려/ 교감의 업무 부담이 더 늘어남

④ 공문 편철: 교무행정사

- 모든 공문을 편철함(최근 1일 평균 30여 개의 공문의 경우, 1시간여 정도 소요, 업무숙련도에 따라 다를 수 있음. 현재 4주 차 된 행정사의 경우임)

- 부장교사들이 담당 업무를 다시 담당 교사에게 배정하는 과정과 모든 교사가 공문을 편철하는 과정이 사라져 단순 행정 업무 처리의 부담이 경감됨

(3) 각종 보고 공문

① 교감이 보고 기한이나 내용 등을 총괄하고, 행정사가 기안하는 것을 원칙으로 함

② 담당 교사는 관련 내용을 행정사에게 알려 주거나 첨부파일을 행정사에게 보냄 → 행정사가 기안 → 담당 교사 결재 → 교감-교장 결재

3. 내부 결재 공문 처리 절차

(1) 교육활동과 관련된 내용 작성 → 교무행정사 기안 → 담당 교사-교감-교장 결재(담당 교사 또는 부장교사 중 1인이 확인 결재/ 업무 담당자가 확인하는 차원임)

(2) 공문 기안 방식: 교육활동 계획 또는 협의록 등의 첨부파일이 있는 경우에 기안문 작성을 간소화(예: '붙임과 같이 시행하고자 합니다', '붙임과 같이 보고합니다' 등으로 끝냄)

(3) 취지 및 장점

① 교사들의 정체성을 바로 세울 필요가 있음(행정 업무 잘하는 교사가 아닌 교육활동 교육연구 및 실행에 집중하는 교사상 정립)

② 교사들이 나이스 시스템에 접속하는 시간을 최소화하여 교육활동에 집중할 수 있도록 함(근본적으로 교무행정 업무 처리는 대학의 경우처럼, 교사의 업무에서 분리하는 것을 지향함. 그러나 현재의 여건상 최대한의 방안을 찾을 필요가 있음)

4. 에듀파인 처리 절차

(1) 교무행정사가 모든 품의를 기안함

(2) 교사가 물품을 요청하는 경우 간단하게 요청함

① 물건 종류, 가격, 목적, 품의 요청 교사 등의 최소한의 정보를 메신저를 이용하여 간소하게 요청할 필요가 있음('요청하느니

차라리 직접 하고 말겠다'는 정도로 요청서가 복잡해서는 취지에 맞지 않음)

② 해당하는 예산 항목도 교무행정사가 숙지하여 찾아서 할 수 있음(처음에는 파악하는 데 다소 시간이 소요될 수 있으나, 전담 업무 담당자로서 상시적으로 처리하는 과정에서 빠르게 숙련되어 담당 교사가 요청하는 내용의 항목을 쉽게 찾게 됨)

(3) 인터넷(G마켓 등) 구매의 경우, 일상적인 물건(예: 초코파이 등의 간식)의 경우 교무행정사가 직접 바구니에 담아 카드 결제까지 진행함(당일 결제가 된다면 행정 처리에 문제가 없음). 2019년 추가 시행함(처음에 10만 원으로 시작, 점차 높일 필요)

(4) 전문적이거나 고도의 판단이 필요한 경우는 교사가 직접 모델명 등을 알려 주거나 장바구니에 담아 주는 것이 좋음

(5) 결재 과정에서 담당 교사가 확인하는 과정을 거침

참고자료 2

공문 접수 현황 안내 파일

4월	접수된 문서 현황입니다	4월 26일

1. 업무관리 시스템에 공람된 문서를 확인하여 주세요.
2. 제출 기한이 있는 문서는 해당 내용을 행정지원사에게 알려 주시기 바랍니다.
3. 기간이 경과한 문서(30일 이후는 공람된 문서 목록이 삭제됨)는 문서함/문서등록대장에서 검색하면 열람할 수 있습니다.

연번	문서 제목	처리(제출) 기한	담당 부서	비고
1	「2019 중등 꿈을 키우는 목공예 직무연수 2기」 신청 안내	4. 30. 18:00	연수	홈페이지
2	2019 과학실험 안전사고 예방 안전관리 방안 및 과학교육 기초자료 제출	5. 8.	과학	자료집계
3	2019 학교문화예술교육 전문성 신장을 위한 교사 자율연수 신청 안내	5. 2. 18:00	연수	자료집계
4	(긴급) 국회의원 요구 자료 (신규 임용 교사 담임 현황) 제출 요청	4. 26. 16:00	행정지원사	자료집계
5	「2019 중등 학교 경영자 안전교육 직무연수 1기」 연수 및 신청 안내	5. 8.	행정지원사	홈페이지
6	2019년도 상반기 학교 정보보호 현장 점검 일정 알림		정보	
8	공립 교(원)감의 사이버(원격) 대학원 재학 현황 제출 요청	4. 29.	행정지원사	자료집계

혁신학교를 시작하며(2011년)

부서 (   ) 이름 (   )

1. 혁신학교 무엇을 바꿔야 할까?

가. 현재 오류중학교에서 가장 혁신되어야 할 것은 무엇인지요? 차례 대로 적어 주세요(예: 수업, 생활지도, 학교 운영, 업무 경감… 등등 무엇이든 적어 주세요).

나. 혁신학교 운영에서 가장 걱정되는 점은 무엇인지요?

다. 혁신학교가 성공하기 위해서 가장 먼저 해결되어야 할 문제는 무 엇인지요?

2. 업무 경감 및 업무 효율화를 위한 업무 분석

가. 현재 선생님 자신이 맡으신 업무를 최대한 자세히 적어 주세요.

나. 자신의 업무를 포함하여 학교 업무 중 없어져야 할 업무 또는 개 선되어야 할 업무는 무엇이라고 생각하시는지요?

(1) 없어져야 할 업무:

(2) 개선되어야 할 업무:

2022학년도 오류중학교
교무 업무 편제(일반 15, 특수 1)

담당 부서	업무분장	업무 내용
교장	학교 업무 총괄	교육계획서, 학부모회 총괄, 공간혁신 총괄, 동아리연합회 운영, 다가치학교 운영 협력
교감	교무 업무 총괄	공문 총괄, 각종 위원회 총괄, 학력 향상 관련 업무(구청), 학부모회 업무 지원, 기간제, 시간강사 임용 총괄, 현황 보고
코로나19 방역 대응 특별팀		교장, 교감, 안전체육계, 보건교사, 영양교사로 구성하여 업무 진행
교육과정 운영부	부장	교무 업무 총괄, 학사 및 교육과정, 각종 규정 개정, 인사 자문, 교직원회의, 포상, 학부모총회, 학업중단숙려제, 온라인보충과정
	나이스, 생활기록부	나이스(권한 부여, 졸업, 입학, 신학기 업무), 생활기록부 점검 관리(정정대장), 정보공시, 영재교육, 창체수업 관리
	고사·성적	고사 및 평가(1학년 자유학년제, 교과우수상), 학업성적관리위원회, 성적 자료 검사 및 성적 전산처리(리딩) 결시생 인정점 관리, 기출문제 수합, 통계(설문), 진도표 작성, 교과협의록, 시보, 교무 업무 보조, 중간 피드백
	안전체육계	체육 안전(민방위), 스포츠클럽, 안전교육 총괄, 체육복 구매, 미세먼지, 코로나19 관련 업무 지원,
	영양교사	급식 총괄, 급식위원회, 중식 지원, 급식지도 계획, 도우미 운영, 급식실 좌석 배치표 작성
	특수	특수학급 운영, 개별화교육 협의회, 장애이해교육
	특수실무사	특수학급 운영(개별화교육 협의회, 장애이해교육, 문서 작성) 및 업무 보조, 특수업무(체험학습 인솔, 신변처리) 보조
	교무실무사	수업계, 학적계, 주간업무, 월중행사, 가정통신문, e-알리미, 교원 현황, 학부모 서비스, 물품, 청소구역 배치, 실사거주, 재학생 민원
	행정실무사	공문, 에듀파인, 부서(외부직무연수 안내, 이수증) 및 공문 처리 및 구인 관련 업무보조, 학부모회(공문, 연락, 홈페이지 탑재), 교육청 자료 배부, 수상대장 입력 및 상장, 임명장 등 출력, 인터넷통신비 지원

혁신미래부	부장	혁신학교·혁신미래학교 총괄, 학교 교원학습공동체 총괄, 교원 워크숍(학년 말, 신학기), 대외 활동(홍보, 설명회, 협의체)
	미래학교	수업연구회 총괄, 혁신미래학교 운영, 교원연수(원격/직무/자율), 혁신교육지구 관련 업무
교육연구부	부장	교원평가, 학교평가, 성과급, 컨설팅 장학, 기본학력 향상 총괄, 교생, 교과서 선정 및 신청, 기획 워크숍, 독서활동 업무, 방과후학교 업무 총괄
	사서	도서관 운영, 도서 관련 물품, 공문, 도서 행사, 교과서 업무 보조, 학생증 발급 업무
학생생활 지원부	부장	업무 총괄, 민주시민교육, 사안 조사, 교내외 생활지도, 학교폭력대책자치위원회, 인권, 폭력 예방 교육(자살 예방, 생명존중, 가정폭력 예방, 아동학대 예방 교육 등)
	생활·사안	사안 조사, 유해환경, 인성교육, 교복 관련 업무, 교권보호, 대선도위원회, 학생비상연락망, 인터넷, 스마트폰 사용 진단 조사(1차)
	보건교사	건강관리, 보건교육, 약물 오남용, 흡연 예방 교육, 신체검사, 성교육 및 양성평등, 안전공제회, 코로나19 등 감염병 관련 업무
	배움터지킴이	등하교 안전지도, 교내외 순시(휴식, 중식시간), 안전 및 금연 지도
	복지	교육복지우선지원학교 계획 수립 및 운영, 새터민, 다문화, 조식 사업, 돌봄(교육복지), 입학준비금, 장학금 업무, 사제동행 멘토링, 긴급복지신고의무자 교육, 대학생 멘토링
	전문상담	위클래스 운영, 상담지도, 부적응아 연계 지도, 대안교실 운영, 학교폭력 특별교육, 위기 학생 관리, 위기관리위원회, 정서·행동검사 진행 및 사후 관리, 스마트폰 사용 진단 1차 조사 이후 사후 관리, 자살 예방, 생명존중 교육 지원
학생자치부	부장	축제 총괄, 학생자치 총괄(정부회장, 학생회 임명장. 임원수련회), 아르떼 관련 업무
	방송·동아리	동아리 조직 및 총괄, 학교 방송 세팅, 점검 및 방송반 운영, 학교 행사 사진 관리, 학생자치 지원
교육정보부	부장	업무 총괄, 정보보안계획 수립, 개인정보보호, 학교계정 관리, 정보기자재 관리, 혁신미래학교 기자재 선정
	과학실무사	실험 및 실습 관리(실습실, 기자재, 교구), 부서 에듀파인, 전산망, 서버실 관리, 홈페이지, 내PC 지키미, 스마트 기자재 대여·수리, 교실 및 특별실 방역 관리
	테크센터	테크센터 관리(액세서리 및 소모품 구입), MDM, App 등 프로그램 관리, 방송장비 고장 수리 요청
	정보	정보교과 수업(순회 교사)

진로상담부	부장	전학년 진로 행사, 특성화고 체험, 진학 관련 외부 체험, 고입 자기소개서 지도, 표준화 검사, 진로진학 상담, 자유학년 교과연계체험학습 편성 및 운영, 학부모 진로 연수, 진학설명회 주관
1학년부	1. 부장	업무 총괄, 입학식, 자유학년제, 학년 학부모회, 진급사정회, 정서행동 검사 및 인터넷 중독 검사 사후 처리 업무 지원
	2. 생활·기본 학력	학생 사안 총괄, 기본학력 업무(진단 검사 및 추수 지도), 학습 멘토링(기본 학력, 또래)
	3. 자유학년2, 생기부	생활기록부(시수 점검) 및 출결(출석부, 원격수업출석부) 관리, 자유학년제2(자유학기 수업 재료비 및 강사 관리)
	4. 자유학년1	자유학년제1(자유학년제 프로그램 편성, 강사 채용, 자유학년제 평가)
	5. 자치·수업 연구회	자치(학년 대의원회, 학년 학생회), 학년 봉사활동, 학년별 수업 연구회
2학년부	1. 수업연구, 생기부	수업 연구회, 생활기록부
	2. 출결, 봉사	출결(출석부, 원격수업출석부) 관리, 봉사 총괄 및 학년 봉사 활동
	3. 체험자치 학기 말	체험활동(학기 말 행사 포함), 자치(학년 대의원회, 학년 학생회)
	4. 멘토링, 학부모	학습 멘토링(기본학력, 또래) 총괄, 학년 학부모회
	5. 생활 사안	학생 사안
3학년부	1. 부장	업무총괄, 학년 학부모회, 졸업사정회
	2. 생활·학기 말	학생 사안, 학기 말 교육과정
	3. 진학·멘토링	진학, 특성화고 홍보, 학습 멘토링(기본학력, 또래), 진학 설명회 지원
	4. 자치·뮤지컬	자치(학년 대의원회, 학년 학생회), 협력종합예술 업무(뮤지컬)
	5. 출결·생기부 봉사	출결(출석부, 원격수업출석부) 관리, 생활기록부, 학년 봉사 활동, 학년별 수업연구회
	6. 졸업·앨범	졸업(행사 및 졸업장, 졸업 시상), 앨범, 체험활동

*업무분장표에 명시되지 않은 교과 관련 업무는 교과부장이 처리함을 원칙으로 한다.

교과주임	도덕	사회	기술	과학	가정
담당 업무	호국·안보, 통일	다문화, 경제, 독도	정보통신 윤리교육	기후, 환경	저출산 고령화

*위 업무분장은 해당 연도 교사 정원에 따라 일부 조정되고 있으나 기본 기조는 유지되고 있음.

삶의 행복을 꿈꾸는 교육은
어디에서 오는가?

● **교육혁명을 앞당기는 배움책 이야기** 혁신교육의 철학과 잉걸진 미래를 만나다!

● **비고츠키 선집** 발달과 협력의 교육학 어떻게 읽을 것인가?

혁신학교	성열관·이순철 지음	224쪽	값 12,000원
행복한 혁신학교 만들기	초등교육과정연구모임 지음	264쪽	값 13,000원
서울형 혁신학교 이야기	이부영 지음	320쪽	값 15,000원
혁신교육, 철학을 만나다	브렌트 데이비스·데니스 수마라 지음	현인철·서용선 옮김	304쪽	값 15,000
대한민국 교사, 어떻게 가르칠 것인가?	윤성관 지음	320쪽	값 15,000원
아이들을 어떻게 가르칠 것인가	사토 마나부 지음	박찬영 옮김	232쪽	값 13,000원
모두를 위한 국제이해교육	한국국제이해교육학회 지음	364쪽	값 16,000원
경쟁을 넘어 발달 교육으로	현광일 지음	288쪽	값 14,000원
혁신교육 존 듀이에게 묻다	서용선 지음	292쪽	값 16,000원
다시 읽는 조선교육사	이만규 지음	750쪽	값 37,000원
교실 속으로 간 이해중심 교육과정	온정덕 외 지음	224쪽	값 13,000원
대한민국 교육혁명	교육혁명공동행동 연구위원회 지음	224쪽	값 12,000원
포스트 코로나 시대의 교육	성열관 외 지음	224쪽	값 15,000원
내일 수업 어떻게 하지?	아이함께 지음	300쪽	값 15,000원
핀란드 교육의 기적	한넬레 니에미 외 엮음	장수명 외 옮김	456쪽	값 23,000원
한국 교육의 현실과 전망	심성보 지음	724쪽	값 35,000원
독일의 학교교육	정기섭 지음	536쪽	값 29,000원
교실 속으로 간 이해중심 통합교육과정	온정덕 외 지음	224쪽	값 15,000원
초등 백워드 교육과정 설계와 실천 이야기	김병일 외 지음	352쪽	값 19,000원
학습격차 해소를 위한 새로운 도전 보편적 학습설계 수업	조윤정 외 지음	240쪽	값 15,000원

● 경쟁과 차별을 넘어 평등과 협력으로 미래를 열어가는 교육 대전환! 혁신교육 현장 필독서

학교의 미래, 전문적 학습공동체로 열다	새로운학교네트워크·오윤주 외 지음	276쪽	값 16,000원
마을교육공동체 생태적 의미와 실천	김용련 지음	256쪽	값 15,000원
학교폭력, 멈춰!	문재현 외 지음	348쪽	값 15,000원
학교를 살리는 회복적 생활교육	김민자·이순영·정선영 지음	256쪽	값 15,000원
삶의 시간을 잇는 문화예술교육	고영직 지음	292쪽	값 16,000원
미래교육을 디자인하는 학교교육과정	박승열 외 지음	348쪽	값 18,000원
코로나 시대, 마을교육공동체운동과 생태적 교육학	심성보 지음	280쪽	값 17,000원